大学生心理健康调适
及其教育管理研究

李晓敏　栗晓亮 ◎ 著

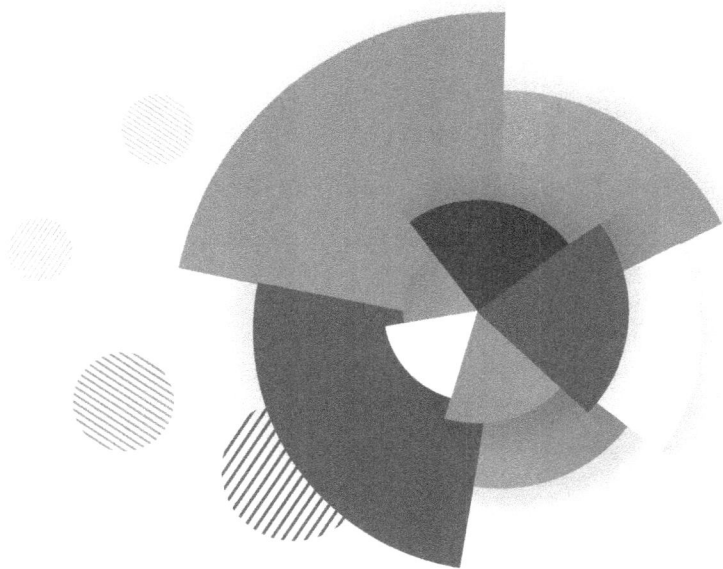

中国纺织出版社有限公司

内 容 提 要

本书在内容编排上共设置六章，第一章作为本书论述的基础与前提，主要分析健康与心理健康的内涵、大学生心理健康的影响因素、大学生心理健康教育的现实意义；第二至第四章分别从自我人格、学习环境、人际交往三个方面探讨大学生心理健康的调适；第五、第六章基于实践角度研究大学生心理健康教育的管理策略。

本书不仅内容全面，实践性也很强。即以讲解理论知识为基础，以实践应用为导向，向大学生提供提高心理素质的具体策略，使大学生能清醒地认识自我、把握自我、改善自我，学会自我调节，走出心理误区，增强心理感受，优化心理素质，塑造完美人格。

图书在版编目（CIP）数据

大学生心理健康调适及其教育管理研究 / 李晓敏，栗晓亮著. --北京：中国纺织出版社有限公司，2022.2
ISBN 978-7-5180-9321-2

Ⅰ．①大… Ⅱ．①李… ②栗… Ⅲ．①大学生—心理健康—健康教育—研究 Ⅳ.①C444

中国版本图书馆CIP数据核字（2022）第018051号

责任编辑：江 飞   责任校对：高 涵   责任印制：储志伟

中国纺织出版社有限公司出版发行
地址：北京市朝阳区百子湾东里 A407 号楼   邮政编码：100124
销售电话：010—67004422   传真：010—87155801
http://www.c-textilep.com
中国纺织出版社天猫旗舰店
官方微博 http://weibo.com/2119887771
北京虎彩文化传播有限公司印刷   各地新华书店经销
2022年2月第1版第1次印刷
开本：710×1000   1/16   印张：17
字数：260千字   定价：88.00元

社会的多元化发展为大学生提供了前所未有的机遇，同时也给他们带来了巨大的压力。大学生正处于人生发展的重要时期，应该以积极、健康的心态面对校园生活和未来职业生涯，但是他们的心理尚未完全稳定，心理承受能力和适应能力相对较弱，需要不断地学习与探索，才能一步步地成长。加强大学生心理健康教育，对高校贯彻落实以人为本的科学发展观，推进素质教育，建设和谐社会具有重要意义。大学生心理健康教育可以充分挖掘大学生的心理潜能，培养其良好的心理素质，促进其人格和谐发展，增强他们的社会适应能力，最大限度地实现他们的人生价值。

鉴于此，笔者撰写了《大学生心理健康调适及其教育管理研究》一书，在内容编排上共设置六章，第一章作为本书论述的基础与前提，主要分析健康与心理健康的内涵、大学生心理健康的影响因素、大学生心理健康教育的现实意义；第二至第四章分别从自我人格、学习环境、人际交往三个方面探讨大学生心理健康的调适；第五、第六章基于实践角度研究大学生心理健康教育的管理策略。本书有两个方面的特点：

第一，内容全面。内容涉及大学生自身、大学生的家庭、大学生所处环境等多个方面，使大学生通过学习心理健康知识，认识自身心理活动与个性品质，了解心理学的理论，掌握心理调适的方法，树立心理健康意识。

第二，实践性强。以讲解理论知识为基础，以实

前言

PREFACE

践应用为导向，向大学生提供提高心理素质的具体策略，使大学生能清醒地认识自我、把握自我、改善自我，学会自我调节，走出心理误区，增强心理感受，优化心理素质，塑造完美人格。

笔者在撰写本书的过程中，得到了许多专家和学者的帮助与指导，在此向他们表示诚挚的谢意。由于笔者水平有限，加之时间仓促，书中所涉及的内容难免有疏漏之处，希望各位读者多提宝贵意见，以便笔者进一步修改，使之更加完善。

李晓敏　栗晓亮

2021年12月

目录

CONTENTS

目录

CONTENTS

第一章　绪论

第一节　健康与心理健康的内涵

一、健康的内涵

健康是人类生存和发展的基本要素，也是人类永恒的话题。人们对健康的认识也随着社会的不断进步而发生着改变，越来越趋于全面。早期的健康被定义为：人体各器官系统发育良好、功能正常、体质强壮、精力充沛，并具有良好劳动效能的状态。通常可以用人体测量、体格检验和各种生理指标来衡量。但是随着科学文化的发展，人们在满足物质生活的同时，开始对精神生活提出越来越高的要求。人们开始意识到很多生理疾病的产生都离不开心理因素，心理健康问题成为社会的一种普遍现象，"亚健康""灰色状态"等健康问题开始出现。

健康是多方面的综合，包含生理、心理，此外，还涉及社会适应能力等方面的内容。心理和生理健康密切相关，两者相辅相成促进健康的发展，其中任何一方出现问题都会对另一方产生干扰，从而影响整体的健康状况。心理上如果感受到压抑和焦虑，就容易影响生理健康；生理上如果出现问题则会对心理有负面影响，因此两者是不可分割的统一整体。

二、心理健康的内涵

（一）心理健康的标准

"身体健康"是最常见的祝福语，反映了健康是每个人的愿望。对于健康的定义，传统观念认为健康就是身体没有疾病。因此，人们重视身体的锻炼与保养，而往往忽略心理的保健。然而，随着科学文化的进步和社会的不断发展，人们对健康的理解更加深入。心理健康不仅是一种无精神疾病的状态，更可被视为一种幸福状态。在这种状态中，每个人都能认识到自己的潜力，可以应付正常的生活压力，有效地从事工作，并能够对社会作出贡献。从广义上来讲，心理健康是指个体具有一种持续、高效而满意的心理状态，在这种状态下，生命具有活力，潜能得到开发，价值得以实现。从狭义上来讲，心理健康是个体具有稳定的情绪、适度的行为，具有协调关系和适应环境的能力。

关于心理健康，不同国家有不同的标准，不同年龄有不同的要求。常见的标准如下：

（1）心理健康标准可以包括：身体、智力、情绪十分调和；能适应环境；人际关系和谐；有幸福感；在工作中能充分发挥自己的能力，有效率地生活。

（2）心理健康的判断依据包括：所具有的安全感能否满足自身所需；能否充分理解并客观地评价自身；能否凡事从实际出发，制订计划向理想目标前进；能否保持良好的社交关系；能否在生活和外部影响下保持自身人格稳定；能否从周遭环境和自身经历中不断学习；能否在不同情况下维持一定范围内的情绪稳定；能否在环境框架下合理展露自身个性；能否在所处环境中，在规范个人行为的前提下满足自身需求。

（3）关于心理健康的指标，可以详细概括为以下八点：

第一，关于自我，能够了解自我并满足自我需求。对自我价值有客观实际的评估，并有能力体现自身价值，是心理健康的重要表现。心理健康的人能够对自身的性格、情绪有客观认识，并对自身能力有准确评价，从而对自身提出合理的期望，设立能够达到的目标，在迈向理想的道路上制订合理的计划，而不是脱离实际；此外，要能够在自身基础条件下发掘潜力，完成更高的追求，无论前行道路上走得如何都能够坦然接受。

第二，人际交往方面，能够与周遭的人或事物有良好的互动。在接受自我的基础上，能否接受他人是心理健康与否的重要衡量标准，完成自我肯定的同时也要能够完成对他人价值的肯定，能理解和接受他人，在与他人交往时能够保持和谐的关系，能融入集体中享受群体的欢乐，也能够在独处时享受自己的时间。无论是与他人交往还是在集体中，多以正向的态度面对他人，较少出现负面情绪，就能够更好地融入集体，获取安全感和适应度。

第三，生活与工作。生活和工作是人们生命中的重要组成部分，在生活中保持积极向上的状态，享受生活中的美好与欢乐是热爱生活的表现；在工作中以达到目标为准则，并从中获取满足感是热爱工作的表现。对工作和生活的热爱能使人从中获取智慧和能力，并在今后的生活和工作中更好地解决问题，提高生活幸福感，提升工作有效性。

第四，对现实发生问题的态度。现实并不总是顺利的，因此，遇到与预期不符的现实状况时要正确看待。首先，要面对现实；其次，要接受现实，适应后采取有效的措施对其进行改造，以使其能够合理存在。心理健康使人在面对现实时能保持客观的态度；接触现实时，能在客观实际的基础上设置理想，并妥善地处理在追逐理想过程中遇到的挑战。

第五，对情绪的控制和心态的保持。控制情绪并非指没有负面情绪，而是在负面情绪出现时能够尽快地走出阴霾，重新拾回快乐和满足。保持心态体现在面对喜乐哀伤时能让自身的心态在一定范围内进行情绪表达，喜乐时不忘乎所以，哀伤时不沉溺其中。社交时能够保持平和的心态面对他人，尊重每个与之交往的人，并在一定的社交框架和规则中寻求自身利益的满足。

第六，完整和谐的人格。人格结构由性格、气质、兴趣、信念等多个方面组成，这些人格结构的协调一致是心理健康的表现。心理健康的人在各方面和谐共生。此外，思考问题也会考虑多方面因素，不偏激，灵活应对人际关系，既不固化交往方式，也不偏激应对，能与他人产生较为适中、合理的交往，也能顺利地融入集体中。

第七，拥有正常的智力水平。智力水平决定了工作生活以及学习能否顺利进行，也是衡量心理健康的要素之一。

第八，年龄与心理成熟度是否相符。根据不同年龄，人在不同阶段会出现不同的心理特征，绝大部分人在同一个年龄阶段都有相似的表现，如果心理特征与实际年龄大致相符，则无须担心心理健康问题。

以上列举了不同的心理健康的评判标准和尺度，个体可以此来大致衡量自己的心理健康水平。❶

（二）心理健康的意义

心理健康有着重大的意义，主要表现在以下三个方面：

（1）心理健康是健康的动力和保证。人体的健康是生理健康和心理健康的统一。生理健康是健康的基础，而心理健康则是健康的动力和保证。

（2）心理健康才能更好地适应社会。社会的环境是复杂多变的，心理不健康的人在面对纷繁复杂的社会环境时会表现得不够冷静。而心理健康的人则能对现实保持清醒的认识，有高于现实的理想，但又不沉浸在幻想当中，对生活中的各种问题、困难都能够积极面对，并努力地去处理而不是回避困难，从而更适应整个社会的变化。

（3）心理健康才能更好地学习和工作。心理健康的人能在学习和工作中得到满足感，并且能在学习和工作中将自己的聪明才智发挥出来，对于他们来说，学习和工作不再是负担，而是一种乐趣。

---

❶ 谭华玉，马利君.大学生心理健康教育：基于积极心理学角度 [M].北京：人民邮电出版社，2016：1-10.

（三）心理健康教育

人的心理是非常复杂和奇妙的。很多大学生对人的心理现象充满了好奇，因此对心理学也充满了好奇。实质上，心理学是一门研究人的心理现象和行为规律的科学，心理学与人们的生活密切相关。积极心理学是心理学新的生长点，又被誉为一门研究快乐和幸福的科学。积极心理学倡导用积极的心态对人的许多心理现象，包括对心理问题作出新的解读，用一种欣赏性的眼光去看待人类的潜能、动机和能力，从而激发个体自身所固有的某些实际的或潜在的积极品质和积极力量，并利用这些积极力量和优秀品质来帮助有问题的人、普通人或者具有一定天赋的人最大限度地挖掘自己的潜力，并获得良好生活。

随着经济快速发展，人们的生活节奏日益加快，竞争越来越激烈，人际关系越来越复杂，工业化、现代化、社会化、一体化的程度在不断提高，科学技术的飞速进步迫使人们不断地进行知识更新。作为社会人口的重要组成部分，生活和学习在大学院校里的学生们需要面对许多可能会引发心理问题的情况，例如，对新生活、新环境的适应，对专业的选择和学习的适应，理想与现实的差异，宿舍、同学、师生等人际关系的处理，以及恋爱、就业等问题。

如何使大学生以积极的、正常的心理状态去适应环境，增进身心健康，预防心理和精神疾病的发生，使同学们能更好地发展自身的潜力，发挥自身的实力，开创美好的人生，是目前需要解决的重要课题。因此，大学生心理健康教育就成了时代发展迫切的需要和学生成长的重要保障。

在大学生心理健康教育中，教师应该多与学生探讨诸如幸福的奥秘、怎样保持生命的最佳状态、怎样拥有或洋溢积极的精神、怎样保持充满乐观的希望和散发春天般活力的阳光心态等这类促进学生思考和培养积极生活态度的问题。积极心理健康的核心理念是，心理健康不仅要关注人的各种心理问题或心理疾病，还要更多地关注人的积极品质或积极力量。当前，国家对大学生心理健康教育非常重视。例如，北京体育大学在2019年的大学生心理健康节期间，陆续开展了"运动与心理健康分论坛"、心理健康知识竞赛、心理健康文创作品征集大赛、心理成长故事大赛、心理电影赏析等活动,有效地提高了大学生对于心理健康的重视程度。

当前开展大学生心理健康教育的目的在于将积极心理学与传统的大学生心理健康教育进行有机结合,让学生们懂得利用积极心理学原理来反省、思考、实践,从而对其心理的健康发展有更大帮助,让大学生能更好地挖掘潜能,发展技巧,从而更好地工作、学习和生活。

总之,心理健康在人们的生活、学习和工作中都有重要的作用,它可以让人们全面、健康地发展,使人与人之间的关系更为和谐。随着社会的发展和进步,心理健康的重要性也越来越凸显,健康的心理也是一个人快乐和成功的保证,是社会稳定的条件。

第二节 大学生心理健康的影响因素

大学生心理健康问题是在各种内外因素的共同作用下长期累积的结果,因此,我们有必要全面探讨在大学生成长过程中,特别是在其人生早期,影响其心理健康的各种因素。

一、影响大学生心理健康的生物因素

遗传是个体心理发展的生物学基础,没有这样的基础或者在遗传上有严重的缺陷,都会对个体心理发展造成不可弥补的或者极为严重的不良影响。遗传因素对学生心理健康有着重要的影响。学生某些心理健康问题与某些遗传因素有着不可否认的联系,有些心理疾病存在明显的家族性倾向。

神经系统的生化因素是影响心理健康的重要因素。精神病患者的脑组织、血液或尿液中含有的一些化学物质，如果注入健康人体内，便会产生相应的精神症状。不同的神经递质对人的精神状态和精神疾病会产生不同的影响，如过多的肾上腺素能转化为一种致幻剂，影响神经系统而引起狂躁型精神病症状；一些精神分裂症状则与多巴胺过多有关。同时，母亲在孕期的营养、情绪及身体健康状况不佳，分娩过程异常，生理疾病、外伤、中毒、微量元素缺乏及神经内分泌系统异常等生理因素，都可能对子女的健康造成不利影响。

二、影响大学生心理健康的家庭因素

个体的早期经验对其一生的心理健康具有重要的影响。成人所表现出来的各种心理问题都带有其童年的体验和遭遇的痕迹。早期所经受的较大挫折或创伤，可能会被压抑在个体的潜意识中，在以后会以各种形式表现出来，形成个体的心理障碍。而个体早期的生活环境主要是家庭，家庭的结构和生活氛围、父母的教养方式、家庭经济状况等均会对子女的心理发展和心理健康产生重要影响。

（一）家庭结构和生活氛围的影响

家庭结构对学生的心理健康有很大的影响，完整的家庭对子女的心理发展有良好的影响。父母对子女的差异性教育是一种天然的和谐，是一种相互取长补短的巧妙配合。而不完整家庭则对子女的心理健康具有十分不利的影响。所谓不完整家庭是指双亲的一方或双方死亡、离婚等的家庭。在这样的家庭中，由于性别残缺，缺少父爱或母爱，而且父母对子女的作用不相同，两者不能互相代替，因此易使个体心理发展，特别是个性、情绪上出现缺陷或障碍，如孤僻、冷漠、焦虑、忧郁、退缩等。❶

---

❶ 肖少北.大学生心理健康教育（第2版）[M].广州：暨南大学出版社，2018：17-26.

家庭中的生活氛围也对学生的心理健康有直接的影响。孩子在家庭中生活，时刻感受和体验着家庭的生活氛围。如果家庭各成员之间互相尊重、互相爱护、坦诚、谅解、和气和忍让，家庭中会形成一种和谐、温暖的人际关系和积极向上、轻松、欢乐的生活氛围，这非常有利于个体情绪稳定和良好性格的形成，有利于孩子的心理健康。相反，如果家庭成员之间充满猜疑，父母经常吵架，则会导致个体焦虑不安和缺乏安全感，不利于孩子的心理健康。

（二）父母对学生教养方式的影响

一般而言，父母对子女的教养方式主要有三种：民主式、专制式和溺爱式。在专制式的教养方式下，子女的意见和愿望得不到表达，他们很少得到尊重和温暖，其行为常常会受到斥责和禁止，容易形成畏惧、缺乏安全感、缺乏自信等性格，这些都会严重抑制他们的心理发展，并影响他们对社会的适应性。在溺爱式的教养方式下，子女被过度保护，得不到应有的锻炼，不承担应有的责任，同时，父母无原则地迁就，会让子女成为家庭的主宰，会使他们变得任性、自私、嫉妒，并且自理能力差，缺乏应变能力和正确的自我观念，不易适应社会和学校中的人际关系。在民主式的教养方式下，子女既可以得到尊重和保护，又能受到良好的教育。父母对子女起到指导性的作用，既能满足他们的正当需要，又对其不正当的要求和言行给予及时说服教育和帮助。在这种方式下，子女懂得关心人、尊重人、同情人，形成积极乐观和开朗的性格，能较好地适应社会和学校生活。

综上所述，民主式的教养方式有利于子女的心理健康，而专制式和溺爱式的教养方式则不利于子女的心理健康。

三、影响大学生心理健康的学校因素

在大学生的成长过程中，学校教育对其心理发展和心理健康的影响占有重要地位。学校教育的指导思想、组织形式、教学内容、教学方法，到教师的态度和管理方式、对学生的期待，以及学习压力、人际关系压力和校风等，都会对学生的心理健康造成影响。

第一，教师的管理方式、期待的影响。与家庭的教养方式类似，教师的管理方式可以分为民主式、专制式和放任式。显然，民主式的管理方式最有利于学生的心理健康，而专制式、放任式的管理方式均不利于学生的心理健康。教师对学生的态度和期待也会对其心理健康产生影响。如果教师对学生有良好的、积极的期待，即使不用言语明确表达出来，学生也会不知不觉地感受到这些信息，并朝着教师所期待的方向健康发展。

第二，学习压力的影响。适当的压力会使学生产生适中程度的紧张，易于他们集中注意力，调动积极性，从而有利于学习。但是过重的压力会造成学生的焦虑不安等，如果长期处于这样的状态，就会导致学生心理问题的出现。

第三，学校中人际关系的影响。学校中的人际关系是影响学生心理健康的重要因素，这是因为任何人都不能离开他人而生活，人有归属感和交往的需要。人际关系良好与否会直接影响学生的心理健康，或者说人际关系本身就是心理是否健康的重要标志之一。一个有良好的师生关系和同学关系，在班集体中得到肯定、尊重、温暖、平等对待的学生，会产生安全感，这必然有利于其心理的健康发展。此外，校风、学校的管理制度、教育方法与奖惩措施等都会影响学生的心理健康。

四、影响大学生心理健康的社会因素

人总是生活在一定的社会环境之中，社会文化背景、政治经济状况、社区环境、社会风气、风俗习惯及重大的社会事件等，都会对大学生的心理健康产生影响。近年来，人类在社会经济、文化和科技等领域取得了巨大的进步，人们的生活得到了很大的改善，但是同时也加剧了竞争，加快了人们的生活节奏，加大了人们生活的压力，因此导致人类心理疾病的发生率不仅没有减少，反而呈不断上升的趋势。

（一）就业问题的影响

事业是人们生命中的重要组成部分，它决定着一个人的收入、生活水平、社会地位、个人的价值和对生活满足与否。而一个人在事业上的成功与否，关键在于他是否能在所选择的工作中发展自我和实现自我价值，享受他所选定的生活方式。因此，对于大学生而言，就业问题非常重要。

近年来，我国大学生的就业分配制度发生了重大的变化，由过去"统包统分"的就业模式向"供需见面、双向选择、自主择业"的模式发展。同时，由于国家许多经济政策的调整，大学生的就业形势变得十分严峻。在这种形势之下，许多大学生没有转变自己的择业观念和降低职业期待，对自己的个性、能力、兴趣等缺乏正确的了解，也缺乏求职的经验和面试技巧等，更加大了就业过程中的困难和挫折。

（二）网络问题的影响

互联网跟其他科学技术一样，既有助于大学生开阔视野，又给他们带来机遇，但与此同时也给大学生造成了许多不容忽视的消极影响，特别是在心理健康方面。

（1）互联网对大学生的人际交往有着重大影响。网上的人际交往不是面对面的直接交往，而是符号化的间接交往。在网络交流过程中，大学生们会感到更轻松、更自在。在虚拟化的社交环境中，大学生们不用担心、掩饰自己的缺陷，可以通过网络塑造自己的新形象，展现自我，满足许多现实中不可能满足的愿望。但是这种交往方式在物理空间上隔绝和孤立了交流主体，缺乏现实交往所固有的丰富的人情表达和密切的人伦关系，导致人际关系数字化、非伦理化、非人性化，使人们发展人际关系的能力下降。导致一些学生一旦离开网络，置身于现实社会中，面对现实中的人际交往时就会出现人际交往的障碍。

（2）网络也会给大学生的人格发展带来影响。网络上所呈现和传播的信息良莠不齐，这既为大学生带来了新的观念和信息，有利于大学生形成开放的心态，也给世界观、人生观和价值观正在形成中的大学生带来很大的影响，使大学生对本民族文化传统和价值观的认同、信任和自豪受到影响。

五、影响大学生心理健康的自身因素

生物因素、家庭因素、学校因素和社会因素对大学生心理健康的影响程度与其本身的内在心理素质有很大的关系。同样的生活事件会使不同的大学生个体产生不同的评价和态度，且带来不同的意义和结果，因此，对大学生心理健康的影响程度是不同的。

在大学生的各种心理特点中，最为重要的就是个性特点，那些性格开朗、乐观、自信、果断、坚强、独立的大学生，在面对各种得失、面对各种冲突与选择、面对各种困难与挫折时，能够理性地对待，会有正确的态度和评价，而且会努力去克服困难，这样就会减少或消除这些应激源对其自身心理健康的不良影响。相反，那些自卑、退缩、孤僻、悲观、焦虑、依赖的大学生在面对困难与挫折时会出现不正确的态度与评价，会感到不知所措，因此会感到心灰意冷。

第三节　大学生心理健康教育的现实意义

一、开展大学生心理健康教育是社会发展的需要

21世纪对人才的心理素质提出了更高的要求，要想在21世纪取得成功，

不仅要有良好的思想道德素质和科学文化素质，更要有创新的精神、进取的态度、竞争的意识、应变的能力、沟通的技巧、充分的自信、积极的思维、乐观的态度、健康的情绪、成熟的人格。因此，要想在未来的社会中生存和发展，没有良好的心理素质是不行的。大学生是承载着社会、家庭、自身高期望值的一个特殊的群体，他们的素质如何将直接影响社会的发展和进步。高校是为社会培养符合社会发展需要的高素质专门人才的场所，社会需要具有良好的思想道德素质、科学文化素质、专业技能素质、身体素质和心理素质的人才。

二、开展大学生心理健康教育是素质教育的需要

全面推进素质教育是国家从社会主义事业兴旺发达和中华民族伟大复兴的大局出发作出的重大决策。高等学校作为培养社会主义建设者和接班人的重要阵地，全面推进素质教育必然是其工作目标。因此，我们要通过开展大学生心理健康教育活动，引导和帮助大学生提高对心理素质在人的整体素质中的作用的认识，引导和帮助大学生正确处理好心理素质与其他素质的关系，引导并帮助大学生了解和掌握心理健康的必要知识，引导和帮助大学生优化人格品质，增强心理调适能力和社会适应能力，为大学生全面发展和协调发展创造相应的条件。❶

三、开展大学生心理健康教育是德育工作的需要

将心理健康教育作为德育工作的重要组成部分，不仅是因为教育部的规定和要求，更是适应新形势下高校德育工作开展的迫切需要。加强大学生心理健康教育不仅是德育的重要组成部分，而且是加强和改进德育工作的重要保证。

---

❶ 张冬梅，谷丹.大学生心理健康教育 [M].北京：北京邮电大学出版社，2018：13-17.

13

随着我国社会改革的深入开展，社会情况发生了复杂而深刻的变化，高校德育工作面临的形势更加复杂，任务更加繁重，工作也更加艰巨。面对新情况、新特点，增强高校德育工作的时代感及针对性、实效性，不但迫切需要马列主义的强有力指导，也迫切需要包括心理健康教育在内的多方位、多形式教育类型的强有力配合。

四、开展大学生心理健康教育是自我发展的需要

开展心理健康教育是大学生自我发展的需要，大学生要想成为出类拔萃的人才，不仅要有良好的身体，还要有健康的心理，并且两者还要有机地结合在一起。大学生正处在迅速走向成熟但又未完全成熟的过渡时期，在这一时期，他们的各种心理活动异常活跃，同时也充满了矛盾与困惑。在这一年龄段，他们的自我调节能力还不完善，当面临新的环境、学习压力、人际关系等一系列问题的时候，常常会因为遇到挫折、困扰而引起情绪波动。开展心理健康教育可以使那些心理比较健康的学生尽快地缩短适应期，提高学习、生活的效率；也可以使有心理障碍的学生的心理问题及时得到矫治，尽快恢复到健康的状态。

第二章 大学生心理健康与自我人格调适

第一节　大学生心理健康问题及调适

一、大学生心理健康问题

大学是人生发展的重要时期，承载着许多美好的愿望，同时也充满着矛盾，甚至危机。一方面，大学生思想单纯、生活阅历简单，承受挫折的能力较弱；另一方面，大学生面临着学业压力、经济压力、就业压力，也面临就业与升学、恋爱与学业、生存与发展等多方面问题。如果不能适时地调整自我，积极地接纳自我，提高自控能力，就容易引发内心的矛盾，出现多种形式的心理和行为问题，甚至出现严重的心理失衡。高校需要帮助大学生树立良好的心理健康意识，培养积极的心理品质，增强大学生的社会适应能力和心理保健水平，以积极向上的心态开拓自己的人生；大学生为了自身的成长和成才，也要主动增强心理健康意识，认真学习和掌握一些有关的知识和心理调节技巧，加强自我管理、自我教育和自我服务。

目前，我国大学生的心理健康状况总体较好，但仍有一定比例的人存在各种不同程度的心理异常，这给他们的学习、生活和健康发展带来了不良影响，需要引起高度重视。当代大学生存在的心理问题主要是成长、发展中的问题，包括以下五个方面：

（一）心理适应的问题

大学生在适应新的角色、任务和环境的过程中会产生许多心理问题。适应问题包括新生入学的生活适应和心理适应、在校期间角色变化的心理适应、日常行为习惯的心理适应、毕业时的心理适应等。其中以新生入学后的一周到两个月，不适应表现最为集中、最为明显，具体有不能适应集体生活、不习惯离开家、不会照顾自己、难以入睡等问题。

（二）自我落差的问题

在大学生的自我发展中，既存在自我认识、评价与实际情况的差异问题，也存在理想自我与现实自我的落差问题。理想自我与现实自我的不平衡是心理问题产生的重要因素。如何协调理想自我与现实自我的不平衡、如何看待自己，都是大学生发展中面临的重大问题。另外，过度的自我接纳与过度的自我拒绝、过度的自尊与过度的自卑、自我中心与从众心理、过度的独立意识与过度的依赖心理等问题及其矛盾冲突也是大学生自我意识问题的主要表现，尤其是自卑心理。

（三）学业的问题

大学生的主要任务是学习，圆满地完成大学期间的学习任务几乎是每个大学生的愿望，但学习目标不明确、对所学专业不感兴趣、动力不足、注意力不集中、成绩不理想、方法不适应、对教师的授课方式不习惯、考试焦虑等学业问题或多或少地困扰着每一个大学生。大学相对中学而言，有更多的自由支配时间，也比较轻松，有的学生经过多年的"高压"学习，进入大学后，一方面缺乏明确的学习目标、学习动机，另一方面学习独立性差，缺乏毅力和韧劲，出现较严重的学习倦怠现象，导致学习生活质量低下，缺乏应有的活力和热情。

（四）情绪与情感的问题

大学生处在人生的重要阶段，通常面临着来自个人、家庭、社会等各方面的压力，学习生活的重负担、家庭给予的高期望、社会的竞争压力都促使大学生的心理、情绪处于紧绷状态。通常情况下，适当的心理压力能够转化为前进的动力，大学生能够出现超常发挥的学习状态，从而呈现出正调节作用；但若是心理压力过大，或是大学生没有足够的能力去解决相应的问题，则会产生负面情绪，影响正常的生活状态。在情绪问题方面，比较突出的主要包括以下三个方面：

（1）抑郁。表现为个体心中持久的情绪低落，常伴有身体不适、睡眠不足等，心情压抑、沮丧、无精打采、不参加活动，在学习和生活中没有精神，逃避参与。

（2）焦虑。这是大学生最容易产生的情绪状态，主要分为考试焦虑以及自我焦虑等。考试焦虑基本是大学生活中的一种普遍状态，特别是在学习基础、能力较差的学生身上得到充分展现；自我焦虑主要是由于部分大学生对生活、异性倾注了较多的精力，容易受到来自各方面的影响，同样会产生担心、害怕、厌倦的心理。

（3）情绪不稳定。对于大学生活丰富多彩的学生而言，他们容易受到外界各种因素的影响。这个时期的学生情感方面表现出更加强烈的特征，情绪、心理存在内隐性，情绪易失衡、失控，任何情况都可能影响情绪的波动。

（五）人际关系的问题

良好的人际关系是大学生成长成才与良好社会化的重要支持，也是保持良好心理状态的必备条件，它使人获得安全感和归属感、得到支持与理解，给人精神上的愉悦和满足；不良的人际关系使人压抑和紧张，感到孤独与寂寞。对于刚跨入大学校门的学生而言，他们在人际关系方面主要有以下两个方面的表现：

（1）人际关系不适。进入大学，远离熟悉的生活与学习环境，面对不同的人际群体，许多思想和习惯碰撞在一起，学生会产生一定程度的不适应。部分学生对大学的师生关系、同学关系、异性关系显得很不适应。

（2）社交关系不良。大学能够基本呈现出社会具备的各种要素，学生可以利用这种独特的平台展现自身，发挥自己的才智、特长。其中不乏欠缺勇气、能力、技能的学生，他们害怕失败，却又期望能够从中展现自己，并表现出极大兴趣；既渴望友谊，又不敢主动出击，表现出退缩甚至回避。这种情况容易导致学生之间出现猜忌等问题，学生无法与他人进行正常的交往、交际，不仅无法建立友好的人际关系，而且还不利于心理健康发展。

二、大学生心理健康问题的调适

（一）掌握健康的生活方式

如何鼓励人们形成健康的行为模式是现代健康心理学家感兴趣的话题。健康来自健康的生活方式，即好习惯的坚持。大学生应养成健康、文明的生活方式，如合理作息、起居有常、膳食平衡、科学用脑、劳逸结合、积极休闲、适量运动等，主动杜绝沉溺网络、暴饮暴食、过度节食瘦身、晚睡晚起、饮食不规律等行为。

大学生应积极参加学校开设的有关心理健康知识的课程、专题讲座和心理健康知识竞赛等活动，阅读相关书籍，查阅心理网站等，了解和掌握心理健康的有关知识。平时阅读相关书籍能帮助大学生了解由精神和情绪引发的心理问题，如抑郁、焦虑、紧张、恐惧、偏执等。

（二）培养良好的人格品质

良好的人格品质是大学生心理健康的重要标准之一。大学生应主动培养与心理健康有关的状态和品质，这包括六种潜在的过程：①自主性。②环境控制力。③个人成长。④与他人的积极关系。⑤生活的目的。⑥自我接纳。一般而言，心理健康的人应该具备以下九种比较有代表性的积极品质：

（1）有幸福感。对于一个人而言，心理健康状态的保持主要是自身需求的满足、安全感的产生，继而出现快乐的心态。

（2）实现内心的和谐。实现心理健康还要做到内心的协调、和谐，保持积极乐观的心态，并且能够对目前情况境遇、待人处事原则、正在做的事情、未来目标的期望等各种问题保持内心的和谐。内心和谐的人拥有健康、积极的处事心态，面对困境时也能够让自己充满信心和勇气，并努力改变现在的境遇，在将来的目标、当前的难题中处于内心协调状态，即所追求的、所希望的所有愿望之间是和谐的。

（3）自尊感。拥有自尊感能够让自己从心理上呈现自信的状态。自己能够尊重自己，在任何时候都能维护自身人格尊严，是一种积极、正能量的性格品质，并且可以保持欣赏自己的心态。自尊心比较低的人，不容易接受自己身上的一些不足、缺点，不敢尝试能够触及自尊的一些事情，因此心理就不够健康。

（4）个人成长发展顺应成长阶段。对于每个人而言，人生需要经历的每个阶段都是既定的。其中，每个阶段需要做的事情、应承担的义务都不同。健康的成长需要顺应成长阶段，随着生理的变化而产生心理层面的变化、发展，做出与自己的成长方向相符合的行为。如果自己的行为没有随之产生变化，没有承担起自己应负的责任，那么说明个人的成长并不顺利，不能完成应该完成的任务；如果达不到一致，那就需要总结一下问题出在哪里。

（5）思想成熟。在这种情况，个体的思想观念发生改变，对人、对物、对事的态度已经变得理性、得体，人际关系能够处理得很好，看法能够随环境变化发生改变。即个人社会化程度的高低，言谈举止能否为周围的人所接受。

（6）人格的完整。人格的完整即指自己的感觉、知觉、记忆思维、情感、抑制活动相互之间协调一致。

（7）与环境保持良好的接触。一个心理健康的人，应该跟周围的环境有一种良好的接触，整个心理活动是对现实环境的一种反映。

（8）适应环境。个体能够有效融入一定的环境中，从生理、心理以及言谈举止上共同接受、适应所生存的环境，这样才可以促进个体心理的健康。

（9）在环境中保持独立。个体除了要适应环境的要求，同时还要保持独立。即要给自己一定的调整自己行为的空间。一方面顺从环境，另一方面又保持独立性，既服从又能够反叛，有一定的反叛精神。而处理好适应和独立需要不断地汲取经验，不断地观察，不断地学习。

（三）掌握准确的心理弹性

可以使用"弹性"来描述很多大学生奋力克服所面临的逆境时表现出来的品质。弹性的组成元素主要有坚持、顽强、目标性、健康的成功导向、成就动机、教育期望、对未来的信念、期望感、目标感和一致感。这些要素组成的弹性品质使人们能够以健康和灵活的方式去应对压力应激事件。

（1）顺应世界变化，做到随"变"。世界上唯一不变的真理是世界永远都在变化。发展变化是世间恒理。随"变"是一种境界，也是一种姿态。

（2）勇于面对挫折，善品生活诸味。人生并不会万事如意，如果所有事情都在自己的意志范围内，所预料的必然会发生，非意欲的必然都不会发生，那么生活就没了趣味，世界便少了精彩。

（3）正视不公平，要多从差异化视角看问题。不公平是世界上最大的公平。因为在不公平这个问题上，所有人都公平地享有。如果有区别，则是一些人比另外一些人觉得更为不公平。世界是多态的，文化是多元的，生活是多彩的，这是世界丰富的写真。

（4）给自己足够的应对时间。在压力或者逆境中，很多事情都不能一蹴而就。给自己充足的时间，厚积薄发，方能成就未来。对于压力或者逆境，只要直视它们，便没有那么可怕。聚精会神地解决，困难就会化解。

（5）压力或者逆境应对中要善待自己。在压力或者逆境应对中，拼的是身体和健康，个体要善待自己，确保拥有一个健康的体魄，这是解决一切问题的关键。

（四）提升心理调节的能力

大学生需要用心经营振奋、快乐、幸福等情感因素，如果去除了抑郁、焦虑等负面情绪，个体就会快乐，但其实这很难实现。即便剔除了不快乐的成分，快乐也不会自动出现。具有积极心态的人明白，人的本性决定了个体会有痛苦的情绪，但是失败会过去的。只要把目光放在积极的方面，任何痛苦的事情都不会长期持续。大学生需要学会客观、全面、理性地看待问题，以积极的认知方式面对生活；学会以适当的方式宣泄不良情绪，调节和控制自己的情绪。大学生可以掌握以下四种心理调适方法：

（1）积极的自我暗示。人只要心里决定快乐，大多数时候都能做到。大脑分不清哪些是真正的事物，哪些是想象事物，积极的心理暗示就是自己通过积极的语言、动作等影响自己心理的过程。例如，生气时，提醒自己"冷静"；紧张时，提醒自己"平静"；在演讲之前，想象自己站在讲台时会很轻松。积极的心理暗示可以有效调节情绪、增加自信和矫正不良习惯。

（2）自我激励。自我激励是动力的源泉，也是保持心理健康的有效方法。自我激励就是用生活哲理、榜样力量或明智的思想观念来激励自己。例如，遇到棘手的问题时，相信一定会有办法走出困境；用坚韧的意志和精神去实现自己的目标。

（3）情境转移。当遇到挫折时，可以离开引起苦闷或愤怒的环境，把注意力从消极情绪转移到积极的方面去，使自己的情绪恢复稳定。例如，出去散散步、听音乐、做其他有益的事情，这对消除烦恼和愤怒的情绪非常有效。如果是处在抑郁或焦虑中的人，花点时间去帮助别人比花时间看电视更能减轻自己的症状。

（4）情绪宣泄。把自己的烦恼、委屈、痛苦向别人倾诉，或通过唱歌、运动等形式宣泄出来，以此释放心理压力。不同的事件需要不同的应对风格。因此，大学生可以多尝试不同的方式来应对烦恼和困惑。

（五）寻求适当的心理咨询

当心理压力过大或心理困扰难以解决、自我调节起不到较好效果时，应主动、及时寻求心理咨询的帮助。心理咨询主要通过行为、情感交流等方式介入咨询者的心理环境，帮助他们解决无法自行调节的心理问题，从而使咨询者建立起自尊、自立、自强的心理状态。在大学校园开展的心理咨询室与社会上的微有不同，它主要对大学生在学习、生活、就业、个人发展等方面的问题给予帮助、引导，对于有严重心理问题的学生进行心理干预和治疗。

大学生可以针对学习、适应、发展和择业等问题去咨询心理教师。但是，心理咨询不是心理治疗，心理咨询主要通过语言、情感、行为等介入方式，将心理学理论层面的知识、理念、原则综合应用在现实情况中，帮助咨询者解决问题、建立自信，产生从情绪、态度到情感、心理方面上的改变，从而使大学生能够在所处的环境中提高自己的适应能力和调节能力。

第二节　大学生自我意识与认知心理调适

一、大学生的自我意识及其调适

（一）大学生自我意识的来源

自我意识是人类特有的，并非与生俱来，是个体后天在社会环境中通过与他人进行互动而慢慢形成的。通常而言，大学生主要通过以下四个方面形成对自己的认识：

1.他人的反馈

一般情况下，别人能够对自己的能力、性格等给出较为清晰的反馈，从他人的评价中，人们可以加强对自身的了解。例如，当老师告诉学生要更加主动、更加勤奋时，学生就可以从中知晓，自己的勤奋度和主动性不足。特别是当不止一个人都向其表达相同的看法时，这种看法就会被人们相信，使他们认为自己就是这样的，因此，激励格外重要。

2.反射性的评价

在实际生活中，与自己生活关系并不紧密的人有时无法给出明确的反馈，但人们仍然可以通过对方的态度和反应来了解自己。"镜中我"理论指出，自己感知自身和别人感知自己是一样的，镜子中的"我"和别人眼中的"我"都是感知的"象"。常常以别人的看法为依据来看待自己的过程被称为反射性评价。

3.自身行为的判断

自我知觉理论认为，当内部线索比较模糊或微弱的情况下，人们会根据外在行为推断自身，例如，学生参加学雷锋、植树等公益活动时，就会认为自身高尚。但是在大多数时候，人们了解自身的依据还是情绪、想法等内部线索，并且外部行为容易受到压力影响也更易伪装，因此，内部线索比外在行为更准确。

4.社会的比较

社会比较理论认为，由于人们非常渴望准确地认识自我，因此，在没有明确的标准时，常常会将他人作为比较的标准。大学是一个人人生中十分重要的发展阶段，大学生的人生目标、生活态度、价值观念等都处在形成过程中，社会比较为大学生认识、了解和发展自我提供了重要标尺，同时也是个体认识自我的重要途径。社会比较能够使自我得到优化，然而，自我比较也并非都是积极的，它分为上行、下行和平行三种比较，个体具有不同的目的和动机时，所采用的社会比较策略也不同。

（二）大学生自我意识的分类

1.大学生"知""情""意"的自我意识

（1）大学生"知"的自我意识。知是自我认知，自我认知是自身从主观方面出发对自身客观性的评价，具体涉及自我观察、自我分析、自我感觉、自我印象和自我评价。一个始终困扰着大学生的问题是"我是一个怎样的人"，自我认知能使这个问题迎刃而解。很多大学生对自己的要求较高，追求完美，设定的目标往往与现实的实际情况不匹配，因此，大学生们对自身的某些方面不满意。

（2）大学生"情"的自我意识。自我体验是大学生以自我认识为前提，从主观出发对自身客观情况产生的情绪体验。自我体验由自我认知决定，同时自我体验又被自我认知加强，主要体现在"对自我现状是否满意""是否接纳自己"等方面。自我体验的具体内容包括责任感、荣誉感、优越感和羞耻感等。以往的大学生教育并没有重视学生的自我体验。实际上，自我体验对个人的健康成长至关重要。不同的人对同一件事有不同看法和体验。通过体验的方式得到的自我体验往往都高于理性的方式获得的自我体验。

（3）大学生"意"的自我意识。自我控制就是通过控制自身的思想、语言和行为实现自己既定的目标，如自我约束、自我管理和自我激励等，最终实现自我的人生规划。自我意识的最高层次就是自我控制，最主要的部分是"我要做什么，我要成为什么样的人，我要选择什么方法和途径去完成目标"，自制力是人控制自己的能力。心理学研究发现，人的自制力与大脑额叶部分的发展有很密切的关系，自制力由自我认知和自我体验决定，大学生能够通过转变自我意识、选择合适的认知角度、积极发挥主观能动性和提升认知能力等方式使自己更加积极主动，实现自我欣赏。

自我意识的核心是自我控制。大学生自我意识中的"知"和"行"的培养不是一朝一夕就能形成的，需要花费很长的时间。有些大学生想法很多，但行动却难以跟上，只有加强自我控制，才能实现知行合一。

2.大学生心理、生理、社会的自我意识

（1）心理自我是人们对自己的心理品质、性格特点和心理活动的认知、感受和预期，是对思维、记忆、智力、感知、气质、性格和爱好等内容的认知与体验。随着个体的成长和发展，自身的智力、情感、兴趣和能力也随之变化或提高，并逐渐能够适当地评价自己的心理自我和体验心理自我。同时，社会角色也会随着个体的成长和发展而产生，并逐渐合成主要内容，出现对社会的义务感、责任感并逐渐增长。

（2）生理自我是个体在与其他人沟通交流的过程中渐渐学习和形成的，个体通过生理自我将自己和别人区分。生理自我包括个体对自己身体、容貌、身高、体重等生理状态的认知和体验。生理自我是个体天生的，人生下来生理自我就被决定了，个体无法改变。随着个体的成长和发展，会对生理自我形成正确和清楚的认识，但是人生的不同阶段对生理自我的关注度不同。以青春期为例，很多学生更加关注生理自我，男同学往往更关注身高、体形或声音等，女同学往往更关注自己的身材、皮肤和相貌等。

（3）社会自我是人们处理自己和外界客观事物之间关系的认知、感受和预期，具体有个体对自身所处的不同的客观环境和不同的社会关系中的角色、义务、权利、地位等的认知。

心理自我、生理自我和社会自我具有紧密的关系，三者之间相互影响，又都涉及不同的自我控制、自我体验和自我认知。每个个体的这三者的比例和地位不同，导致个体间的自我意识有或大或小的差异，这就塑造了每个人对人、对事的不同看法和感受。

（三）大学生自我意识的特性

经历青年时期，通过分化和整合，个体的自我意识会在成年时期逐渐形成。经验积累、对人对事的态度、外界的评价和个体在社会中的角色变化、责任承担、义务履行都会影响自我意识的形成。大学生自我意识塑造和形成尤为重要。在青年时期，个体的生理和心理变化很大，例如，思维更加发散、更有想象力以及对外界更加敏感，因此，他们更加关注自己，关注自己的内心变化，渴望独立和张扬个性化发展。

在青春期，个人所积累的成功或失败的生活经验影响着自我意识的形成。经历的事情越来越多，积累的经验也越来越多，通过积累成功的经验和吸取失败的教训，对自己正确的做法加以肯定，改正自己的错误，最终形成自我意识。外界的正面和负面评价也影响着个体自我意识的形成。由于大学生的自我意识还没有形成，他们会更加关注外界的评价，也往往会根据外界的评价来衡量自身价值。

学生在高中时期将更多的注意力放在了学习上，进入大学后才有精力关注自身的发展和自我意识的形成，而且青春期还未结束或者还会延长，具体原因有：①大学时期被称为学生的重生时期，具体含义包括：从"争分夺秒"到"相对稳定"，处于边缘人的位置，人格的重塑，人生观和价值观的形成。②大学生的人际关系包括：与父母的矛盾感情、友情与自我封闭、婚恋价值观的形成。③大学生心理的两极性内容包括：行动和意识，日记中的个体表现，人际关系，开放性和封闭性。

总而言之，大学生主要从三个方面关注自身：①生理发育。大学生要有时间和精力来关注自身的身体发育情况、心理需求。②人际关系外延。大学生在与他人交往过程中，会与其他人比较，开始关注自己的修养品质和天赋能力。③随着自我认知的发展，大学生更关注自己做事情的动因和结果，思考自己的人生价值。

大学生自我矛盾的加剧促进了自我统一的形成，大学生自我认知的发展和明显的自我分化造成新矛盾的出现，随着经历的事情越来越多，大学生会在思想和行动上统一，最终化解矛盾。

大学生群体与其他同龄群体相比较，生活阅历和学习经历的特殊性使他们的自我意识也具有独特性，具体有以下三个方面：

1.自我意识时间上的特性

时间上具有延缓偿付期，具体指有些年轻人在生理和心理上没有做好承担社会义务的准备，他们需要一段时间，或者外界必须要给他们一段时间。因此，讨论的心理延缓偿付期，是指对成人承担义务的延缓，然而它又不仅是一种延缓。作为大学生，可以利用这一段时间触及各种人生、思想、价值观，尝试着进行选择，经过多次尝试、反复循环，从而确定自身的人生观、价值观和职业理想，确立自我同一性，最终融入社会，进而适应社会。

大学生缺乏独立性，生理上并未成熟，经济上依赖父母，未踏入社会的他们思想存在滞后性。按照年龄要求，大学生应该具备独立和自立的能力，然而，大学生主要在校园生活，导致他们在心理和思想上不具备承担社会责任和义务的能力，在时间上有延后性。时间上的延后使大学生可以有更多时间思考人生、提升自身能力，并树立正确的人生观与价值观。

2.自我意识空间上的特性

空间上的特性主要表现为空间上的"自主性"。目前，大学生学习环境的文化背景更加多元化，互联网为大学生提供了更广阔的空间、更平等的学习权利和更自由灵活的学习方式。东方文明与西方文明的交融互鉴影响着大学生自我意识的形成和发展。一方面，大学生的家庭背景、生活方式、接受的文化以及自我价值与追求均不相同。在生活和学习中，他们相互交流、相互学习、包容互鉴；他们在每次沟通中彼此影响，这有利于新自我的形成。另一方面，大学具有包容性，汇集了不同的文化。大学生在多种文化体系中学习和生活，必然会受到不同文化的影响，甚至会与自身建立的价值体系发生冲突。大学新生更为明显，他们从以前的文化环境进入崭新的文化环境中，通过提升思考能力和自制力重塑以前的价值观念和文化素养。

3.自我意识发展的不平衡性

大学生的生理和心理状态与社会对他们的要求并不匹配，主观自我与他观自我不统一。尤其是高年级学生更为突出，高年级学生的自主意识较强，然而在工作中，他们的自我意识往往会受到打击。

大学生的主观自我与他观自我不一致，生理和心理状态与社会发展相比存在滞后性，这些都会影响大学生自我意识的形成。导致不平衡和滞后性的原因包括：第一，大学生的人生观、价值观和世界观尚未形成，受外界的影响较大；第二，大学生的自我意识尚在发展阶段，大学生刚入学和毕业时对同一件事的看法和态度会有很大的差异，大学生在学习、生活和社会磨炼中会形成自我概念；第三，进入大学，在新的环境中面对新的同学和集体，必然会出现不平衡和滞后性。

（四）大学生自我意识的功能

1.决定个体行为的持续性与目标性

人是一种社会性动物，因此人的行为由很多社会因素决定，但人又具有独立的思想和性格，人的行为又与自我意识有着十分紧密的关系。在现实生活中，每个人的行为不仅与个体所在的情境有关，而且与自我认知和自我意识关系密切。有积极自我意识学生的学习的动机、投入和成绩都要优于消极自我意识的学生。个体如何看待和理解自己决定着个体的行为方式，例如，一些学生在遇到挫折的时候，就可能放松对自己的约束，放纵自己的行为。

2.判定个体对经验的解释

不同的人可能会有相同的经历，并获得相同的经验，但每个人对经验的理解与解释却会出现巨大差异，这是因为解释经验的方式是由一个人的自我意识决定的。例如，认为自己学习能力一般的学生，在取得很好的成绩后会认为自己取得了巨大的成功，成就感和满足感都会很强烈；但如果是自认为学习十分优秀的学生，在面对同样的成绩时，可能只是觉得正常发挥甚至是失败，他的挫折感就会很强烈。因此，当个体具有消极的自我意识时，任何一种经验都可能造成消极的自我评价；而当个体具有积极的自我意识时，任何一种经验都有可能充满着积极的意义。

3.影响个体期望水平

自我意识除了影响个体的行为方式、对经验的解释以外，还会在个体对未来的期待方面产生较大影响。这是因为个体对未来的期望以个体的自我意识为基础而发展，并期待与自我意志相一致，期待的后续行为也是由自我意识的性质决定的。

（五）大学生自我意识的调适

自我意识的培养是引导主体在社会要求的指导下对客体进行自我意识教育，是大学生完善自身个性、自身思想、自身价值的重要途径，也是自我意识的最高表现。形成自我意识的基础是全面认识自我。能够正确、全面认识自我的人可以准确、客观地评价自己，也能确立恰当的人生目标并为之努力奋斗。因此，大学生应走出自己封闭的小圈子，拓宽生活学习和交往的范围，积极参加各类校内活动和社会实践，从而找到多种参考系，并全方位、多角度地认识自我，做到不卑不亢、不骄不躁、不屈不挠，充分发挥自身优势和智慧，通过自己的努力实现人生价值。

1.以积极的态度认可自我

大学生的自尊心理来自以积极的态度认可自我，自卑心理则来自以消极的态度拒绝自我。自卑者通常都会片面地看待自身缺点并夸大缺点，甚至全盘否定自我的存在价值，这为形成正确的自我意识造成了巨大障碍。对自我的积极认可具体可以表现为以下两个方面：

（1）自我评价积极而准确。积极、准确的自我评价是自尊心产生的关键。任何人身上都同时存在优点和缺点，要充分发挥优点，对待缺点也不要灰心。通常情况下，人的缺点分为两种：一种是习惯、性格等方面的，如缺乏毅力等，这是可以改变的；另一种是生理缺陷方面的，这是很难改变的。无论是可以改变的还是很难改变的，都要勇敢面对，特别是如果存在一些生理上的缺陷，那么就更应该从内在入手，通过提高修养和学问来培养内在美。

（2）正确对待挫折和失败。在人的成长过程中，失败在所难免。大学生是受过高等教育的群体，应该做到正确对待生活和学习中的挫折与失败，不断总结经验教训，快速走出困境，努力提升个人能力，通过奋斗实现人生理想。

2.努力进行自我完善

自我完善指的是个体在认识、认可自我的基础上，主动自觉地规划目标、调节行为、改造个性，使自身全面发展，从而适应社会的要求。

（1）正确树立理想自我。树立正确的理想自我的基础是自我认识和认可，此外，要根据个人特点和社会需要来确立发展目标。大学生要树立正确的人生观、价值观和世界观，通过积极探索来理解人生，从个体与社会的联系中认识人生的意义，努力地完善自我。

（2）认真进行自我探究。只有认真地进行自我探究，才能获得自我统一。自我统一是"主体我"和"客体我"的统一，也是自我认识、体验和调控的统一。大学生在追求自我统一的长期过程中，首先，要正确分析理想自我，对理想的可行性进行客观判断；其次，还要将理想自我与现实自我对照；最后，制订有针对性的计划，解决理想与现实之间的矛盾，从而获得自我统一。

总而言之，自我意识的培养十分漫长。大学阶段是大学生自我意识培养最重要的阶段，因此，正确认识自我意识的特点，对引导大学生全面认识自我、

积极接纳自我、努力完善自我具有至关重要的意义。❶

二、大学生的认知心理及其调适

认知是人的主要心理活动之一，它对个体在现实生活中的心理感受、行为反应具有主导作用。大学生虽然掌握了大量知识，逻辑思维能力也有所提高，但由于心理不成熟、经验不丰富，在学习、生活中必然存在一些不良认知。了解认知心理，掌握不良认知的调适方法，可提高认知水平，对大学生适应社会、发展人生具有十分重要的意义。

（一）大学生认知心理的特征

大学生认知发展的特点是独立性与依赖性并存，他们希望在某些事情的看法上获得他人的理解和支持，而且容易接受外界舆论的影响，容易受到消极暗示，继而使自己产生困惑或挫败感。青年期大学生的认知水平具有以下五个特征：

1.独立性与依赖性并存

自我意识的进一步发展强化，知识经验的日益增加，逻辑思维的不断加深，使大学生认知独立性有所增强，喜欢用批判的眼光看世界，不轻信，不盲从，凡事总要问问"为什么"；喜欢且能够独立提出并坚持自己的观点，也能对自己的认知进行一定的检验评价。但是，大学生的认知独立性和批判性还不够成熟，带有一定的依赖性，主要表现在两个方面：①对自己的主张、见解信心不足，希望得到别人的理解和支持，容易动摇。②在对事物的认识评价上，容易接受暗示，常受外界舆论、观念、思想的影响。

2.现实性与理想化并存

随着活动领域的拓宽，大学生与客观实际接触范围扩大，独立思考能力提高，在经历了现实与理想、理论与实际、个人愿望与社会要求的种种矛盾冲突

---

❶ 赵菊，李燕.大学生心理健康教育[M].武汉：武汉大学出版社，2017：34-51.

后，他们深刻领悟到原来过于天真、理想的认识和想象是那么不切实际。这使大学生逐渐变得注重实事求是，从现实出发去观察、分析、解决问题，使认知的现实性有所提高。富于想象是大学生的一大特点，想象力的发展、兴趣的广泛、对未来的憧憬使大学生的认知倾向于主观化、理想化，使他们常常脱离实际，沉湎于幻想世界。

3.全面性与片面性并存

大学生在分析和处理问题时，已经显露出辩证的特点，喜欢全面、综合地去评价人和事。但是，由于大学生自身还有许多弱点，在全面、辩证认识事物、他人和自我时，不可避免地存在片面性，以点概面、以偏概全的晕轮效应时时存在。过于主观想象、思维活动的局限性及大学生常有的认知上的偏激现象是产生这种片面性的主要原因。❶

4.深刻性与表面化并存

大学生的抽象思维能力显著提高，辩证逻辑思维逐渐占主导地位，不仅能感知事物的外部特征，而且能找到事物的本质规律，从而更深刻地认识世界。尤其是高年级学生，其认知的深刻性、自觉性已达到了较高水平。但是，大学生的抽象思维能力还未达到成熟水平，观察事物容易表面化，思考问题常被具体、直接的感性经验支配，常就事论事，停留在一点一面，在一些问题的认知上较为表面。

5.稳定性与波动性并存

大学生在学习、生活、人际交往的认知实践中，对情绪、情感的控制和调节能力增强，情感显现比较稳定的特点，有了明显的心境化趋势。但这只是相对的成熟，大学生的心理仍具有易波动的特点：一是因为青年期正是内分泌系统中与情绪兴奋有直接关系的肾上腺激素分泌的旺盛阶段，使人容易兴奋、激

---

❶ 张冬梅，谷丹.大学生心理健康教育 [M].北京：北京邮电大学出版社，2018：70-89.

动，情绪体验强烈；二是因为影响大学生情绪的各种因素大量存在，其情绪易受外界干扰；三是大学生辩证逻辑思维发展水平较低；四是人格还不健全、不稳定；五是世界观、人生观还处于发展时期。

综上所述，大学生的认知水平较中学时期有了明显的提高和发展，但尚不成熟完善，这是大学生不良认知产生的重要原因。

（二）大学生不良认知的分类

所谓不良认知，是指由认知错误所产生的歪曲的、不合理的、消极的观念或信念。大学生中常见的不良认知较多地体现在对自我、挫折、人际交往等方面的观念和评价上。这会影响其学习、生活和工作，甚至导致心理障碍，所以应予以充分重视，加强调适。

1.大学生对自我的不良认知

进入青春期，大学生的自我意识有了较大发展，但还不成熟。所谓自我意识是指人对自己各种身心状态的认识以及对周围事物关系的各种体验，包括自我认识、自我监督、自我评价、自我调节及控制等。大学生对自我的不良认知主要表现为自我评价过高或过低的两个极端上。

（1）高估自我。高估自我表现在对自我做出过分肯定的评价，肯定自我往往有过之而无不及，夸张地看待自己的长处，而对短处则缺乏应有的认识，甚至视缺点为优点；对他人总是过低评价，过多地看到别人的不足，无视甚至贬低别人的长处。这些同学常常自傲自大、自以为是、盛气凌人、自我欣赏，表现出过度的自信心和自尊心。这部分同学在现实生活中容易与人产生冲突，也容易因为愿望和要求不切实际而导致失败。失败又往往使这部分同学对原先的自我评价产生过激的否定，从而走向低估自我的另一极端。

大学生对自我的过高评价与他们的成功体验有关。跨进大学校门，往往使一些大学生对自己的现状非常肯定，对未来也充满了自信。高估自我也是大学生强烈的优越感使然。社会、家庭、亲朋好友的期待、赞誉和羡慕加强了大学生的优越感和自豪感，使部分大学生产生自负的心理，以致对自己不能进行全面认识和客观地评价。

对自我的不恰当评估也与大学生认识水平不足有直接关系。思考问题的片面性、肤浅性导致大学生认识问题时表现出偏激和固执的特点，他们往往不善于准确无误地对来自各方面的信息进行分析、综合来得出正确的结论。尤其是在对社会现实、对自己和他人的看法方面更为突出。他们容易以消极角度去看待别人，以积极角度认识自己。

（2）低估自我。过低地评价自我，表现在看不到或很少看到自己的优点和长处，在审视自我的同时又总是仰视他人，常常拿别人的优点和长处比自己的短处和不足。因此，不喜欢自己，不容忍自己，一味地抱怨、指责、否定自己。一个人如果看不到自己的价值，只看到自己的不足，就会丧失信心，产生厌恶自己并否定自己的自卑感。这类人在学习、生活、工作中显得自信心严重不足，对有利条件估计不足，对困难估计过高，视成功为机遇好，将失败归因于自己的问题。自卑的同学或表现为缺乏进取心，或为掩饰、代偿自卑而表现出过强的自尊心、虚荣心。他们情绪压抑，心烦意乱，做事既希望成功，又不指望成功，缺乏勇气，屡屡错失良机。

2.大学生对挫折的不良认知

挫折一般包括挫折情境和挫折感受两层意思。挫折情境也称挫折源，是指阻碍人满足需要、实现目标的情境或事物，由此而产生的心理感受和情绪状态称为挫折感受或心理挫折。现实中存在两种挫折情境：一种是在人的意识之外客观存在的挫折情境，称为实际挫折；另一种是人的主观想象、并非客观存在的挫折情境，称为想象挫折。一个人遇到挫折后，就会产生挫折体验，而这种挫折体验同他原来的理想程度有关。大学生对挫折的不良认知的主要表现如下：

（1）不应发生。"不应发生"是指以主观意愿为依据的不合理认知方式所产生的"（情况）不应该是这样的""不可能是这样的"等错误观念。大学校园里强手如云，竞争激烈，学习紧张，纪律严格，对于每一个大学生来说都是严峻的考验，都要有一个不断适应的过程。失败与挫折是正常和自然的。实际上，挫折貌似偶然的背后存在着必然性：放松学习势必造成成绩的滑坡，不注意工作方法必然影响在同学中的威信。正是这种种的"不懂得""不理解""意识不到"使一些大学生不能用正确的认知方法对挫折作出清醒、理智的预测和评价。

（2）非常可怕或不以为然。部分大学生把挫折情境及其后果想象得非常可怕。这种想象中的挫折远远超出了实际挫折的程度，但其引起的心理挫折（即挫折感受）往往却更加严重。"非常可怕"的不合理观念与"任意夸大"的认知方式有直接的关系。

有的大学生把生活中的困难想象得十分严重；有的大学生过分评价某些事物、挫折的影响和后果，如一句话没说妥，一件事没办好，便担心别人对自己有看法，会失去他人的信任。事实上这种担心主要是自己想象出来的，情况远远没有那么复杂、糟糕。

"非常可怕"的不良认知不仅把事实上暂时的、局部的甚至是根本就无所谓的损失看成永久的、全面的丧失；而且只把注意力放在无限度地想象挫折的后果上，没有看到挫折中孕育着成功的机会，没意识到应要把注意力集中到如何做出积极调整、切实把握时机，争取成功上来。

与"非常可怕"的认知正好相反，有些大学生对挫折采取"缩小"的认知方式，认为一切都"没什么了不起""不足为鉴"。他们无视挫折情境及其客观后果的现实存在，不能觉察挫折背后的危机，而是片面地"居安思危"。

（3）无能。大学生中还有一种对挫折的歪曲认知，即因某些挫折和失败而否定自己，认为自己"没用""无能"，是个"失败者"，在这种错误认知的影响下，一些大学生遭受挫折后变得自卑起来，甚至自暴自弃。这些大学生犯了一个严重的认知错误，即过度引申（或过度泛化）在单一事件基础上不适当地作出关于能力、价值的普遍性结论。

3.对人际关系的不良认知

渴望建立和谐的人际关系，期盼真诚友好的人际交往，这是大学生的共同心理需要。然而，这种需要却因人际关系障碍而得不到满足。造成大学生人际交往障碍的原因很多，主要原因是大学生在人际关系问题上存在以下不合理的观念：

（1）极端思维。极端思维是一种认知失真。生活中所说的以偏概全、超概括化、过分夸大或缩小、糟糕刻板、乱贴标签等都是极端思维。在大学生的人际交往中，极端的思维表现是非常明显的，无论是对自己的评价，还是对他人的评价都容易走向极端。

（2）心理过滤。由认知的选择性而带来的心理过滤，往往使人不能客观地、全面地看待现实。

（3）盲目猜测。盲目猜测就是把想象与主观推测当成事实，主观臆断，想当然。自我失败性质的盲目猜测在大学生中是不乏其事、非常普遍的。这种盲目猜测可能使大学生歪曲了事实，从而产生了不良的情绪或行为体验。

（4）虚拟陈述。人的认知加工包括两个过程：一是自下而上的加工过程，也就是直接对外在刺激所做出的反应；二是自上而下的加工过程，也就是利用自己的知识经验对外在刺激做出解释。由于知觉具有恒常性的特点，许多现象司空见惯、习以为常后就成为一种"成见"、一种"图式"、一种"刻板印象"、一种"虚拟陈述"，从而影响了自上而下的加工。这种成见常常在不知不觉中成为一种独断专横的内心指令，表现为"应该""必须"等毫不留情的强迫性指令。如果大学生的"应该""必须"的内心指令得不到满足，那么他们必然会产生不良心境，从而产生各种各样的心理困惑或心理障碍。

（三）大学生认知心理的调适

1.自我认知的调整

调整的目的在于识别其错误，并在此过程中确立起相应的合理观念。具体方法很多，下面以调整对自我的不良认知为例进行介绍：

（1）对比调整法。低估自己往往与片面的比较有关。这种片面比较表现在两个方面：一是与比自己强比；二是只拿自己的短处与他人的长处比。对比调整法是全面地进行比较，以确立对自己的正确评价。对比调整法包括横向比较和纵向比较两方面。横向比较是指与比自己强、与自己差不多和比自己差的人进行比较。纵向比较就是和自己的过去比较。在比较中，要客观、公正、合理，既不夸大，也不缩小事实；既比较各自的长处，也比较彼此的不足；坚持实事求是、一分为二的原则。此外，为了实现比较以及使比较的结果对自己有说服力，横向比较所选取的对象应是客观条件同自己差不多的（如同班、同系、同校、同种职业），且是自己比较了解的人。

（2）调查调整法。调查调整法即向别人了解他们对自己的评价和看法，以此来修正自我评价。调查调整法的要领包括以下四个方面：

第一，以现实生活中真实的自我表现为基础。不能为获得期望的调查结果而有意地伪装自我，如有的同学为了得到老师、同学的好评，在一段时间内有意识地做出积极的表现，以掩盖自己的不足。虽然他人的评价一般以人的一贯表现为基础，但"近因效应"是存在的，人们的评价容易受最近表现的影响。

第二，调查的对象应是了解并值得信任的人，不了解自己的人往往难以做出客观的评价；不信任的人，其评价对自己也难以有效。此外，可以将调查范围扩大一些，以获得较全面的评价效果。

第三，调查的方法有两种：一是坦率说明意图，希望对方如实相告，真诚以及宽松的氛围、恰当的时间和场合会使对方更能坦率地说出自己看法；二是以隐蔽的、不易被对方察觉的方式征询对方的看法，如在娱乐的时候、谈工作的时候、讨论某个问题的时候，或将自己的疑虑假借到别人身上，请对方谈谈对此的看法等。这时应表现得随便和不经意，以使对方表露真实的看法。

第四，在对方做出评价后，可以把自己的评价诚恳地说出来并与之讨论。在讨论中对方会提出许多理由说明你的自我评价是不合理的，并给予劝导。

（3）列举调整法。通过列举与自我评价相悖的事实和理由来改变错误的自我认知。事无巨细，将其一一列在纸上，越多越具体越好，随时想到，随时补充。然后，反复查看列出的内容，你就会发现自己的优点。同时，在现实生活中尽量去表现自己的长处，通过实践进一步发现、认同这些优势。表现自己的长处会获得周围人的肯定性评价，这也有助于进一步肯定自己。

（4）重新归因调整法。归因是指人们对他人或自己行为的原因加以解释和推测的过程。人们在对成败归因时往往容易出现单一性、片面性的错误，正是这种错误归因导致自我认知的偏差。重新归因调整法就是对成败的原因用全面客观的归因方法重新解释，从而达到调整自我认知的目的。以"失败"为例，一般既有个体的原因，又有外界的原因。在个体原因中，既有个人的主观态度、主观努力、方式方法等因素，又有个人身心发展水平等因素。我们必须在全面客观分析的基础上做出合理归因：哪些是主要原因，哪些是次要原因，哪些不是原因。这样就不会因盲目把失败归为自身的原因而产生自卑心理。同时，又可以针对失败的现实采取理智、有效、切实可行的措施。自己重新正确地归因对有些大学生而言可能是困难的，这时可求他人帮助自己对失败进行归因，从中获得启发。

调整不合理观念的过程中，应视具体情况灵活运用上述方法。为了收到理想效果，这些方法可合并使用。

2.理性认知的发展

人的认知活动并不是某个因素单独发生作用的结果。事实上，影响认知的因素很多，从客观方面看，有认知对象的特征、认知发生时的客观情境等因素。从主观方面看，有认知者的知识经验、价值观、思维水平、人格特征、自我意识等。知识经验是认知活动的基础；价值观对认知具有定向和识别功能；思维水平是认知活动的最高级形式；人格特征制约、调节认知过程；自我意识是对自我与他人、社会关系的认识和把握。因此，发展理性认知、提高个体认知水平必须从提高大学生的上述素质入手。

（1）丰富知识。丰富知识是大学生的基本任务，它是满足大学生求知欲，帮助大学生发展人生、提高认知水平的基础。①大学生应重视学习知识，用人类创造的一切文明来武装自己的头脑。②注意摄取知识的深度和广度，拓宽知识面。③不拘途径学知识，既向书本学习，也向社会学习，更向实践学习——在实践中观察总结，积累经验；接收是一种学习，运用更是一种学习——只有运用知识才能使知识真正成为自身认识世界、改造世界的武器，也才能在运用知识的过程中扩展知识，积累经验。④在向书本、他人、社会、实践学习的过程中，既虚心好学，又善于思考，辨别真伪，去伪存真。

（2）面对挫折，适当运用心理防卫机制。人在遭受挫折后，挫折情境所带来的压力会使人产生紧张、焦虑、不愉快的情绪体验，并导致心理、生理活动的不平衡，影响人的正常行为和活动能力。主体为减轻挫折造成的心理压力，常常有意无意地运用心理防卫方式，称为心理防卫机制。常用的心理防卫机制具体如下：

第一，投射作用。将个人的缺点和错误投射到他人身上，以减轻自己的心理压力。

第二，补偿作用。用一种取得成功的活动来补偿遭受失败的活动。例如，数学考试失败，就用英语考试成绩来弥补，以减轻自己心理上的痛苦。

第三，转移作用。把本人受挫的情绪转移到别的对象身上。人们在受到挫折时，通过音乐、舞蹈和体育活动等发泄情绪，也是转移作用。有的人在情绪失意后就移情于文字创作，有的人在失去亲人以后就献身于亲人所从事的事业。这些都属于转移作用。

心理防卫机制对于降低人因挫折而产生的紧张与痛苦，防止攻击行为的产生无疑具有积极作用。因此，在面对挫折时，我们可以适当采取某些积极的心理防卫措施，如补偿、转移等方式以抵御外来伤害，减轻内在压力，而不至于引起太大的痛苦和不安。

第三节　大学生健康人格与人格魅力塑造

一、大学生健康人格及调适

"人格"是人们日常生活中经常使用的词汇，人格可定义为一个简单易懂的概念：人格是构成大学生思想、情感及行为的特有模式，这个独特模式包含了大学生区别于他人的稳定而统一的心理品质。对于这个定义，可以从两个方面来理解：①人格是大学生的心理行为模式。换言之，人格是由内在的心理特征与外部的行为方式构成的，它不仅是单一的心理特征和行为模式，而且是这些心理特征和行为模式相互作用而形成的有一定组织和层次结构的模式。②人格不是生来就有的，而是在先天遗传素质的基础上通过后天环境的相互作用形成的。遗传因素是人格形成的重要基础和必要条件，而后天环境使遗传的作用得以发挥。并且两者的作用不是简单地相加，而是复杂地相互制约、相互作用，共同影响着人格的形成和发展。

（一）人格的特性与结构

1.人格的特性

（1）整体性。人格是个体全面的心理面貌，是统一的整体结构。它由多种特质组成的一个有机整体，相互制约、相互联系，容易受到自我意识的控制，有着内在一致性的特点。但如果这些特质中间出现开裂，人格的整体性丢失，那么便不能将外界经验联合整合到自身的人格结构中，同时，特质之间也不能实现整合统一，其中，极端的代表就是精神分裂症。

（2）独特性。世界上不会有两个人格特征完全相同的人，大学生的人格是在遗传、环境、教育等先后天因素的交互作用下形成的。即使是同卵双生子，他们的心理面貌也不会完全相同。

（3）稳定性。人格特征一旦形成就相当稳定。"江山易改，秉性难移"，这里的"秉性"指的就是人格。但是个体在行为中偶然表现出来的心理倾向和心理特征并不能代表他的人格。例如，一个处事稳重的人偶然表现出轻率的举动，不能由此说他具有轻率的人格特征。正因为人格具有稳定性，才会有人与人之间心理上的差异，人们才能根据各人不同的人格特征，把一个人与另一个人区分开来。

（4）生物性。人格的形成和发展不仅受生物因素的制约，而且受社会因素的制约。生物因素主要指神经系统活动的特点、遗传的生理解剖特点等。人的生物因素虽然不能预定人格的发展方向，但却是人格形成的基础，给人格发展提供可能性。

（5）社会性。人在出生之时只是一个生物学意义上的个体，但出生也意味着从一个简单的生理环境进入了一个复杂的社会环境之中，就要掌握所处社会的行为道德规范、价值观念、信念体系、社会风俗等。如果离开了人类的社会生活，人的正常心理就无法形成和发展，社会生活条件对人格的形成和发展起到决定性的作用。

2.人格的结构

人格是由不同成分构成的一个结构系统，这些成分从不同侧面反映了人格的差异。人格结构系统包括气质、性格、自我调控三个方面。

（1）气质。气质（temperament）这一概念与人们平时说的"脾气""秉性"或"性情"相似。气质是表现心理活动的强度、速度、灵活性与指向性的一种稳定的心理特征。人的气质差异是先天形成的，并受神经系统活动过程的特性所制约。在刚出生时，就有的孩子爱哭好动，有的孩子安静，这种差异就是气质的差异。

气质在不同情境、不同活动中都会表现出来，而气质特点的不同组合就构成了气质类型。心理学上把气质划分为四种类型：胆汁质、多血质、黏液质、抑郁质。关于气质的类型，不同的心理学家有不同的分类方法，其中最为常见的是认为人体有四种体液：血液、黏液、黄胆汁、黑胆汁。这四种体液的组合形成了人体的特质，即血液占优势称为多血质，黏液占优势称为黏液质，黄胆汁占优势称为胆汁质，黑胆汁占优势称为抑郁质。

第一，胆汁质。胆汁质的人精力旺盛，做事勇敢果断，为人热情直率。但这种人做事急躁，情绪爆发快又难持久，容易冲动，遇事常欠思量。

第二，多血质。多血质的人活泼、好动、乐观、灵活。这种人思维灵活，行动敏捷，富有朝气，对各种环境的适应力强，情绪丰富且外露，喜怒哀乐皆形于色。但是他们做事往往缺乏耐心和毅力，稳定性差。

第三，黏液质。黏液质的人安静沉稳，喜欢沉思，表情平淡，情绪不易外露，但内心情绪体验深刻。这种人自制力很强，不怕困难，忍耐力高，外柔内刚。他们虽然思维灵活性略差，但考虑问题细致周到；虽然学习接受慢，但却脚踏实地；虽然交往的朋友数量少，但却常有知心朋友。

第四，抑郁质。抑郁质的人主导心境消极忧郁、多愁善感，情绪体验深刻、细腻而又持久。他们聪明而富有想象力，自制力强，注重内心世界，不善交际，软弱胆小，做事优柔寡断。

以上四种气质显示了人们四季般的天性。而事实上，单纯属于这四种典型气质之一的人并不多，在生活中多数人是四种气质互相混合、渗透、兼而有之的人。

此外，气质是人的天性，并无好坏之分，每种气质都有其利的一面，也有其弊的一面。它没有社会道德评价含义，所以不能决定人的社会价值。任何气质的人，都既可能成为具有杰出才华的人，也可能成为平庸无为的人。

（2）性格。性格指大学生的行为方式、对现实的态度，从中表现出坚固的心理特征，它是一种与社会相关最为密切的人格特征。性格体现在人的行为举止中，同时，体现了人们对周围世界、现实的态度。相较于气质而言，性格有好坏之分，但没有天赋性可言，性格是在后天的环境中潜移默化而形成的，与人的三观息息相关，所以，性格是有好坏之分的，它体现了一定的道德性、社会性。如助人为乐、热爱祖国、诚实守信、见义勇为、廉洁奉公等体现了好的性格品质，而自私自利、虚伪狡诈、恃强凌弱、唯利是图、冷酷无情等都体现了不良的性格品质。

（3）自我调控。人格中的内控系统则是自我调控。拥有自我认知、自我体验、自我控制三个子系统。自我调控的核心是对人格的各个部分进行统一控制，以保证人格的统一、和谐、完整。

第一，自我认知：是对自身的理解、洞察，其中包括自我评价、自我观察。前者指对自身的行为、期望、想法以及人格特征的评估、判断；后者则是指对自身的意向、所思所想和感知的觉察。自我调控的基础是自我认知。如果大学生不能够有正确的自我认知，就不能对自身有准确的自我调控。例如，人过高地评价自己，就会盲目自信与自大；反之，如若只看到自身的不足，就会产生自卑心理。

第二，自我体验：是跟随自我认知而产生的内心体验，同时，也是自我意识在情感上的体现。例如，人们对自身做出消极评价时会产生自卑感，反之，作出积极评价时，则会形成自尊感。

第三，自我控制：是完成自我意识调配作用的最后步骤，同时，也是自我意识在行为上的体现。例如，当大学生认识到，学习对自身的发展有着重要作用的时候，他们在行为上则会体现出坚持不懈的状态。

（二）人格的影响因素

心理学认为，在环境、遗传的相互作用下人格才得以形成发展。环境决定了人格在发展中的现实性；遗传则决定了人格发展的可能性。

1.生物遗传因素

人格研究学者之所以会更注重遗传因素对于人格的影响，是因为人格有着较强的稳定性。多数心理学学者认为，双生子研究是研究人格的遗传因素的最好方法。遗传对人格的特点有影响，遗传的作用表现为以下三个方面：

（1）人格发展是环境、遗传相互作用结果，遗传影响人格日后的发展方向、难易程度。

（2）遗传对人格的影响程度因人格特征的不同而存在异同。对于性格、信念、三观等这些社会性因素，后天环境影响更大；但是在气质、智力这些与生理相关联较大的特征上，遗传的影响则较大。

（3）人格形成中不可或缺的影响要素是遗传。

2.社会文化因素

由于个体均处于特定的社会文化下，因此，文化对人格的影响是重中之重。社会成员的人格被社会文化所塑造。社会文化让社会成员的人格结构朝向相似的方向形成，这种相似性同时又有着维护社会安定的功能。社会文化对人格的塑造性反映在不同文化的民族有着相似的民族性格上。

学者们认同社会文化对于人格的影响作用，其作用为：①人格的共同特征决定于社会文化要素，使同一个社会中人的人格有一定的相似性。②社会文化对人格有着重要作用，尤其是后天形成的人格。

3.家庭环境因素

父母不同的教养方式造就了具有不同人格特征的孩子。如权威型教养方式容易使孩子形成消极、被动、依赖、服从，做事缺乏主动性等坏习惯，甚至会形成不诚实的人格特征；放纵型教养方式容易使孩子形成任性、幼稚、独立性差、唯我独尊的人格特征；民主型教养方式则容易使孩子形成一些积极的人格品质：活泼、快乐、直爽、自立、彬彬有礼、善于交往、富于合作、思想活跃等。结合家庭因素对人格影响作用的研究，可以得出以下三个论断：

（1）父母在抚养子女的过程中，自身的人格特征会潜移默化地影响子女的人格。

（2）父母在教育方法中所表现出的合理性会直接决定子女人格的形成。

（3）社会文化的媒介是家庭，它对于人格的形成具有巨大的塑造能力。

4.自然物理因素

物理因素中的空间拥挤程度、气候条件、生态环境等都会影响着人格的形成、发展。自然物理环境对人格的作用包括：①对特定行为有着一定的解释作用，不同物理环境下，人也有着不同的行为特点。②对人格的形成不起决定性作用，多表现为一时的影响。

（三）大学生人格问题及调适

在人格的发展、形成的过程中，内外因素、主观因素、客观因素等不良因素都会在不同程度上影响着人的健康发展，导致人格在发展过程中产生缺陷。人格的发展缺陷是在人格障碍与正常人格之间的一种人格形态，这是发展的不良倾向。人格缺陷不仅阻碍个体正常的人际交往，而且还会影响其活动的效率，与此同时，人格缺陷还会把人蒙上一层黑暗、低沉的色彩，以下是常见的大学生人格缺陷的阐述：

1.自卑的表现及调适

（1）自卑的表现。自卑是自我评价过低的心理体验，即大学生往往表现出对自己不满、鄙视、否定的情感。大学生的自卑感往往源于自尊受挫，主要表现为对自己的能力、学识、品质等自身因素评价过低，心理承受能力低，经不起较强的刺激，谨小慎微，多愁善感，常产生猜疑心理，行为退缩。

（2）自卑的调适：①正确认识、悦纳自我，既要看到自身的短处，更要认识到自己的长处。②确立合理的评价参照系，理性地和他人做比较。③提高自信心，即给自身设定目标时要符合自己的实际，同时多积累成功的愉悦体验。

2.羞怯表现及调适

（1）羞涩的表现。如果大学生自我的防御心理过于强大的话，就会产生羞涩。羞涩的特点表现为三点：①自信心较弱，对于自己的做事能力、表达能力、自我形象、社交能力缺乏自信。②太过于关注自我，经常觉得自己每时每刻都处于大庭广众之下，过于在意自己在别人心目中的形象，产生拘束、敏感的性格。③说话做事经常害怕自己犯错，总是担心自己会被人嘲讽、谈论，性格太过小心翼翼、胆小被动。虽然羞涩的想法人人都会产生，但是如果过于羞涩就已经偏离正常人格了，这种人格会产生焦躁、压迫的不良心态，影响大学生正常的人际交往。羞涩在大学生中很常见，例如，会害怕跟不熟悉的人交谈、害怕在公共场合发表想法等。

（2）羞怯的调适。对于羞怯的人格特征，可以通过有意识地调节来改变：①放下思想包袱。大学生说错话、办错事很正常，只要及时改正，不必为此难为情。②不用太在意别人的评论。总是把别人的评价当成自己行为的依据，便会寸步难行。要意识到，即使自己做得再好，也不可能得到所有人的称赞。③有意识地锻炼自我。胆量和能力都是锻炼的结果，要勇于迈出第一步。

3.急躁的表现及调适

（1）急躁的表现。大学生中多见的不良人格之一就是急躁。急躁的特点表现为三点：①做事缺乏恒心、信心、耐心。②遇事缺乏充分的准备，盲目行事。③经历到坏事的时候就会心神不宁、惶恐不安。这一类人往往担心自己被别人追赶上，所以做事情会操之过急，进而产生不良情绪。这种人格不但会阻碍大学生与他人的人际交往，而且还会影响自身的发展。

（2）急躁的调适。克服急躁的不良品质可以从以下三个方面着手：①加强自我修养，养成冷静、沉着的习惯。②学会控制自己的情绪，时时刻刻提醒自己遇事冷静。③建议在学习之余常听听轻松、优美、恬静的音乐，赏花悦心，书画静神，彻底放松肌肉和神经。

4.懒惰的表现及调适

（1）懒惰的表现。懒惰是意志活动无力的表现，它会影响大学生积极进取、张扬青春活力。处于懒惰状态的大学生常常为此感到内疚、自责、后悔，但又无法克服。他们往往表现消极、精神生活空虚、想得多而实际上做得少，并且缺乏毅力。

（2）懒惰的调适。要克服懒惰的不良品质，首先，要对自己负责，树立一个坚定而又有价值的理想；其次，要振作精神，从小事做起，不给懒惰找理由；最后，多与人交往，多关心外部世界，多参加有益身心的社会活动。

5.猜疑的表现及调适

（1）猜疑的表现。疑是建立在猜的基础上，因此往往缺乏事实根据，有时也缺乏合理的思维逻辑，好猜疑的人往往对人对事敏感多疑。猜疑是很有害的人格缺陷，往往导致人际关系紧张、伤害他人感情等，这常使自己陷入苦闷、惶惑的不良心境中。

（2）猜疑的调适。要克服猜疑，首先，当产生猜疑时要主动和被猜疑者沟通、交流以消除误会，改善、增进彼此的信任感；其次，抛弃成见和克服自我暗示，学会全面、发展地看问题，改变封闭式思维方式；最后，坦荡做人，和同学、朋友坦诚相处，不必过分在意别人如何看待自己。

6.拖拉的表现及调适

（1）拖拉的表现。拖拉是指可以完成的事情不能及时完成，拖拉的原因：一是试图逃避困难的事；二是目标不明确；三是惰性作用。拖拉不仅耽误学习，还会导致心理压力，引起焦虑。

（2）拖拉的调适。改变拖拉，首先，要充分认识其危害性，找到自身拖拉的原因，下决心改变；其次，要科学安排时间，凡事有轻重缓急，要依次完成，还要讲究科学的学习和工作方法；最后，要敢于做不合心意或者需要花费较长时间的工作。

（四）大学生健康人格的培养

大学时期是优化人格的最佳时期，经过积极实践和锲而不舍的努力，大学生是可以塑造良好人格的。人格中的性格、能力、动机、兴趣、信念等因素主要是在后天环境中形成的，只要坚持不懈地努力，这些因素都可以得到优化。

良好人格的培养、塑造是指在一定社会环境条件下，个体通过吸收一定的社会文化，经过自身主观努力和社会、学校教育的影响，使人格逐步健康化的过程。人格的形成是一个动态的变化发展过程。人格的发展经历幼儿期、少年期、青年期、中年期和老年期几个阶段，总的发展趋向是不断走向成熟。因此，人格健康化的历程也是一个变化发展、由量变到质变的过程。

就人格的发展过程而言，在进入成年期以前，人格具有很强的可塑性，通过自身的努力可以很好地改变。而当人们进入成年期以后，人格特点相对稳定，人格特点的改变、人格品质的优化都将成为很困难的事。大学时期是优化人格的最佳时期：一方面，大学生具备了成熟的自我意识，能准确认识自己人格中的长处和不足，有着很强的优化自身人格特点的需要；另一方面，大学生具有良好的自我管理、自我约束的能力，能够主动采取行动，不断完善人格。大学阶段结束后，人格品质相对成型，人格特点趋于稳定，人格的可塑性降低，人格的优化将成为困难的事。因此，大学生应抓住人格完善的关键期，积极主动塑造完美人格。

1.树立正确的"三观"

树立正确的"三观"即树立正确的人生观、价值观和世界观。大学阶段是人生观、世界观形成和发展的重要时期,树立正确的价值观,正确地看待世界、对待人生,实现自身的价值,对每个人特别是大学生而言都至关重要。

在大学生人格的形成中,世界观、人生观、价值观处于统领地位,影响着大学生人格的形成和发展。有了正确的人生信念,人的性格就会是积极的、乐观的、向上的,就会表现得心胸坦荡,就会充满自信。相反,如果不能正确看待世界、看待人生,找不到人生的价值,就会形成消极的性格。因此,大学生自身要通过学习和活动锻炼有意识地培养自身正确的世界观和人生态度。

2.准确地认识自我

人格的核心是自我意识。对自身的认识和评价与本人实际情况越接近,自我防御的行为就越少,社会适应能力就越强。自卑感过重或自我过于夸大的人常会感到紧张焦虑从而导致心理问题的产生。因此,大学生应该深入了解自我,正确评价自我,每个人都是与众不同的,每个人都有自身的优点和闪光之处,要充满自信。总之,客观地评价自我、接纳自我的态度对于促进心理健康至关重要。

3.合理制订人生目标

(1)所选目标要符合自身的价值观。一个人追求的东西应该和其内心的信念相吻合,否则就会产生烦恼。人们的一切行为都在于实现自己的价值观。

(2)制订目标要了解自身的现状。即制订目标要符合自己的实际,经过自身的努力可以达到。大学生正值年轻力壮、精力充沛的时期,充满着对未来的向往和憧憬,往往对自身估计过高,制订目标过于远大,不符合自我的实际,从而在实现目标的过程中遭受挫折。因此,大学生在设定目标时,既要对人生起到一定的激励作用,又要符合自己的实际,若高不可攀或根本做不到,最后只能中途放弃。

（3）所订目标应该具体明确，不可过于笼统，为达到目标应有明确的计划。

（4）目标的实现应有时间限制。没有明确时间限制的目标很容易被人们用各种借口来搁置，或是因为日常事务缠身，使计划停滞不前。

（5）所制订的目标之间应该是协调的。当制订人生目标时，常常会有多个目标，要使这些目标之间不矛盾、不冲突，相互协调，一个目标的实现可能会有助于另一些目标的实现，彼此协调、互相促进。

（6）制订的目标要有一定的弹性，因为人在制订目标时很难对实现目标的条件和困难估计得充分，必须允许自己根据行动的进展情况，实事求是地调整自己的目标，以保证目标的实现。

4.锻炼完善性格品质

实践是人格发展的必由之路，无论是知识的获得、能力的形成，还是意志的磨炼都离不开实践，一个人的勤奋、坚韧、乐观、细致等人格特征都是长期实践锻炼的结果。通过改变一个人的行为习惯，可以培养和塑造一个人的人格。

大学生应积极参加各种有益身心健康的实践活动，这对于大学生人格的发展和塑造都有重大意义。大学生的实践活动是丰富多彩的，不仅有学习活动，还有社团活动、学生会活动、文体活动、社会公益活动、科技活动、社会实践活动、勤工助学活动等，这些活动不仅丰富了大学生的生活经验，增加了大学生对社会的认识和了解，更重要的是通过这些活动可以培养和锻炼大学生的性格，塑造大学生良好的人格品质。

在这些活动中，大学生的智慧得到发挥，情感受到熏陶、意志得到锻炼；他们在活动中学会了关心社会，学会理解、帮助弱势群体，学会尊重、与人共处，学会承担责任；这些活动培养了大学生严谨治学、求真务实、主动创造、勤俭节约、关心社会、关心集体、助人为乐、团结友爱等良好的态度。所以在大学时期，大学生们应该尽可能多地参加各种活动，人在这一时期所参加的一切活动都将成为人生最宝贵的资源，人格也会在活动中得到潜移默化的锻炼和完善。

当代大学生具有竞争意识、责任意识、机遇意识、创新意识和效率意识，而这些往往与自信、外向、乐观、进取、顽强、灵活、守信等人格特征联系在一起。当代大学生应从塑造健全人格做起，努力将自己塑造成为符合时代要求的、具有良好综合素质的现代型人才，最终迈向人格健全和心理和谐发展之路。❶

二、大学生的人格魅力塑造

（一）树立科学人生观

人生观是个体对人生的目的、意义和道路的根本看法和态度，包括幸福观、生死观、荣辱观等。在人生旅程中，人生观是人们行动的指路者和调节者。有什么样的人生观，便会有什么样的言语和行动。个人一旦形成正确的人生观，就会有明确的人生目标和坚强的拼搏斗志，能够能动地认识和改造世界，其主观世界也会得到改造。当大学生知道了如何做人，便能客观准确地评价他人、他事和自己，心理有正确的反应，人格也会朝着更加健康的方向发展。

人格优化和塑造的过程也受到学习知识过程的影响。其实，缺少科学知识的人的人格通常最容易出现问题。富有知识的人大都自信、坚强、谦逊、理智。人格能否健康发展在很大程度上受到知识水平的影响。但是，现在很多学习理工科的大学生都缺乏人文知识，文科生科学文化素养也不高，这会使人格发展不平衡，所以大学生需要有意识地弥补和修复这种局限。

---

❶ 张向前.当代大学生健全人格培育探微[J].学校党建与思想教育（普教版），2015,（11）：92-93.

（二）把握自我调适

要塑造健康人格，必须掌握一些自我调适的方法，主要有自我分析、自我评价、自我教育三种。

（1）自我分析：分析自己人格结构的优势和不足，要做到客观，恰到好处，保持一种比较合乎实际的分析。

（2）自我评价：客观地评价自己的人格和行为表现，做到有自知之明。

（3）自我教育：经常反思自己的思想、行为，总结优点，发现缺点，要经常自我提醒、自我警戒、自我约束，有意识地进行自我磨炼，锻炼意志品质。

（三）培养良好的习惯

习惯最终会成为个人人格的一部分。习惯的保持并不需要付出很多自制力，但习惯的养成却需要付出许多努力，因为人们极容易退回到原来的习惯中去。养成新习惯最好的做法是一旦确定了新习惯的内容之后，就不要再犹豫，马上开始行动。刚开始可能并不容易，但是在坚持了21～30天后，一种新的习惯就可以固定下来。养成新习惯有以下两种方法：

（1）找准目标，集中精神去做。最主要的是坚定自己的信念，并不断预见积极的成果。这样才能让自己增加勇气，找到自信，并下定决心、充满动力地坚持到习惯固定下来。❶

（2）制订周密的计划，并坚决完成这些计划。这样做便可以将自己的思想提高到一个新的水平。

通过人际沟通，个体可以获得一个深入认知自我的机会。交流应尽可能地扩大范围、层次、领域，为和谐的人格形成构建一个平台。因为拥有健康人格

---

❶ 于凤笛. 积极心理学视域下大学生心理健康教育对策研究 [D]. 沈阳：沈阳航空航天大学，2015：21-26.

的人能面对现实，适应环境，能保持和谐的人际关系。在人与人的交往中，保持积极的态度多于消极的态度。在需要的满足中迸发出进取的力量和信心，发展自我价值感。这样，个体就会在交往中发展富有朝气、团结奋进的乐观品格。

健康人格是人的整体的重要组成部分，又是社会和谐的基础与载体。健全人格的培养和塑造既是大学生成长发展的要求，也是时代的呼唤。但健全人格的培养不是一朝一夕的事情，需要坚持不懈地努力，有些改变可以受自己的控制，而有些不能。所以最好先做好充分的准备，尽可能多地去了解哪些是能够改变的，以及该如何去实施这种改变。改变并不是一件容易的事，且往往比预期的难得多。有勇气改变能改变的，平静地接受改变不了的，智者能分辨出这两者的区别。生活是一个长期改变的过程。

第三章 大学生心理健康与学习环境调适

第一节 大学生学习心理及其调适

一、大学生的学习心理表现

（一）学生学习与大学生学习特点

1.学生学习特点

学生学习是人类学习的一种特殊形式，它是在教师的指导下，有目的、有计划、有组织地进行的，教师要帮助学生在比较短的时间内系统掌握科学知识和技能，形成一定的世界观与道德品质，开发其智能，培养其个性。与经验较丰富的学习者相比，学生的学习具有其自身的特点，具体有以下三点：

（1）学生的学习过程是掌握间接经验的过程。学生的学习主要是掌握间接经验，不需要事事都从直接经验开始，而是以学习前人已经积累起来的知识经验为主，同时补充感性的经验。当然，学生在学习过程中有时也会有新的发现。

（2）学生的学习是在接受过专业教育的教师的指导下，有目的、有计划、有组织地进行的教育训练，采用的是特殊的、行之有效的方法，能在有限的时间内高效率地达到教学目标。同时，教学活动又有其严密的组织系统。学校通过课程设置、教学计划安排对学生的学习进行控制，学生必须在规定的、有限的时间内完成一定的学习任务并接受考核。因此，学生在学校中的学习比在日常生活中的学习有效得多。

（3）学生的学习内容是多方面的。学生的学习内容非常广泛，主要包括知识的获得、技能的形成、思维方式的改善、行为习惯的培养、态度的形成与改变、道德品质的提高、人格的完善等。

2.大学生学习特点

大学生的学习是学生学习的一种，大学生的学习表现出不同的特点，具体有以下六点：

（1）学习目标要求高。大学教育的主要任务是使学生在学习普通科学文化知识的基础上进一步学习和掌握专业知识和专业技能，并把他们培养成各行各业所需要的高级专门人才。

（2）学习内容专又博。大学是专业教育阶段，学生首先是按专业划分的，大学生在入校前或入校后一段时间内必须根据自身的兴趣、爱好以及特长选择一定的专业，各专业在课程设置、教学内容、教学安排以及培养目标上存在较大差异。大学教育是一种定向的专业教学，专业教学是其显著的特点，每一个学生都需要了解自身专业领域的理论、尚有争议的问题和最新的科研成果，需要学习专业基础课、专业选修课、专业主干课这三类课程。但是专业性不等于单一性，不意味着大学生的学习必须拘泥于某一学科或专业。

大学培养的是复合型人才，大学的学习又有博的要求，大学生一般要学习一些基础课程，如两课、大学语文、计算机、外语、体育、高等数学、大学物理等。有的学校大一是不分专业的，主要学习一些基础课程，有的学校要求学生必须选修其他学院的课程。因此，大学生一定要学好专业知识，同时广泛涉猎各学科领域，拓宽自己的知识面，实现"一专多能"，这样才能更好地适应社会。

（3）学习途径多样化。学习途径是复杂多样的，课堂学习虽然仍是主要的学习途径，但已不是唯一的途径。除了课堂学习外，大学生还可以通过实验课、课外讲座、科研活动、专题讨论、社团活动、社会实践活动、课程设计、毕业设计等多种形式进行学习。丰富多彩的学习活动为拓宽大学生的知识面，为提高大学生的实践能力提供了良好的条件。

（4）实践性教学环节所占的比例较大。大学生既要掌握抽象的理论知识，又要将理论知识用于具体实践，以提高实践能力。因此，实践性教学环节在大学学习中占有重要的地位。在总学时中所占的比例较大，一般超过20%，有些工科院校实践性教学环节所占的比例高达30%。大学生的实践性教学环节主要有实验课、课程设计生产实习和毕业设计等。实践性教学环节对于提高大学生的综合素质是必不可少的。

（5）学习方法重自主。大学生的学习虽然也需要老师讲授，但是老师讲授之前的预习，讲授之后的理解、消化、巩固等环节主要靠学生独立完成。同时，大学生可自主支配的时间较多，除了教学时间外，学习方面一般没有具体的规定，大学生可以根据自身的需要、兴趣、特点自主安排，并且可以自由选择在教室、阅览室、图书馆或者宿舍里学习。这就需要大学生充分发挥自主性和主观能动性，统筹规划，合理安排自己的学习内容，选择合适的学习方式，以便在有限的时间内达到较好的学习效果。

（6）学习过程重探索。大学生的学习具有研究和探索的性质。大学的课堂教学已从阐述既定结论逐步转变为介绍各理论学派的争论点、最新的学术动态等，因此，大学生的学习方式和思维方式也应从死记硬背、正确记忆教学内容逐渐向汇集众家之长、确立个人见解的方向转变。大学生可以通过撰写学术论文、调查报告等，逐步养成良好的科研习惯，还可以通过参与学生科研项目、教师科研项目来提高科研能力。

大学生不但要掌握所学的知识，而且还要了解学科和专业发展状况、存在的问题，以及解决这些问题的可能性，更要提高独立思考、探索创新的能力。死记硬背、墨守成规、缺乏灵活性和创造性的大学生在学习过程中可能会感到压抑和不适应。

（二）大学生学习的动机表现

动机是个体行为的内部动力，是个体以一定方式引起和维持其行为以满足需要的心理倾向。学习动机是引发和维持个体进行学习活动，并使学习活动朝着一定目标进行的内部动力或心理倾向。学习动机的一种直接外在表现是学习积极性，是在学习活动中认真、主动、投入的状态。如果学生对学习没有兴趣，缺乏求知的欲望，学习是很难长久地维持的。因此，在整个学习过程中，激发学习动机是至关重要的，但是这并不意味着学习动机越强烈越好。另外，动机的最佳水平不是固定的，依据工作任务的不同会有所改变。工作难度很小时，动机十分强烈，才能有较高的工作效率；工作难度很大时，适当地降低动机强度，有利于提高工作效率。❶

1.大学生学习动机缺乏

大学生学习动机缺乏的主要表现是厌学。大学生厌学是指大学生对学习感到厌倦的心理和消极的学习行为倾向。

（1）大学生学习动机缺乏的表现。厌学的学生一般都缺乏理想与信念，缺乏目标，具体表现为：上课迟到、早退、旷课；在课堂上听音乐、玩手机、看小说、睡觉；课前不预习，课后不复习。

（2）大学生学习动机缺乏的原因。大学生厌学的原因有很多，既有客观原因，也有主观原因，这里仅从主观方面进行分析，具体如下：

第一，缺乏目标。很多大学生之前的目标是考上自己心目中理想的大学，于是很努力地去学习。但在走进大学校园后，他们便没有了积极的学习态度，这都是缺乏目标，对自己放松要求所导致的。

第二，理想与现实之间有差距。有的大学生对自身所考入的学校不满意，对所学的专业不感兴趣，理想与现实之间的差距使他们出现了很多的负面情

---

❶　熊楚国.大学生心理健康教育[M].武汉：华中科技大学出版社，2018：27-39.

绪，但是他们又不愿意去面对这种差距，不愿意去处理负面情绪，于是把大部分时间放在了与学习无关的事情上，从而影响学习。

第三，自我管理能力差。部分大学生自我管理能力差，意志力薄弱。有些大学生仍旧采用之前的学习模式，希望老师对学习提出要求，否则就不知道该怎样学习，还有些大学生很容易受到周围不良环境的影响，影响正常学习。

（3）克服大学生学习动机缺乏的方法。针对厌学的原因，可以采取以下三种方法克服厌学：

第一，制订目标并付诸行动。进入大学后，每个人都站在了新的起点上，大学生要制订大学时期明确的学习目标，并且所制订的目标要有系统性，既要有短期的目标，如这个学期要争取每门课程的成绩都在75分以上，也要有长期的目标，如四年之后要考上研究生。

第二，提高适应能力，培养学习兴趣。大学生要提高适应能力，培养学习兴趣。人的一生中很多事情都不是一帆风顺的，理想与现实总是会有差距，人们要学会接受并适应。或许这所学校不是心目中理想的大学，或许所学的专业也不太喜欢，但是在无法改变现状的情况下，只能面对现实，努力地去发现这所学校的优势和利用现有的资源，去了解自己所学的专业，进而喜欢上自己所学的专业。

第三，增强意志力和自我管理能力。大学生应当增强意志力和自我管理能力。例如，学习任务没有完成却去玩网络游戏，就是意志力薄弱、自我管理能力差的表现。意志力和自我管理能力需要在生活中慢慢地培养，可以制订一个计划，如果计划完成了，就奖励，没有完成，就惩罚。用这种自我奖惩的方法可以有效提高自我管理能力。

2.大学生学习动机过强

学习动机固然对学习活动起着推动作用，但是这并不意味着学习动机越强，学习效果就越好。学习动机过强，无论是内部的期望过高，还是外部的奖惩诱因过强，都会使学生专注于内部的期望和外部的奖惩，而不是专注于学习，从而影响学习。

（1）学习动机过强的主要表现，具体如下：

第一，期望过高。有些学生由于缺乏对自身各方面素质的全面认识和对外界客观条件的认识，对自身有很高的期望，并确立了很高的目标。目标过高，而能力又达不到目标的要求，所以很容易失败，失败之后，很容易挫伤自尊心、自信心，严重的时候还会产生自卑、抑郁等心理问题。

第二，好胜心过强。学习动机过强的学生常把分数和名次放在很重要的位置上，这部分大学生争强好胜，在每次考试或竞赛中总想取得很好的名次。他们很想得到老师、长辈的肯定与表扬。

第三，学习强度过大。学习动机过强的学生常把学习看成是最重要的事，很少将时间花在娱乐活动上。他们在学习上废寝忘食，把全部心思都用在了学习上。如果长期这样下去，会影响身心健康，不利于个人发展。

第四，精神紧张。学习动机过强的学生由于长时间超负荷学习，情绪上很难放松，常会产生学习焦虑和考试焦虑。精神紧张易引起学习过程中注意力不能集中、记忆力下降等问题，从而造成学习效率低，久而久之还容易引起头痛、头昏、耳鸣、心悸、肠胃不好等疾病。

（2）学习动机过强的原因，具体如下：

第一，学习目标设置得过高。如果学习目标设置得太高，目标实现的可能性很小，就可能造成学习动机过强，导致对自己的要求过于严格。

第二，不恰当的认知模式。努力是取得成功的必要条件之一，这是毋庸置疑的。但是，有的大学生把努力看成取得成功的唯一条件，这种认知模式容易使大学生产生过强的学习动机，容易使他们在学习中不顾自身的能力及各种客观条件，为了一个不太可能实现的目标盲目努力，却始终尝不到成功的喜悦，这会对身心造成一定的损害。任何事情要想取得成功，都必须考虑自身的能力和环境因素。

第三，他人不适当强化。人们通常会更倾向于支持那些学习动机过强者，称赞他们学习劲头足、刻苦、有志向，并期望他们做得更好。因此，学习动机过强的大学生很容易得到他人的肯定和支持，这种不适当强化会使他们看不到学习动机过强的危害，并且会使他们对自己的要求更加严格。

第四，性格原因。学习动机过强与性格关系密切。例如，具有追求完美、好强、固执等性格特征的大学生很容易形成过强的学习动机，性格内向、沉默寡言、不善于交际的大学生也很容易形成过强的学习动机。性格的形成一方面与遗传因素有关；另一方面也与个体的成长经历、成长环境有关。在性格形成的初期，如果父母过于严厉，对孩子的期望过高，就很容易使孩子形成争强好胜的性格特征，导致日后学习动机过强。

（3）克服大学生学习动机过强的方法，具体如下：

第一，正确认识自我。大学生对自身的能力和水平要有客观的评价和正确的认识，制订目标时要量力而行，既不要好高骛远，也不要盲目比较。

第二，科学地制订目标。大学生制订目标时要考虑自身所具备的条件及实际环境，"付出努力就可以实现"应是目标制订的基本原则。还需要注意的是，制订的目标要清晰、具体，具有可操作性，是经过努力能够实现的，切勿把目标制订得过高、过于模糊导致难以操作，否则会造成学习动机过强，影响学习效果和身心健康。

第三，关注学习本身。学习动机过强的大学生往往过分注重长辈、老师及周围的同学对自己的看法，这样会使他们在学习中压力过大。这样的大学生要注意把关注点放在如何学会学习以及学会了多少知识上，不要总是去想失败的后果，要增强自身的抗挫折能力。

第四，营造宽松的学习氛围。过强的学习动机不是立即形成的，它是在个体成长的过程中逐步形成的。在这个过程中，环境起着很大的作用。学习动机过强的大学生要注意争取父母的支持，让他们对自己有合理的期望，营造宽松的学习氛围。

二、大学生学习心理的调适策略

（一）认知策略

认知策略是学习者加工信息的一些方法和技术，有助于有效地从记忆中提取信息。其基本功能有两个方面：一是对信息进行有效地加工与整理；二是按照类别对信息进行储存。常用的认知策略有三种：复述策略、精加工策略、组织策略。

1.复述策略

复述是指在工作记忆中为了保持信息而对信息进行多次重复的过程。在学习中，复述是一种主要的记忆手段，许多新信息，如人名、外语单词等，只有经过多次复述后，才能在短时间内记住并长期保持。常用的复述策略主要包括以下三个方面：

（1）在复述的时间上，采用及时复习、分散复习的方法。因为遗忘随时都在发生，必须多次重复才能有好的记忆效果。

（2）在复述的次数上，采取适度的过度学习。过度学习是指在学习某一材料时，在达到勉强可以回忆的地步以后，再继续学习一定的时间。过度学习不是毫无限度地超度学习，一般认为，在一定范围内，过度学习是必需的，但不能超过一定限度。

（3）在复述的方法上，运用多种感官协同记忆。运用多种感官协同记忆，如边听边看、边读边写、边听边做等，这样可以在大脑中留下多方面的回忆线索，从而提高记忆效果。

2.精加工策略

精加工策略是指把新信息与头脑中的旧信息联系起来，从而增加新信息的意义，促进新信息的理解和记忆的深层加工策略。与复述策略相比，精加工策略是一种更高水平的、更精细的信息加工策略，其要旨在于建立信息间的联系。

学习者对材料加工得越细致、越深入，对知识的掌握就越牢固。是否使用精加工策略是成功学习者与非成功学习者的重要区别。成功的大学生常常使用精加工策略，而且频率很高，而不成功的大学生常常使用复述策略。常用的精加工策略具体如下：

（1）联想法。联想法包括形象联想法、谐音联想法、关键词联想法等。例如：记忆"计算器—书"这一组词，可以想象成"计算器印在书的封面上"。想象越奇特，加工得就越深入、越细致，记忆得就越牢固。有一种用想象来加深记忆的方法，就是编一个故事，将所有要记忆的信息联系在一起。

（2）提要法。提要法是一种去粗取精、删繁就简、提炼关键信息的方法，包括画线法和笔记法。例如，在学习的时候，在学习材料上圈出不知道的词，标明事件序号，用"？"表示有疑问的地方，画箭头表明关系，写下评论，表明自身的观点。做笔记是阅读和听讲时用得较为普遍的精加工策略。大学生借助于笔记可以有效地监控自己的学习过程，这有助于发现新知识的内在联系和建立新知识与旧知识之间的联系，有利于知识的概括、总结。

（3）提问和回答问题。提问和回答问题是一种很好的促进大学生学习的策略。在提问和回答问题的过程中，大学生必须停下来评估自己对所学内容的掌握情况。

（4）生成性学习。生成性学习就是要求大学生对学习材料重新进行加工，产生新的理解，将其变成自己的东西。

3.组织策略

组织策略是指根据知识经验之间的关系，对学习材料进行系统、有序地分类、整理与概括，使之结构合理化。应用组织策略可以对学习材料进行深入地加工，进而促进对所学内容的理解和记忆。组织策略是整合所学新知识之间、新旧知识之间的内在联系，形成新的知识结构的策略。组织是学习和记忆新信息的重要手段，其方法是将学习材料分成一些小的单元，并把这些小的单元置于适当的类别之中，从而使每项信息和其他信息联系在一起。组织有序的材料比杂乱无章的材料易学易记。与精加工策略相比，组织策略更侧重于对学习材料内在联系的建构，更适用于那些需要深入理解与思考才能把握内在深层意义的学习材料。

（二）元认知策略

元认知是指个体对自己的认知过程的认知。元认知策略包括对自身的认知过程的了解和控制策略。元认知策略大致可以分为三种：计划策略、监视策略和调节策略。

（1）计划策略。计划策略是指根据学习活动的特定目标，在学习之前制订计划，预计结果，选择策略，想出解决问题的方法，并预估其有效性。计划策略包括设置学习目标、预计待回答的问题，以及分析如何完成学习任务。

（2）监视策略。监视策略是指在认知活动进行的过程中，根据认知目标及时评价、反馈认知活动的结果，正确估计自身达到认知目标的程度，并根据有效标准评价各种认知行为、策略的效果。监视策略包括阅读时对注意进行跟踪、对材料进行自我提问、考试时监视自己的答题速度等。这些策略可以使学习者发现自己在注意和理解方面存在的问题，并及时改正。

（3）调节策略。调节策略是指根据对认知活动结果的检查，采取相应的补救措施，根据对认知策略效果的检查，及时修正、调整认知策略。调节策略与监视策略有关。例如，当学习者意识到自己不理解课文的某一部分时，他会退回去重新阅读；考试时跳过难题，先做简单的题目。调节策略可以帮助大学生矫正学习行为。

（三）资源管理策略

资源管理策略是对可用的环境和资源进行管理的策略，主要包括时间管理策略、学习环境管理策略、努力管理与社会资源利用策略等。

1.时间管理策略

时间管理策略要求分辨需求，根据需求的重要性排序，并根据重要性分配相应的时间和资源。

（1）统筹安排时间。大学生在安排学习活动时，要分清哪些事情必须做，哪些事情可做可不做，每天都要按照事情的重要程度来安排学习活动，确保每天都在做最重要的事情。大学生在执行学习计划时，要避免拖延。

（2）高效利用最佳学习时间。大学生要根据一天内、一周内学习效率的变化来安排学习活动，把最佳学习时间利用在最难的或者最重要的课程上面。

（3）灵活利用碎片时间。碎片时间大多是学习效率较低的时间，如饭前、饭后、等人、等车、乘车、乘船等。这些时间也可以灵活地加以利用。首先，可以利用零碎时间处理学习上的杂事；其次，可以利用零碎时间看杂志，拓宽自己的知识面；最后，可以利用零碎时间与他人交流。

2.学习环境管理策略

学习环境管理策略是指通过选择或优化自身的学习环境，让自身能集中精力学习，取得好的学习效果。首先要注意调节自然条件，保持学习环境的空气流通、温度适宜、光线明亮、色彩和谐；其次要设计好学习的空间，可以从空间范围、室内布置、用具摆放等方面进行设计。如果条件允许，应当有一个相对固定的学习场所，形成一个相对安静的学习环境。学习环境应该有利于学习，而不是有利于放松、娱乐。

3.努力管理与社会资源利用策略

（1）努力管理策略。努力管理策略是指合理安排自己有限的精力，以取得最好的效果。一个人的精力是有限的，不可能一直保持旺盛的精力，过分努力会使人感到疲劳，从而使学习效率下降。对个人努力的管理如同对时间的管理一样，要分清事情的轻重缓急，要把有限的精力优先运用到重要的事情上。

（2）社会资源利用策略。学习总是需要与人交流的，老师和同学是大学生最重要的社会资源。大学生在学习中遇到困难时，要抛开顾虑，积极地向身边的老师、同学求助。❶

第二节　大学生心理健康与环境调适

一、环境适应的类型和心理机制

（一）环境适应的类型划分

从大学生心理学范畴来讲，环境适应一般包括三个层面，即生物学意义上、心理上以及对社会生活环境的适应。生物学意义上的适应主要是指人们身体器官对味、光以及声等因素的适应，因此也可以称为生理适应；心理上的适应一般是人们在经历挫折、困难情况时，借助心理防御机制对自身进行调节的过程，是人们对环境适应的一种狭义定义；社会生活环境的适应主要是人们为满足自身生存需要而进行的行为适应和环境适应过程，能够使个人得到更好的

---

❶　熊楚国.大学生心理健康教育[M].武汉：华中科技大学出版社，2018：27-39.

发展。具体而言，环境适应可根据不同分类标准分为不同的种类。

1.根据环境适应效果划分

从环境适应的效果来看，可以分为积极适应和消极适应。前者是一种比较主动、高级的适应形式，是个体为了生存、发展主动进行的调整，通过发挥主观能动性，最大限度改变自身所处环境，从而满足自身发展需要；后者则是一种比较被动、基本的适应形式，是个体为了生存、发展被动地对自身进行改变的过程，从而适应外部环境条件的变化。

一个人的生存、发展离不开自身对外部环境的适应，对于个人的生存而言，它是个体发展的基本要求。人们在满足自身生存需要后，便可以追求自己的发展需要。因此，从这一方面来看，生存适应和发展适应对个体的成长具有重要的价值意义，两者相互联系、相辅相成。

2.根据环境适应表现划分

从环境适应的表现来看，可以分为外部适应和内部适应。前者主要是个体在行为层面对外部环境进行适应的方式；后者则主要是个体在情感、认知等心理层面适应外部环境的方式。一般情况下，外部环境与内部环境两者相互统一，共同达到个体在行为和心理层面的平衡状态。当然也存在例外，在遇到难以解决的困难或者需要遵守某种规范制度时，个体需要在行为层面上表现出一定的服从性，但是其内心却是不情愿的，这使两者出现不一致的情况。

3.根据环境适应内涵划分

从环境适应的内涵来讲，可以分为广义适应和狭义适应。广义适应主要是指个体在经历外部环境变化后对自我调节系统进行有效反应的过程，是通过充分发挥主观能动性，最大限度发挥自身的潜力，使内外部环境达到平衡的过程。这种适应方式是一种有意识的、主动的适应过程，自主性较强。狭义适应主要是指个体在经历心理挫折之后，通过自我防卫机制对压力进行适应的过程，从而达到一种心理平衡状态。这种适应方式是一种无意识的适应过程，自发性较强。

（二）环境适应的心理机制

1.认知调节

环境适应的第一阶段是认知调节过程，主要分为外部评估和内部评估两种。

（1）外部评估：这一评估方式是认知调节的起始阶段，是个体对已经变化的环境将如何影响自身生存和发展等方面的因素进行系统、全面、整体了解的过程。在这个过程中，个体能够了解新要求、新变化，从而推动个体生存、发展。另外，个体也能够对外部环境的变化以及所遭受的挫折进行一定的判断，快速融入新的角色，继而正确地对其进行理解和把握。

（2）内部评估：这一评估方式是个体对外部环境变化所进行的调整和准确的判断，是深入理解、判断自身的心理等内部环境的过程。个体通过自身的监控系统和调节系统，能够对自我意向、自我评价不断调整。具体而言，内部评估主要包括个体调整自身内部环境以达到平衡状态的估计，对不适应成分进行的判断和分析，对自身积累的经验进行的比较和审视以及对行为、态度以及效果进行的判断和调整过程。

由此看出，认知调节的发展过程通常是外部评估到内部评估的过渡，个体则可以在其中获得自我评价水平、判断力、理解力等方面的提升，从而产生良好的认知调节效果。

2.态度转变

在认知调节过程中，个体也会发生情绪体验方面的变化，继而产生意向形成等方面的变化。当然，这些变化又必然会导致个体行为和态度的改变。具体而言，个体态度的改变主要是个体对反应倾向、动力系统的调节过程，进而使个体达到一种心理平衡的状态，来适应逐步变化的新环境。

3.行为选择

环境适应心理机制的行为选择是一个决策、比较的过程，是个体对原有行为、态度进行改变和调整的过程。具体而言，这一过程是基于个体的态度改变、认知调节的过程，并直接受自身态度倾向和思维方式的制约。如果个人的态度倾向、思维方式是消极的，那么自身的行为方式也会朝着消极的方向发展，反之则会产生不同的行为方式倾向。在这其中，顺应调节、同化调节发挥着极为重要的作用。

二、大学生面对不同环境的心理表现与调适

（一）习惯型环境的心理表现与调适

1.习惯型环境的心理表现

（1）独立生活却没有理财能力。独立生活是新生们盼望已久的生活，然而，由于平时都是由父母打理日常生活，部分大学生没有理财能力，这成为新生们开始独立生活的第一道关卡。

（2）学习进取目标进入"理想间歇期"。很多大学生很早就确立了"考大学"的目标，这一目标是始终明确的，而且动力充足。进入大学后，大学生们的选择不再整齐划一，价值观、人生目标开始多元化，有的大学生对所学的专业还不甚了解，缺少目标和动力，这时候很容易失去学习的方向。

（3）集体生活的不适应。进入大学后，新生们开始了集体生活。许多独生子女住进多人间的宿舍，不知该如何与人交往，时常独来独往，直到大一结束时，班里有些同学还不认识。如何与有着不同文化背景、生活习惯的同学相处已成为新生最困惑的问题。

2.习惯型环境的心理调适

大学生要打造全新的生活，采取各种有效措施，尽早完成角色的转变。习

惯型不适应心理的调适方法具体有以下三点：

（1）提前计划，学会节制花钱。这样可以克制自身的消费欲望，学会节俭。

（2）自觉学习，规划人生目标。大学里没有人随时随地督促学习，人生规划要由自己来决定。在大学生活中，大学生的学习方式和成长状况发生了极大的改变，不仅要求大学生有较大的学习自主性，自觉参与到学习计划中，而且还需要他们与周围的人群建立友好关系，与高年级的师兄和师姐多交流、多学习，从他们的经验中不断提升自己。另外，在大学生涯中，大学生可以提前感受社会氛围，适应环境变化。因此，大学生应该自觉地在大学期间增长见识，阅读大量的书籍，寻找自己的兴趣爱好，并建立一个明确、清晰的职业规划，逐步为之努力。

（3）谦虚宽容，快速适应外部环境变化。每个人都是独特的，且自身存在的短处和优势也都不同，因此，大学生应该秉着求同存异的交流理念，学习他人的长处，包容他人的缺点和不足，并与周围群体建立良好的社交关系，使自身在快速变化的社会中不断适应、调整，进而得到全面健康发展。

（二）情感型环境的心理表现与调适

1.情感型环境的心理表现

大学生在情感方面正处在一个从依赖家庭、父母到逐渐自立的阶段。特别是在遇到困难时，对家、对父母的情感依赖是稳定的、可靠的、踏实的。在人一生中的每个特定阶段，失去的东西是有所不同的，即使在大学时期，入学之前与后期也是有着较大差别的。大学新生最重要的是失去了对家庭完整的依赖。从事事由大人做主到常常要自己拿主意，在最需要大人帮助时往往得不到及时的帮助，这使初次离家的大学生顿生无助之感。

上大学之前，学生就已经建立起一定的社交关系，结识了很多志同道合的好朋友，形成了深刻的友谊，这是一个人在青春时代最重要的精神财富与情感支撑，他们不仅可以分享学习、生活中发生的种种趣事，还可以在遇到困难的时候得到帮助，促进个人心理的健康发展。当然，在升学时，这些好朋友大多都各奔东西，而在这种新环境中，大学生又很难在短时间内找到非常要好的朋友，所以当遇到挫折时，可能会难以向朋友倾诉，容易产生失落感和孤独感，这一因素也是导致学生产生心理问题的原因。因此，步入大学的大学生应该积极调整心态，融入新环境，拓宽自己与外界的沟通渠道，从而获得一定的心理支持和帮助。

2.情感型环境的心理调适

大学生应建立广泛的友谊，接纳每一个可接纳的同学。不做完美主义者，正确运用心理防卫机制，以此改善由适应不良引起的心理不适。例如，运用"合理宣泄"，把个人忧虑、烦恼和不平向信任的老师、同学、朋友宣泄一番，可能会减轻心理压力。恰当的"自我安慰"可以缓解心理冲突。"转移"能避开引起自身情绪不良的人、事和环境，把情绪转移到新鲜的事情上。"升华"与"补偿"可以将大学生的原有冲动和欲望导向更加合理的方面，使大学生奋发图强，创造人生新的价值。

（三）压力型环境的心理表现与调适

1.压力型环境的心理表现

要想很好地缓解学生心理压力，提升他们的身心健康水平，就需要分析、比较大学生心理压力的分布特点、产生来源，深入掌握导致这一问题产生的原因。心理压力感主要是指人们对日常生活中经历的家庭关系紧张、工作压力大等慢性紧张、突然的创伤性体验及各种生活事件产生的心理紧张状态。虽然适度的心理压力感可以促进个体的身心发展，满足个体适应外部环境的需要，但如果出现持久、强烈的紧张反应，那么个体的调节能力便会发生失衡，继而导致生理、心理功能的紊乱。

使大学生产生心理压力的来源有很多。大学时期处于青春时期，是人生中一个重要的组成部分，也是心理变化最为活跃的一个阶段。大学生在这一时期，容易产生心理压力、心理矛盾等各种心理问题。而造成这一问题的原因有很多，主要有两个方面：一是他们所处的社会环境背景，如就业前景的艰难、学业竞争压力的沉重以及大学经济费用的攀升等。二是他们所处年龄段的身心发展特点。大学生进入大学生活后常会因为突然的环境变化产生不同程度的心理压力，如果他们没有较强的自我调节能力和应对能力，就很容易产生失眠、烦躁、抑郁以及焦虑等各种身心症状，从而引发一些不良心理反应、心理问题及心理障碍等。压力型不适应心理主要表现在以下三个层面：

（1）情绪。当代大学生在情绪方面表现出来的不适应具有矛盾性、两极性的特点，且主要体现在不成熟、不稳定两个方面。

第一，在大学时期，大学生对事物的认知还处于不完整、不稳定的状态，情绪容易产生波动，因此在压力面前易失去控制。

第二，大学生的自我意识正处于觉醒的状态，但现实自我总是与理想自我表现出不一致的情况，因此常常引发情绪失控。

第三，随着时代的发展，大学生的内在需求正在发生变化，这与现实产生了一定的不协调状况，导致他们呈现出焦虑、倦怠以及忧郁等外在特征。

（2）行为。在大学时期，大学生的心理状态正处于过渡阶段，他们所表现出的外部行为特征既带有成年时期的深思熟虑，又带有少儿时期的天真。大学生处于这两种情感之中，这使他们在压力面前容易产生各种各样的行为变化。当然，这种变化的程度主要由环境的改变、个体的特质以及压力的程度来决定。若是出现轻度的压力，大学生通常会表现出正向的行为适应；但若是出现重度的压力，大学生的心理压力便不能得到良好的调整，从而产生学习效率降低、容易烦躁、缺乏耐心以及注意力减退等不良表现。因此，大学生应积极应对学习、生活中遇到的困难，尽量避免出现异常、过激行为。

（3）认知。个体的认知会受到来自各方面压力源的影响。一般情况下，轻度的压力可以提高大学生思考问题的能力，激发斗志。但若未得到合适的处理，超出个体所承受的压力范围，那么他们自身所拥有的认知效能便会降低，不利于个人的成长。当代大学生大多生活在顺境中，因此对世界观、价值观以及人生观等方面缺乏正确的认知。此外，他们的生活经验也比较欠缺，容易产生各种错误、困惑的观念，不能迅速适应外部环境的变化。同时，这种消极的负面反应又会进一步加重心理压力，带来心理负担，产生心理危机。

2.压力型环境的心理调适

人们将心理应对方式分为以下三种模式：

（1）主动认知模式。主动认知模式主要是人们从有利角度看待压力，通过用各种变通方法以及过去积累的经验解决问题。

（2）主动行为模式。主动行为模式主要是人们主动、积极地采取相应的行为手段解决问题，促进事态向有利方面发展。

（3）回避应对模式。回避应对模式主要是人们被动地接受生活压力，封闭情感，带有消极的特点。

主动行为模式和主动认知模式能够缓和甚至消除压力产生的不良影响，是当代大学生最为主要的解决压力的方式。而回避应对模式则带有消极色彩，容易加重人们的心理负担。当代大学生的认知态度、生活经验以及自身阅历等方面不太成熟，因此在处理压力问题时容易采取回避应对模式，进而加重压力造成的不良影响。因此，大学生应该积极培养自我调适能力，采取积极主动的行为、态度看待压力，使事态向有利方向发展。

心理压力是每个人都会产生的正常心理现象，因此，大学生应当对压力有正确的认识和接受态度，在面对压力时，积极采取主动认知模式和主动行为模式来缓和压力造成的不良影响。例如，对于就业压力，大学生应该主动参与到社会市场竞争中，而不是消极等待，并要积极寻求各种社会支持和帮助，增强控制情绪能力和调节情绪的能力，正确认识社会转型时期的发展特点、趋势，从而制订出适合个人发展的目标和规划，增强自己的自信心和意志力。

（四）不满型环境的心理表现与调适

1.不满型环境的心理表现

（1）间歇心理。在我国的教育体系中，高考是一个极其明显的转折点。为了这个标志性的考试，各式各样的练习题、补习班充斥了学生的生活。而一旦考上大学，学生们相对就放松下来，这便引发了间歇心理。经过多年学习，学生获得了许多知识，然而他们的心理能量却也逐渐减少。由于心理彻底放松，又离开了父母的约束，导致他们学习上缺乏动力。

（2）茫然心理。来到了大学，很多大学生失去了生活的方向，变得茫然。其实很多大学生都是非常聪明的，他们领悟力强，有能力，然而他们习惯了别人为他们指好方向，却不知道自己为何要这么做。

（3）落差心理。进入大学，进入这个人数更多、更加多元化的小社会，衡量一个人的标准不仅只有成绩，这样的变化颠覆了大学生们的认知体系。

2.不满型环境的心理调适

越来越多的大学生逐步意识到不满型环境适应心理的不良影响，因此，学校也开始重视对新生进行这方面的心理教育。然而，外部施加的力量无法从根本上解决问题，还需要每个人自行调整心理控制机制。当然，这一内部作用方式不仅局限于大学新生，刚步入社会的青年人群也需要。当一个人从一个环境步入另一个环境时，很容易出现焦虑、茫然等情绪，如果这个人有较好的适应环境能力，便可以快速找到自己的定位，适应变化的新环境。另外，积极乐观的心态也极其重要，它能够帮助学生树立正确的价值观念，找到真正属于自身的发展目标，向梦想追风前行。

当然，学校除了重视培养大学生专业能力和学习能力外，还应该充分尊重每位学生的内心活动，贯彻教书育人的教育理念，弥补中等教育机制的不足，充分发扬我国传统优秀思想，并依据学生的实际发展情况，切实贯彻以人为本的教育原则。

当然，除家庭上的支持和教育外，学长、学姐以及朋友间相互的支持也可以帮助大一新生——社会未来的主人们，及时地走出迷茫，找到自己的定位。

第三节　大学生学习力与自控力培养

一、大学生学习力与自控力的本质分析

（一）学习力及学习力的三要素

学习力是获取知识并让知识产生一定价值的能力，具体包括以下四个层面的内容：①知识总量，是指学习掌握到的知识面范围的宽度及学习主体的开放程度。②知识质量，是指学习主体的学习能力、效率、质量、品质及实践创新等综合素质。③学习流量，是指学习主体的学习速度及对知识融会贯通、触类旁通的能力。④知识增量，是指将知识创新成果及知识资源转化为资本的程度。❶

学习力是由三个要素组成的。这三个要素分别是学习动机、学习毅力和

---

❶ 李俊平.积极心理学在高职思政课教学中的应用研究[D].上海：上海大学，2013：21-24.

学习能力。学习动机体现了学习者的目标；学习毅力反映了学习者的意志；学习能力则凸显了学习者的记忆力、想象力等智力特质和学习方法、学习态度、学习技巧等非智力特质。这三个要素有一个从低级到高级的逻辑顺序，它们相互联系、相互依赖、相互促进、相得益彰，三个要素都决定着学生学习力的水平。

1.学习动机

（1）学习动机的内容。学习动机也叫学习动力，是激发起一个学习行为并使这一行为持续坚持下去，并最终完成一个特定目标的动力，由学习需求和学习期待共同组成。影响学习的因素众多，其中学习动机是关键决定因素，除此之外，还有学习兴趣、学习品质、人生志向及价值观、外部鼓励与支持等因素。

第一，学习需求。学习需求是学习主体在学习过程中发现自身不足与短板，并极力渴望进行有效弥补的一种主观心理状态。学习需求表现为学习愿望或者学习意向，具体包括学习主体的个人兴趣爱好、态度品质、理想信念等，它是学习活动进行的基础动力。

第二，学习期待。学习期待是学习主体对学习行为设定预期目标的一种想法，具有鲜明的自主能动性和积极正面性。通常所说的"兴趣是最好的老师"中的"兴趣"，从具体层面上讲就是"学习期待"。学习期待是直接推动学生进行学习以达到某种目的的心理动因，即推动学习的主观动力。有期待的学习，其效果较好；无期待的学习，往往敷衍了事。"期待"心理在推动人的行为的过程中有非常重要的作用，具体表现为：①能够唤起个体开始行动。②使个体的活动指向一定的目标。③将唤起的行动坚持下去，并及时调整活动的强度。学习期待的树立可以使学生从原始状态的被动接受走向自发状态的主动接受，甚至是主动探究，从而改变学习的态势，完成被动到主动的蜕变，真正成为学习的主人。

第三，学习诱因。诱因是能够激起有机体的定向行为，并能满足某种需要的外部条件或刺激物。有学习的需要，也渴望学习，但外界没有条件，则会影响学习动机及效果。

学习动机能有效调动学生的学习积极性和主动性，激发学习兴趣和热情，保持良好的学习状态和品质，将学习活动坚持下去，达到既定目标。适度的学习动机能有效提升学习效率和质量，保持最佳的学习效果。动机过弱无法对学习起到积极促进作用；但动机过强且超过一定的程度，又会造成学习效率的降低，引起人们的紧张和焦虑。

（2）学习动机的类别。学习动机包括内部和外部两个层面。内部动机是由学习主体自身因素激发的动力，如兴趣爱好、需求期望等。学习活动的完成、目标的实现是其学习的最终目的和收获，无须任何外力的作用和奖赏。外部动机则恰恰相反，是由学习主体之外的因素激发的动力，如学习的目的是希望得到教师或者父母的认可和表扬、获得某些物质方面的奖励、避免因学习失败而受到惩罚等。

（3）学习动机和学习积极性。学习动机对学习活动有着广泛而显著的影响。总体而言，在适度范围内，学习活动的效率、质量和成果等与学习动机成正比，学习动机对学习行为有着明显的积极促进作用。它是影响学习活动的非智力因素，并不能直接、具体地作用于学习效果，而必须通过学习者的学习行为这一中间环节作用于学习效果。学习行为除了受学习动机影响之外，还受到一系列主、客观因素的影响，因此，学习动机只是影响学习的因素之一，而不是充分条件；影响学习的因素，除了动机之外，还有学生的智力水平、知识基础、学习方法、人格特征、身体状况、情绪状况等。虽然，学习动机作为一种非认知因素，也许会对学习起促进作用。但是，不能认为学习动机与学习是一种单向的影响关系，动机并非学习的先决条件，它们之间存在着显而易见的互为因果的关系。动机与学习之间的关系是典型的相辅相成的关系，绝不是一种单向性的关系。成功学习的结果一方面是知识、技能的获得与掌握，另一方面是自我求知欲、自尊心的满足以及获得他人的赞扬等，并能促使人们把通过进一步地学习来获得更高程度的满足当作一种新的、迫切的需要，从而产生强烈的学习动机。

2.学习毅力

学习毅力是学习意志力，是学习主体自觉主动地设立学习目标，并以此来约束自己的学习行为，努力坚持、克服困难，最终实现预定目标的心理状态。这是学习活动必不可少的影响因素，能有效促使学习行为持续进行下去；更是决定学习成果的关键因素，能保证高质量的学习产出和效果。毅力在汉语词典的解释是"坚强、持久的意志"，是一种心理忍耐力和行为持久力，是以目标为导向的学习活动的精神动力源泉。学习毅力也在某种程度上代表着学习态度和状态，强调学习主体在整个学习过程中要始终保持持之以恒、努力拼搏、积极进取的良好状态。坚定、持久、良好的学习毅力是取得学习效果、实现学习目标的重要前提保障。在毅力作用下有效学习能适应时代需求的信息内容是学习力本质的切实要求和生动体现，这样才能培养出时代需要的高素质、高能力的复合型人才。

3.学习能力

（1）学习能力的含义。学习能力是怎样学习的能力，是在先天遗传因素和后天环境、教育的影响下形成的概括化的经验。学习能力是想象力、记忆力、观察力等智力因素和学习态度、学习方法、学习技巧等非智力因素的总和。它是学习力的基础要素，是进行学习活动的最基本素养，是人的所有能力中不可或缺的重要组成部分，其对学习产出和效果起着至关重要的决定性作用。

（2）影响学习能力的要素。智力因素在后天的学习环境中很难得到提高，因此，除了智力因素外，影响学习能力的主要是非智力因素，如学习态度与价值观、整合学习资源的能力、批判性思维、问题意识等。

第一，学习态度和价值观。态度是指人们对某一对象所持有的评价、体验和行为倾向。学习态度由认知、情感和行为倾向三要素构成。价值观是人们对周围事物的是非、善恶和重要性的估价，是人们评价事物的内在尺度。当人们针对某一对象出现多种认知、彼此矛盾的体验和对某种行为倾向难以定夺时，价值观在这里就会起决定性的作用。这两者是影响学习活动的非常重要的非智力因素，是学习需求转化为学习动机的重要决定力和推动力。一般而言，人的需求复杂而丰富，学习主体对待这些需求的价值观和态度决定其是否能成为学习动机。学生对学习价值的认识和理解越深刻，学习态度越鲜明，学习动机就越强；学习的态度越模糊，学习动机就越弱。学习态度和价值观也影响着学习目标的确定。当人们选择某种学习需要作为行为动机后，为满足这种学习需要所选择的对象和途径同样也是多种多样的，最后确定把哪些对象作为学习动机所指向的目标在很大程度上也取决于学习态度和价值观。

第二，整合资源的能力。所谓整合资源，就是将一些看起来彼此不相关的事物加以组合，创造出一种新生事物，使各种资源自身的价值得到增值的过程。随着信息时代的迅速发展，互联网把整个世界连接成一个地球村。信息爆炸，海量的信息让学习者应接不暇。如今社会物质极大丰富，信息网络迅猛发展，此时缺少的不是资源，而是整合资源、满足需求以服务百姓的创新想法与实践。

第三，问题意识。学生学习的过程就是对问题解决的过程。一名学习者是否具备"问题意识"是判断他是否具有较强的学习力的一个重要指标。因此，使学生形成问题意识是开启思维智慧大门的钥匙，是提高学习能力的必由之路。

学习力各要素的质量及其相互之间的结构直接影响个体学习力的强弱。判断个体学习力的高低，主要看其是否有强劲的学习动机和学习积极性，是否有克服和应对学习困难的学习毅力，以及是否具备以良好的学习态度、正确的学习方法、有效的学习技巧所形成的学习能力。如果只有学习动机和学习目标，没有顽强学习毅力面对学习中的困难，没有坚强的学习意志保驾护航，就会半途而废、无果而终。而有了学习动机和学习毅力还需拥有良好的学习能力，即需要有正确的学习态度，掌握正确的学习方法和技巧。由此可知，学习力各要素之间不是孤立存在的，而是相互促进、有机联系的，只有把它们紧密结合起来，才能形成现实的学习力。

（二）大学生自控力的分析

要理解自控力，就得先了解什么是控制。控制的概念应该是为了实现、完善和发展自身的目标，通过获得和加工信息，并将其转化为劳动能力或选择出来一些信息，将这些劳动力和取出的信息加于环境或个体自身系统的一种作用。个体的控制方向有两个：一个是对外控制自身的环境，称为外控；另一个是对个体自身的控制，称为内控。这里所说的内控就是自控，那么自控力就是指个体对于个体自身控制的力度和强度。与自控力相关的概念有拖延症和多动症。

拖延症：将没有特别必要的、紧急的、后果有害的事件推迟完成的行为，在拖延过程中，个体会感受到不间断的焦虑情绪，即任务非要等到截止期限再匆忙去做，而在这之前一直有任务压身、不能放松之感。拖延症虽然不是严格基于心理学或者医学方面下的定义，但是却深入每个人的生活中。拖延症常常会造成时间的浪费、不能按时完成任务、损害身心健康等后果。例如，很多学生总是要把老师开学初就安排好的期末需要交的作业留到快要到期末的时候再去完成。而且很多的事情他们在正常的学习时间没有去完成，非要等到夜深人静的时候才去完成，甚至是熬夜通宵去完成。

多动症：表现为心理发育水平与年龄不相符的注意时间短暂、注意力不集中、活动过多和情绪冲动等，这样的人常常因此而表现出学习困难、无法适应环境和品行不端。虽然多动症的病因有多种，但本质还是归于自己不能控制自己的行为活动，缺乏自控能力。

二、大学生学习力与自控力的培养方法

（一）大学生学习力的培养

学习是人类的终身伴侣，学习力会影响人的整个发展过程。一个人学习能力的高低可以成为社会上衡量一个人综合素质和竞争力高低的重要因素。开展远程教育，发展全民学习，打造学习型社会是现代社会的要求。在社会要求下，对人的要求不再仅仅是会认字，而是要会学习。由此可见，一个人想要提高自身的竞争力，首先要不断培养自身的学习力。

1.培养学习兴趣

兴趣是人们活动强有力的动机之一，它能调动起人的注意力，使大家热衷于自己感兴趣的事情。人对自然产生兴趣，就能引发出对事物的体验、对问题的思索；人对生活产生兴趣，就会因好奇而实践，因验证而发现。古往今来，许多成就辉煌的成功人士，他们的事业往往萌生于兴趣中，他们沿着兴趣开辟的道路走下去，找到了自己事业成功的路径。

（1）重点突破，努力追赶，产生兴趣。在学习中，大学生常会遇到遗憾的事情，例如，每次考试过后，那些不会的题目经过老师的讲解，才知道解题过程。这可以促使有学习愿望的学生提高学习的热情，帮助激发学生对自身的学习认知，让学生领悟到学习是一件从一而终的事。学生要重点突破，努力追赶，要不断发现问题、解决问题，才能让学习有乐趣，从而让学生有动力去学习。

（2）用优势激励学习兴趣。大学阶段的学习难而杂，许多学生会对学习

产生厌倦的情绪，然而正是这样的情绪造成学生厌恶学习、对学习没有热情，从而在上课过程中一直处于低迷抗拒的状态。学生上课时注意力不集中，对学习没有兴趣会导致学习成绩上不去，甚至下滑。对于这种情况，学生不能逆来顺受，要想办法发掘自身优势，通过优势培养兴趣。

兴趣是一切的起源，学生只有对学习有了兴趣，才会形成自发性，才会主动地去学习，才会主动地去解决学习中遇到的难题。

2.端正学习态度

学习态度是指学生在学习过程中遇到问题和矛盾时所呈现出来的态度反应，对突发的学习状况所表现出的状态。学习态度有端正和不端正两种，端正的学习态度具体表现为认真、扎实，勤奋，上课注意力集中，学习态度一丝不苟，求真务实，在学习上严谨，能及时完成教师布置的内容；反之，不端正的学习态度具体表现为对于教师布置的任务疲于应付，上课态度散漫，注意力不集中，做作业不认真，轻言放弃，找借口逃课，不好好学习等。学生的学习态度是否端正对于学习效果是否显著、学习效率是否高有着十分重要的影响。学生想要端正学习态度，必须要学会控制自己，自控能力的强弱会直接影响人生的成败。态度是自己控制的，不是说端正就能端正的，所以要锻炼并提高对诱惑的忍耐力。在学习中，如果不具备良好、积极的心态，不认真努力，因为一点小挫折就气馁、知难而退，是不可能取得优异成绩的。

心态是人生成长的奠基石。在学习中，不仅是制订学习目标和用好方法就能学好，最重要的是心态。学习需要付诸行动，需要努力，需要一种积极主动的精神，这就要求人们以积极态度面对学习，有积极的态度才能愿意去学习、才能学好。态度决定选择、态度决定思路、态度决定成败。

3.掌握学习方法

使用科学的学习方法可获得经济、高效的学习效果，使学生的才智得到充分的发挥与发展；拙劣的学习方法不但会抑制才智的发挥，而且会使学生视学习为沉重的负担，将学习变得枯燥乏味，甚至导致学生精神萎靡，丧失信心，茫然失措。

最有价值的知识是关于方法的知识，大学生不能只关心自己学会了什么，还要关心该怎么高效地学。换言之，学习的目的不是要获得某种知识成果，而是要获得达到这种结果的过程和方法。大学学习方法的五字诀是："加、减、问、用、新。""加"指知识的摄取和积累的过程，强调在继承中创新；"减"指知识的提炼和升华的过程；"问"指善问巧思；"用"指在应用和实践中对已有知识进行检验；"新"指创新。

大学生应该变被动学习为主动求知，能动地发现、探索、创新；在时空上，走出教室、学校，走向社会、走向生活，处处留心皆学问，不断积累经验。而积累需要有目标，需要有毅力，需要讲方法，需要常用心。

4.增强学习毅力

知识的积累是一个漫长而艰苦的过程，过程当中必然伴随着各种困难和阻碍，没有毅力则很难取得应有的学习成果。学习本身就是非常艰苦的，意志和毅力在学习上有着重要的作用，学习的秘诀就是永不言弃的精神和坚持不懈的拼搏。增强学习毅力可以尝试以下五种做法：

（1）为目标写日记。写学习日记是一种很好的激励方法，能对自己的学习更有目标、规划，更有坚持性。在日记中写下自己每天的学习情况，以及对此的评价、感受。在学习中应吸取哪些经验教训，有哪些改善学习的方法都可以写下来。通过这种自我交流，可以对学习更有毅力和信心。

（2）用榜样激励自己。古今中外凡有所成就的人，大多都要通过坚持不懈地努力来获得成功。找一个自己敬佩的人物，读他的传记，了解他是如何成功的，以他为榜样，用榜样的力量激励自己持之以恒地努力学习。

（3）在项目中完成学习。设定项目，以项目的完成促进学习，以实际的运用来促进知识的学习。

（4）解构知识内容，将学习内容分块化。在学习过程中，学生要想将学习效率提高，只需要学习少量的东西，便可以应对大部分学习过程中遇到的困难。学生需要学会适当利用学习技巧，将学习时间用在正确的地方，从而有助于学习效率的提高。

（5）以平和心态面对学习困难。学习的持之以恒来自坚强持久的意志，取决于一种平和的心态。就像在构建和谐社会主义社会进程中，首先要使人们的心理达到和谐一样。要学到知识，绝不可心浮气躁，而是要心平气和。学习面前没有难题，有的只是坚持的态度。心理的平衡与心态的平和意义大致相近，是人们的身体、学习、事业取得成绩的内在因素。这种境界的追求与实现也有待于日常的修养与锻炼。

5.提高学习能力

学习力的核心因素在于自身的学习能力，大学生是一个自主性学习极强的群体，较强的学习能力对大学生开展自我学习活动有着十分重要的作用。大学生对信息的获取和筛选能力不足，再加上缺乏实践经验，导致大学生在学习上的发展不明显。大学教学状况僵化、教学水平不高都是现阶段存在的客观问题。但除此之外，大学生自身也存在问题，大学生的学习目的模糊，学习的功利性较高；由于之前教育阶段的教育性质，大学生在大学阶段还没有摆脱应试教育的限制。为了提高大学生的自主学习能力，要做到以下六个方面：

（1）设定学习的目标。在任何一个领域中，取得较大成功的人的行为几乎都是指向于自己设定的目标。有了目标，内心的力量才会找到方向。学生应该有学习的目标，目标是前进的方向，是奋斗的动力，也是力量的源泉。由于情况不一，每个学生的学习目标可以不同。只有知彼知己，才能百战不殆。每个同学只有根据自己的性格爱好、理想追求，结合自身现实，考虑社会需要后确定适合自己的学习目标，才有希望达到胜利的彼岸。自己设定的学习目标要能充分展示自己的个性，符合自己的特长；在为学习目标奋斗的过程中，要发展自己的个性，发挥自己的特长。

目标要有阶段性，学生要在学习过程中多设立阶段性的目标，并且严格完成，达到按部就班的效果，从而减少学习所带来的疲惫感，激发起继续学习的动力；还要保持危机意识，能找出自身不足，调整努力方向，活出生命的意义。

（2）培养自主的学习能力。能力包括自我认识、自我拟定、自我激励、自我监控、自我评价。自我认识是指对自己的学习理想、学习基础、学习能力、身心状况、学习兴趣进行客观的认识和估价，是明确学习方向和奋斗目标的依据。自我拟定是指根据自身的条件、学习基础，设定符合自身的学习目标，并将目标由小到大设立（可以设立小、中、大三个阶段的目标）。自我激励机制可以帮助学生在一定的目标下不断激励自己，让自己能够坚持不懈，为自己的目标奋斗。自我监控是指个体对于自身的生理、心理状况进行不断调节，让自己的思想保持积极向上的状态。

第一，学会管理时间，制订时间任务表。将学习进度单元化，把自己的学习任务划分为各个小部分，每天按照进度完成自身所安排的进度。

第二，学会规划时间。不会规划的人，投入再多的时间也只是白费功夫，不但学习效率低，还会疲惫不堪。学生要养成利用碎片化时间的好习惯。

第三，言而守信，按照计划表严格完成学习任务。学习时间计划表可以帮助缓解人的惰性，提高自身的执行力和行动力。

第四，及时巩固。学习是一件重复、"枯燥乏味"的事，学生要不断回顾已经学过的知识，才能做到防止遗忘。

第五，向他人提问。在学习中碰到问题时，无论自己的问题是多么简单、多么微不足道，也要及时向教师和同学请教。应经常向周围同学请教、与他们交流。

第六，做笔记。好记性不如烂笔头。做笔记不但能够加深学生记忆，还能够让学生在遗忘和疑惑的时候有迹可循，便于其在困惑的时候能够有处查阅和复习。

第七，劳逸结合。过度的学习和过度的娱乐都是不正确的行为。学生合理分配娱乐和学习时间可以一定程度上提高学习效率。

（3）提高自身信息素质。随着时代飞速发展，多媒体信息技术不断提高，计算机、网络技术在多个领域都有着十分广泛的运用。学生作为国家未来的储备军，需要掌握好信息技术，提高自身的信息素质。学生要不断提高自身对于知识信息的掌握和认知能力，对信息知识有辨识能力，学会吸纳正确的信息；在海量的信息资源中，掌握归纳信息的能力。

（4）提高资源的整合能力。

第一，改变观念。整合资源首先需要改变观念，如今社会竞争的不是个人积累知识的速度，而是个人整合资源的能力。要把自己变成稀缺资源，就要不断积累人脉，通过读书建造坚实的知识结构基础与过硬的基本工作技能，打造自己的个人品牌。每个人都是社会的人才资源，很多人之所以还没有表现出他的个人价值，不是因为他没有价值，而是因为他没有发挥出自己的长处。

第二，团队合作。有些事情不是仅凭个人努力就能够成功的，学会团队合作、培养团队精神是非常重要的。

第三，创新意识。有些事情不是做不到，而是没想到。因此，开阔的视野、独到的眼光与创新意识也是实现资源整合所必需的条件。

第四，拓展人脉。整合资源，包括人脉。人们也许可以从一个人身边朋友的素质与品位判断其自身素质与品位，所以，不断拓展自己的人脉资源也是一种重要的生存能力。多与优秀的人做朋友，善于发现朋友身上的闪光点并虚心学习，潜移默化之中自己就会进步。

（5）培养自身批判性思维。培养大学生的批判性思维，可以从以下三个方面入手：

第一，敢于打破常规，标新立异。很多伟大的发明都是因为敢于打破常规，不被循规蹈矩的思想束缚才诞生。

第二，对错误的事实敢于说不，勇敢质疑，学会学习，有提出问题的能力。不盲从、有主见但不顽固是一个人对自我的肯定。拥有独立人格的人有着自我思考的成熟能力，对于学习过程中遇到的错误能及时指出，不被老式的顽固思想所限制。学生要推陈出新，敢于质疑；要大胆创新，不能过度迷信书本，也不能无故怀疑。

第三，积极开发自己的右脑。一般而言，右脑具有形象思维、直觉思维功能。左脑所具有的是逻辑思维功能，如装配、计算、书写等。创造性思维和批判性思维与直觉关系更密切。所以不但要掌握健脑的知识、方法和途径，而且在日常学习生活中应注重对自己右脑的开发与运用。

（6）养成良好学习习惯。对学生而言，最重要的是养成良好的习惯，而不是改掉不好的习惯；好习惯越多，坏习惯就会越少。拥有良好的学习习惯的人可以拥有更多的时间学习，可以学得更轻松、更有效。而那些没有良好学习习惯的人，往往不能安排好自己的学习。行为养成习惯，习惯形成性格，性格决定命运。可见，好习惯的形成对人生的成功有着非常重要的影响。

学习习惯要经过有意识的培养和重复练习之后才能养成。一个良好的学习习惯有助于激发学习热情，培养学生学习的积极性和自主性，提高学习能力，使学生终身受益。

第一，养成终身学习的习惯。终身学习，讲的是人一生都要学习。从幼年、少年、青年、中年直至老年，学习将伴随人的整个生活历程并影响其一生的发展。这是不断发展变化的客观世界对人们提出的要求。人类从诞生之日起，学习就成为人类的一项基本活动。学习的作用不仅局限于对某些知识和技能的掌握，学习还使人聪慧、文明，使人高尚、完美，使人能全面发展。正是基于这样的认识，人们始终把学习当作一个永恒的主题，反复强调学习的重要意义，不断探索学习的科学方法。同时，人们也越来越认识到实践无止境，学习也无止境。当今时代，世界在飞速变化，新情况、新问题层出不穷，知识更新的速度加快。人们要适应不断变化发展的客观世界，就必须把学习从单纯的求知变为一种生活的方式，努力做到活到老、学到老。

第二，养成善于思考的学习习惯。

首先，有统筹规划的观念，学习知识要站在系统的高度把握知识。大多数学生由于刚脱离应试教育，对学习缺乏自主性，只会跟着教师学习。在教师主导的课程传授下，学生的主体性作用无法发挥，并且不在意知识之间的连贯性和整体性。短时间内可能不会有很大影响，但长此以往，会打乱知识结构的完整性，学生会感到学习有负担，学习效果不明显，记忆负担大。然而事实上，任何一门学科都有自己的知识结构系统，学生学习一门学科时，首先要掌握学习的技巧，才能继续学习。

其次，对问题要究其根源，寻找事物之间的联系。大学学习尤其不能死记硬背，特别是对于理科类的学习，最重要的是挖掘其中的原理。无论学习的内容有哪些，大学生都要学会发问，这样才能对知识结构有一个更好的掌握，对知识才能理解得透彻，这也是培养学生对学习产生兴趣的一大重要方法。

最后，要开发思维，养成发散性的思维习惯，在遇到问题时能够通过联想各处思维结果结合在一起。知识具有整体性，并不是分散的独立个体。如若独立地去看待知识体，会对大学生的自我发展有所限制，长此以往，会限制学生的智力发展，因此，也要注意养成整体性的思维习惯。在学习过程中，还要掌握灵活思考的能力，这对于知识的掌握尤其重要。由此可见，学习能力的培养是这三种思维能力的培养。

（二）大学生自控力的培养

拥有自控力是青年人有所成就的必要基石。然而人的自控力通常是有限的，如不有意识地锻炼自己的意志力，那么这种能力就会在控制自己的过程中慢慢消耗，这是因为花费在不同事情上的意志力是从相同的能量源中提取的。

自控力可以锻炼和增强，增强自控力需要先设定一些小的目标，并坚持完成，增强自信心；然后再挑战更大、更不容易实现的目标，循序渐进，成功的概率就更大。自控力的本质，可认为是一种协调当下所获得收益与未来能够获得更大收益的能力。

任何方面的好习惯，身体的、心智的、精神的，都有很多培养方式，需要做的就是不断探索，找到喜欢做的，这有助于习惯的保持。常用的并且行之有效的方法包括：①设立高度精确和具体的目标。②一次只进行一项新的挑战。③对自己的要求不要太多，也不要太少。④避免诱惑。⑤找出阻力所在。⑥要坚信自己可以成功。

第四章 大学生心理健康与人际交往调适

第一节　大学生人际交往原则与改善

一、大学生人际交往的原则

大学生要提高人际交往能力，建立、维系和发展良好的人际关系，须了解和遵循人际交往重要的原则。[1]

（一）真诚原则

真诚是做人之本，是美好品德的体现。真诚是打开别人心灵的重要方式，因为真诚使人产生安全感，减少自我防卫。越是好的人际关系，越需要关系的双方暴露一部分自我，也就是把自己的真实想法与人交流，如果完全把自我包装起来，将无法获得别人的信任。大学生只有以诚相待，才能建立起信任感，才能促进人与人之间的交流与合作。

（二）平等尊重原则

寻求尊重是人们一种较高层次的心理需要。平等尊重是个体进行交往的基本前提。大学生自我意识和自尊心比较强，他们在交往中特别注重人格平等，希望得到别人的尊重。尊重包括自尊和尊重他人。自尊就是在各种场合都要尊重自己，不轻视自己。尊重他人就是要尊重别人的生活习惯、兴趣爱好、人格和价值，只有平等待人，才能得到别人的平等对待；只有尊重自己、尊重别

---

❶ 郑华.当代大学生人际关系优化研究 [D].信阳：信阳师范学院，2014：18-22.

人，才能得到别人的尊重。自我尊严得以维护，自我价值得到承认，这是许多人最强烈的心理欲求。只有在交往中注意这一点，才能在交往中应付自如。

（三）互利互惠原则

只有交往的双方都能从交往中获得某种需求的满足，良好的人际关系才能建立和维系。若交往只想获得而不给予，只有单方获得好处的人际交往不能长久。互利互惠性越高，交往双方的关系就越稳定和密切，反之，交往双方就疏远。互惠互利不能简单地理解为等价交换或物质、经济上的相互给予，而首先应该理解为人际交往中的相互支持、相互帮助、相互爱护。好的人际关系是双方都受益的，交往双方要讲付出和奉献，既有物质上的相互扶持，更有心理及情感上的相互慰藉和满足。对大学生而言，互利互惠主要是指在精神方面的互利，如互相关心、互相爱护、互相帮助、互相理解、互相尊重等。人际交往是建立在相互需要的基础之上的，健康、成功的交往是人与人之间一种互利互补、双方受益的双赢活动。

（四）宽容原则

宽容原则是指在人际交往中对于非原则性的问题、矛盾要有耐心，持包容忍让态度，用豁达、开阔的胸怀来接纳别人的缺点。宽容就是指在心理上能容纳各种不同特征的人。每个大学生都是独特的个体，都有各自的性格、习惯、兴趣、爱好、优点和缺点，因此，不同的个体碰撞在一起，难免会产生矛盾，但若能经常换位思考，多站在对方的角度考虑问题，多体察别人的心境，人们就能对他人不同的观点、见解、行为方式及错误持宽容理解的态度，相互间产生的误会、委屈则会烟消云散。宽容是良好人际关系的润滑剂，有利于人们在学习、生活和工作中保持融洽的人际关系，并赢得更多的朋友。

（五）信用原则

信用指一个人诚实、不相欺、守诺言，从而能够取得他人的信任。人如果不讲信用，那他就不知道该怎样立身处世。守信就要做到说话算数，不轻许诺言，答应别人的事要尽量做到，做不到的要讲清楚，以得到对方的理解。在人际交往中，与言而无信的人交往时，人们内心会充满焦虑和怀疑。言而无信的个性品质很难取信于人，不利于人际关系的建立和融洽；言而有信的个性品质会产生人际吸引和安全感，有利于良好人际关系的建立、维系和发展。

二、大学生人际交往的改善

（一）自身角度的改善

人类具有与他人进行沟通的愿望与潜能。沟通体现在两个个体之间的交流上，其形式包括言语和非言语形式，目的是使沟通的双方实现彼此理解。人与人之间的沟通是一门学问，沟通的知识与技巧十分值得研究与学习。

1.第一印象

第一印象是知觉主体与陌生人在第一次接触后所得的印象，它像人的门面一样，对人们总体印象的形成具有很大影响，并且它也会成为他人决定是否会继续与之交往的重要依据，这也就是人们常说的"先入为主"。如果一个人给别人留下了不好的第一印象，那么他想在之后的交往中挽回形象就有一定困难。因此，在与别人初次接触时，应注重第一印象的形成，多争取印象分。尤其是当人来到一个全新的环境中，树立良好的第一印象能有效消除陌生带来的紧张感，帮助个体与他人实现有效交往。要想给他人留下好印象，可以从以下四个方面入手：

（1）发挥长处。每个人都有自己的优势和劣势，如果能充分展现出自己的优势所在，便会更容易获得别人合作的意愿。因此，与人交往要充满自信，大胆地发挥出自己的长处。❶

（2）适应场合。与人交往的环境并不是一成不变的，因此，人们也应该

---

❶ 樊红霞.网络时代大学生人际关系教育与引导[D].徐州：中国矿业大学，2016：21~24.

针对不同场合改变自己的表现，以免展现出一成不变或不得体的状态。需要注意的是，变化要自然、不做作，人们要在言行一致的前提下，因时因地地展现出不同的自己。

（3）放松心情。放松是与人交往中十分重要的环节，既要让自己放松下来，也要使交流对象感到轻松。和谐的沟通通常出现在轻松的氛围之中，因此，与人交往要由内而外放松自己，不要过于紧张和严肃，尽量使用轻松幽默的语调，避免苦闷生硬的交流。

（4）使用眼神。眼神交流是人与人之间沟通的重要组成部分。人们在进行一对一交流时，眼睛可以望着对方，使自己看起来真诚且尊重对方；面对众多对象时，则可以自然地环顾四周，眼神落到每一个人身上，让自己看起来友善而从容。

2.自我表露

人们可以从亲密关系中获得美好的感受。这是因为在这样的关系中，信任占据了人的内心，人们可以没有顾虑地展现自己、表达自己，不需要承受担心失去友情或爱情的焦虑感。这种特点在心理学上被归结为自我表露，自我表露的程度会随着相互关系的深入和发展而增深，同时越来越多的自我表露又可以促进双方了解彼此，这种循环会到一个适当的水平为止。

大多数人都喜欢能够彼此表露和倾听表露的亲密关系。一方面人们对于自己的表露能被倾听和接受而感到开心；另一方面也会因为自己被表达者信任而高兴。人们喜欢能够敞开胸怀的人，也愿意向喜欢的人敞开心扉，并通过自我表露加深对他们的喜爱。在生活中，如果人们自我表露的机会不多，始终未能发展这种亲密关系，则会在内心产生深深的孤独感。

当人们受到挫折或感受到沮丧、生气、焦虑等负面情绪时，通常会进行更多的自我表露；对于生活中那些期待与之有更多交往的人，人们也会进行更多的自我表露；此外，安全型依恋的人相较于其他类型的人会进行更多的自我表露。关于人们的自我表露，存在一种互惠效应：一个人的自我表露会引发对方的自我表露。

自我表露可以使人们卸去伪装，表现出真实的自我；对他人敞开心扉，并充分享受他人的自我表露带来的信任感；可以使人与人之间的交往更加顺畅、愉悦。

3.微笑与倾听

让别人接纳并喜欢自己的最好方法就是常常微笑。人际交往是一个互动的过程，情绪是可以"传染"的。与人交流的时候，如果面带微笑，对方也会不自觉地被感染，而回馈同样的微笑。这样，双方的心情都会变得愉悦起来，事情也就容易谈成。同时，微笑还是一种特殊的语言——"情绪语言"，可以和有声语言及行动相配合，两者起到"互补"作用，给人以美好的享受。

对人微笑是一种有礼貌的表现，它展现出一种力量、涵养。笑容代表一种希望，喜欢微笑的人具有一种温暖的力量。微笑可以感染愁云密布的人，使他们拨云见日；微笑可以温暖身心俱疲、压力重重的人，使他们重获希望；微笑可以向周围需要帮助的人传递光明与快乐，也可以使自己成为一个受欢迎的人。因此，人们要学会微笑，无论是在工作中还是在生活中，无论是在顺境中还是逆境中，都应该保持发自内心的微笑。

在一般认知中，人们会认为能说会道、八面玲珑的人才是善于交际、更受欢迎的人。其实不然，真正为人们所喜爱的是善于聆听的人，真正为人们所接受的是表露与聆听的交际方式。善于聆听是一个成熟的人所应具备的基本素质。

4.拥有同理心

同理心是站在对方的立场设身处地进行思考的一种方式，又称换位思考、神入、共情。在人际交往过程中，同理心可以使人体会到他人的情绪，理解他人的想法，感受到他人的感受，并站在对方的角度上分析和解决问题。同理心主要体现在情商范畴内的方方面面，如倾听能力、表达尊重及情绪自控的能力等。

需要注意的是，同理心并不是同情心，两者不可混淆。①同情心是从自身的观点出发，用自己的认识去看待别人的困扰，并产生怜悯之心；同理心则是从对方的感受出发，站在对方的处境思考问题。②同情心产生于了解别人痛苦的具体原因之后；而同理心只是在情感上站在对方的角度上便可以产生，不需要太多同情。

人是独立的个体，人与人之间的思想差异巨大，因此，想要达到完全的同理并不可能。但是，人们仍然可以通过学习增强同理心，提升感受力，养成通过别人的眼睛看世界的能力。

5.感同身受

人们通常会更加喜欢那些喜欢自己的人。这是因为，当谈话者感觉到来自倾听者的兴趣与理解，特别是无论他说的内容多么荒诞和离奇，倾听者仍然表现出这种理解和关注时，谈话者会产生强烈的心理安全感，能够更加放松、坦率地表露自己。长此以往，谈话者的态度会使倾听者以同样的方式对待自己。由此可见，以诚恳和接受的态度与别人交流，也能够促进对方进行自由自在的表达，即"同感"。同感可以营造良好的交流氛围，使双方能够无拘无束地探索自我、表达自我，加强彼此的沟通，增进彼此的感情。对感同身受的理解可以从以下两个方面进行阐述：

（1）非言语行为。人类具有广泛的非言语行为，如姿态、表情、语气、目光等，这些都在人与人的交流过程中发挥着巨大作用。当言语及身体词汇表达信息不一致时，首要原因通常为表情，其次是音调，最后才是言语本身。因此，善于交流的人通常具有多方面沟通的能力，他们不会局限于言语，而是会通过表情、姿态、目光、语调等非言语行为来表达对对方的理解与关注。同时，善于交流的人也能够敏感地捕捉到对方传递出的非言语行为，并有效解读出其中传递的信息，理解其中传递出的情绪。

（2）言语交流。言语交流是人与人之间交流的主要方式，感同身受地理解最关键的是要理解谈话者的言语中的信息与情感。与别人进行言语交流有一些技巧，如可以通过重复别人的话语表达自身注意力的集中；通过鼓励别人进一步表达自己对谈话的兴趣；适时说一些支持的言语，恰当地运用沉默；对对方所表达的内容进行反馈等。其中最为关键的是不能将自己的观点带入交流过程，不能站在自己的角度上对对方进行指责或批评，而应该通过想象在自己和他人的体验间建立一种联系。充分理解对方的情感体验后，就能够更多地去喜欢、接受对方，更加愿意帮助对方，这可以使彼此的情感产生一种相互作用：当一个人理智、充分地理解对方的情绪时，便可以预期他人的行为，并做出恰当的反应。这对于人际沟通而言具有十分重要的意义。

（二）交往过程的改善

在人际交往过程中，有的人能如鱼得水，左右逢源，但有的人却屡屡碰壁受挫。掌握一定的人际交往艺术可以帮助人们在交往活动中增进彼此的沟通和了解，缩短心理距离，建立和维护良好的人际关系。

1.主动交往并赞美他人

多数人的交往愿望很强烈，但是能够主动发起交往活动的人却不多，很多人不是主动去接纳别人，而是在等待别人来接纳自己，这导致他们错过了很多机会。许多交际成功的人往往是主动交往的人，而非被动地等别人来结交自己。要想得到朋友，就必须要主动，包括主动地接纳别人，主动与人打招呼，主动关心、帮助他人，主动化解人际冲突等。

热情是最能打动人和吸引人的特质之一。一个充满热情的人很容易用自己的良性情绪感染到他人，他们会主动和人打招呼、微笑，让人感受到被尊重、被接纳的愉悦和轻松，从而喜欢和他们交往。

主动关心、帮助他人可建立良好的第一印象，缩短彼此的心理距离，快速建立起密切的关系。这种关心、帮助并非简单指金钱、物质方面的帮助，更重要的是出于真心的感情上的交流、精神上的慰藉，以及对痛苦的分担和对困难的解决。因此，日常生活中的"雪中送炭""患难之交"往往能使人们建立起深厚的友谊。而当遇到人际冲突或矛盾时，主动交往的人常常能首先伸出橄榄枝，积极地想办法化解矛盾，及时消除隔阂，使人际关系得以维护和发展。

在生活中，很多时候，帮助别人其实是帮助自己。心与心之间架起一座桥，让对方先行，自己也能行得畅顺。帮助别人，总有一种快乐盈满心间，因此收获快乐的利息；帮助别人，总有一种感恩寄存在别人的心间，因此将收获感恩的利息；帮助别人，总有一种善念以循环的形式出现，让别人再去帮助别人，因此将收获回报的利息。

渴望别人的赞扬和肯定是人的一种自然天性。当个体满足他人被欣赏的需要时，自身同时也能收获好的人缘。赞美他人既能带给别人快乐，也能带给自己快乐。

（1）赞美要真诚、适度。在与同学相处的过程中，把握恰当的机会给别人以赞美，被赞美者心里会很高兴和感激，赞美是一种激励别人又激励自己的人际协调技术。相处中因赞美而使大家自信、充满快乐，因赞美而化解了心中的积怨与矛盾，赞美使陌生人成为挚友，使朋友成为知己。无论关系的亲疏程度如何，适当的赞美都必不可少。需要注意的是，赞美一定要真诚、适度。如果不分时间、地点、场合，随意地赞美别人，或夸奖的内容是对方所不具备的，会令人感觉言不由衷、不真诚，反而会阻碍彼此之间的交往。

（2）赞扬他人身上并非显而易见的特点、优点。赞美最好是在意料之外，又在情理之中。如果能设法赞美他本人都未意识到的优点，这份独特的重视就足以打动他。当然，一定要在情理之中。只要用心感受，留意寻找，就能发现每个人都有其特点和优点。

2.学会欣赏他人

人们渴望得到赞美，在家里希望得到父母的赞美；在学校渴望得到老师的赞美；在单位期望获得领导的赞美；在朋友交往中盼望得到异性的赞美。赞美是激励每一个人积极进取的催化剂；赞美是每一个人赖以生存的精神食粮。

赞美能给人以希望、信心和继续生活的勇气。赞美别人，就是肯定自己，由衷地表达对别人的欣赏是对自己有信心的表现。在别人的优点中，可以肯定自己的眼光；在别人的特色中，可以肯定自己的气度；在别人的表现中，可以肯定自己的观察。懂得赞美会使故事更动人。当赞美别人时，会发现自己拥有无限潜能去感动身边的人。赞美是人际交往中最能打动人心的语言。赞美别人是搞好人际关系最有效的"润滑剂"，是"于人有利、于己无损而有利"的事，赞美是一种非常有效而且不可思议的推动力量。

赞美的时候应从具体的事情入手，善于发现别人哪怕是微小的长处，并不失时机地予以赞美。赞美用语越具体，越说明对他的了解越深入、对他的长处越看重。让对方感到真挚、亲切和可信，彼此的人际距离就会越来越近。可以从以下两个方面学会具体化赞美：

（1）指出具体部位，说明特点。这适用于对外表的赞美。例如，眼睛明亮，脸型好看，面带福相，气质儒雅，高贵洋气，身材苗条等。可以从他的相貌、服饰等各方面寻找具体的闪光点，然后给予评价。

（2）列出事实，并给予具体的评价。即向对方表明自己的感言是发自肺腑的。

3.善用批评方式

在朋友得意忘形时对他的劝告，同对他在悲痛失望时的鼓励一样可贵。尽管人都不喜欢受到批评和指责，但批评又是一剂推动成长的良药。要使批评有效，必须注意以下四个方面：

（1）注意场合。尽量在只有双方在场的情况下进行。而当着旁人批评他人，对方很可能首先意识到自己的形象和自尊受损，而不是自己所犯的错误，使得批评只会增加对方的反感和抵触。

（2）对事不对人。不要将事情和对方的人格、能力牵扯到一起。因为人格、能力比具体事情更重要。在肯定对方人品、能力的前提下以提出希望的形式间接让对方知道应该改进的缺点。

（3）不翻旧账，理性批评。在批评别人的时候，有的人爱翻旧账，令人无法心平气和地接受。理性批评应该针对现在、此情此景、就事论事，公正合理地指出他的好和不好，方能被批评的人接受。

（4）批评他人前，先反思自己。人们往往容易原谅自己的缺点，而对他人苛刻。个体不妨反思自己使别人不满之处，不要试图去改变他人，先改变自己，自己先做好，可促使对方意识到自己的问题而自我改进。在人际交往中，总体原则应该是多赞扬、少批评。批评要有建设性，最好能以讨论问题的方式展开，这样既能解决问题，又对双方的发展有利。

4.适当对待分歧

互相讨论对于思想交流十分有益，但讨论与争论具有本质上的差异。争论的重点在"输赢"，双方都力图改变对方的观点，证明自己是对的，而对方是错的；而讨论的重点在交流，双方的目的是通过思想碰撞找到更加合理有效的方法，实现双赢。当自己的观点与他人出现分歧时，大学生可以下九个原则为指导解决分歧、增进沟通：

（1）平和对待分歧。要以平和的心态看待不同的观点，因为不同观点的出现很可能是使自己避免犯错、更加完善的好机会。因此，对于他人提出的合理观点应吸收为自身所用，并对他人表示感谢，要抱着"有则改之，无则加勉"的态度对待分歧。

（2）不要急于辩护。人们遇到分歧时，第一反应通常是为自己辩护，但是，情急之下的辩护一般是强辩，而且辩护过后难以改变他人立场。这样不仅破坏关系，还会使自己丧失受益的好机会。因此，遇到分歧时，要保持冷静，不要被急躁情绪操控，不要急于做出第一反应。

（3）控制愤怒情绪。愤怒会阻碍思想交流。而愤怒具有持续时间短的特点，只要稍加安抚，等愤怒过后再交流，矛盾就容易得到圆满解决。因此，当听到自己不能接受的想法时，不如选择沉默，先倾听，也给予他人平和讨论的暗示，这样有利于缓解自身和他人的愤怒情绪。

（4）先听他人意见。在交流中，要给他人发表意见的机会，不要打断他人，不要急于表达自己的不同意见，否则只会对思想交流造成障碍。

（5）寻找共同之处。在他人发表完看法之后，先要从中找到共同点，这样能在双方之间建立友好的关系，为后续交流并解决问题奠定坚实的基础。总之，在原则问题上要坚持自己的立场，但在细节上要做到灵活处理。

（6）勇于承认错误。如果在双方交流中发现自己的观点错误，那么便大方地向对方承认。这样做能够营造出良好的交流氛围，使双方不是站在对立面上，而是可以共同找到对双方都有利的解决办法。

（7）反复研究观点。对他人的观点要认真倾听、仔细思考，不要一开始就抱着否定的态度。经过反复思考后，如果他人是对的，便积极听取；如果是错的，不理会即可。

（8）真诚地感谢他人对问题表现出兴趣。把他人设想成一个真心实意要提供帮助的人，感谢他人对这个问题感兴趣，那么通常他人会愿意花时间表达不同意见，最后你们还会成为好朋友。

（9）暂缓行动时间。当出现不同意见时，应该给自己和他人充足的考虑时间，可以在进行二次讨论后再做决定，以便将问题处理得周全而合理。

5.建设性交谈与换位思考

交谈是沟通信息与情感的主要方式。在交谈过程中，只有双方的兴趣和关注焦点汇聚在一起时，交谈才成为双方同等积极代入的过程，才能真正起到有效地沟通信息和增进友情的作用。所以，谈话内容不能只集中在自己的需要，而是要符合别人的兴趣，鼓励对方谈论自己，而且要避免过早、过多地评论。

语言交谈不仅要谈，而且要听。倾听不仅是一种技巧，更体现了一种个人修养，表现出一个人的综合素质。交流时需要耐心地倾听，一边听，一边细细品味，感受对方的情绪和心理变化，同时要做出适当的反应，集中精神，表情自然，经常与对方交流目光，适当地嘉许点头，或是用微笑来表示很乐意倾听，真诚地与对方进行情感交流，这样，对方才会更有兴致继续说下去。如果需要表达自己的见解，应该在对方讲话停顿时礼貌地插话；如有疑问，也可以提出一些富有启发性的问题，如此一来，对方会感到他的讲话很受重视而乐意交谈。善于倾听的人，也是善于沟通并能够赢得人心的人。

换位思考对沟通起着非常重要的作用。如果经常站在对方的角度去理解和处理问题，一切就会变得简单多了。一般而言，善于交往的人往往善于发现他人的价值，懂得尊重他人，愿意信任他人，对人宽容，能容忍他人有不同的观点和行为，不斤斤计较他人的过失，在能力范围内帮助他人而不是指责他人。

在大学生活中，人际关系的新特点还表现在不能仅以自己的标准要求他人，还应认识到自己的行为和生活方式也可能是别人所不能接受和喜欢的。因此，在彼此间发生冲突或不协调时，要逐渐学会设身处地为别人着想，做到相互谅解和彼此适应。

大学生只有勇于在社交中锻炼，将人际交往艺术运用于实践中，个人交际能力才能不断得到提高，从而建立友好的人际关系，在人与人的和睦相处中获得更多的快乐。

第二节　大学生积极人际关系及心理调适

在大学校园内，许多大学生常常因为同学关系、师生关系、朋友关系等处理不当而产生很多烦恼，或者因为与职场人士的关系处理不当而失去一些工作的机会。了解大学生在人际交往中常见的问题和调适方法，有助于大学生不断完善自我，建立和维护良好的人际关系。

一、大学生人际关系中的认知心理与调适

人际交往中的认知因素包括对自己的认知、对他人的认知、对交往本身的认知。人际交往的认知偏差会对交往过程中人的情绪、情感、行为产生不良的影响，从而导致人际关系不良。

（一）人际关系中的猜疑心理及调适

人际关系中的猜疑心理产生的主要原因是过分关心自己、常以自己的利益为中心、个性中缺乏自信，以及错误的思维定势。猜疑者大多在人际交往中遭受过伤害，于是凡事都先考虑别人是否会伤害自己。每个人都有多疑的时候，疑心是人在社会生活中的一种自我保护反应，但过于疑心和敏感则是不正常的表现。多疑心理如果长期持续下去可能会导致心态扭曲，会产生严重的心理问题，危害大学生个体的健康成长。因此，要对此给予重视并积极调适，主要从以下三个方面进行：

（1）减少对人、对己的关注程度。多疑大多与对人、对己的关注过度有关，过分关注就会想得多，容易凭想象下结论。一旦发现自己开始怀疑别人时，应提醒自己减少对人、对己的关注，并将注意力转移到学习、工作或兴趣爱好上，努力学习，勤奋工作，积极参与各种有益的活动，使自己真正充实起来。

（2）从实际出发，用事实来说话。在实际生活中，大学生的思维较为活跃，遇到事情容易急躁，主观意识较浓。应加强自身修养，养成冷静、客观分析事实的习惯，不盲目臆断，不轻信他人的流言，应主动、及时与别人沟通，进行开诚布公的交谈，消除误会和隔阂。

（3）培养自信心。多疑大多是由缺乏自信心引起的。每个人应当客观认识自己，看到自己的长处，接纳自己的不足，与人交往做到不卑不亢，价值在于自身，并不随别人的评价而改变。当个体满怀信心地学习和生活时，就不会担心自己的行为受到他人的负面评价，而是能坦然接受评价。

（二）人际关系中的自卑心理及调适

自卑心理是影响个体人际交往的重要因素。自卑是由于过低的自我评价而产生的消极情绪体验。浅层感受是别人看不起自己，而深层的理解是自己看不起自己，即缺乏自信。❶

在人际交往中，自卑心理的外在表现为：一方面总认为自己样样不如别人，从而失去进取心和竞争意识，导致情绪消沉；另一方面，认为别人会看不起自己，过于自尊、敏感，不轻易与人交往，逃避集体活动，用极强的自尊心掩盖极度的自卑，使个体的交际圈变小。长期的自卑情绪会严重影响大学生的身心健康，同时也会对大学生的学习和工作造成不良影响。因此，自卑心理需要及时进行调适，主要从以下两个方面努力：

（1）正确认识自我，提高自我评价。自卑心理的形成主要源于在社交中不能正确认识自己和对待自己。要改变自己，必须改变原有的认识，正确地评价自己。挖掘自己的优势，敢于正视自己的不足，接纳不完美的自己与不完美的生活，积极接纳自己。辩证地看待自己的优点和不足，扬长补短，不断完善自我，提升自我。

（2）改变心态，积极与他人交往。一个人的接触面越广，越能促进其对自身的了解。通过与他人交往，人们能多方位地认识他人和自己，通过比较，正确认识自己，由此调整自我评价，提升自信心。同时，在积极交往的过程中，人们能够获得友谊和集体的温暖，体验到成功的喜悦，发现自己的优势和潜力，从而增强信心，有助于战胜自己的自卑心理。另外，自卑的同学在交往中一般都具有谦虚、善于体谅人、不与人争名夺利、做事小心谨慎、稳妥细致等优点，因此容易取得别人的信任。所以，自卑的同学要看到自己在交往中的长处，增强自信，为消除自卑奠定心理基础。

---

❶　何侥依 . "90 后"大学生宿舍人际关系研究 [D]. 武汉：武汉工程大学，2013：23–34.

（三）人际关系中的孤独心理及调适

孤独是一种主观的心理感受，主要表现为沉默寡言，缺少知心朋友，在新的生活环境中难以适应；敏感多疑，不喜欢参加集体活动，在集体中找不到自己的位置；感情脆弱，自卑感强，抗挫折能力差，不善言辞，遇事容易冲动发怒等；孤独也会导致交往障碍，如孤芳自赏、自命清高，其结果是与人不合群，待人不随和。

孤独产生的原因很复杂，主要是源于个人的自我感觉和评价。要克服孤独的危害，可从以下四个方面着手：

（1）开放自我，积极主动与人交往。独自生活并不意味着与世隔绝，虽然客观上与外界交流困难，但仍然可以通过某些方式达到交流的目的。如主动亲近别人，关心别人，发现、欣赏别人的优点，真诚待人；当看到别人有困难时，主动伸出援助之手。助人和被助都是快乐的，可以从中赢得友情，摆脱孤独。

（2）正确评价自己，克服自卑情绪。人的自我评价与孤独存在因果关系，由于自卑而逃避与他人交往，会造成孤独状态，孤独使自卑感增强，形成恶性循环。如果不冲破自卑，就难以走出孤独。孤独者应该对自己进行一番冷静、客观、合理的分析，特别要找出自己的长处和特点，以增强自信心。

（3）培养广泛的兴趣、爱好。一个人活着如果有所爱、有追求，就不会感到寂寞和孤独。因此，要为自己安排丰富多彩且有意义的业余文化生活，享受生活带来的乐趣。

（4）大胆交往，不怕挫折。善于在交往、在挫折中总结经验，吸取教训，改进方法，增强交往能力。

（四）人际关系中的自我中心及调适

自我中心是指大学生考虑问题、处理事情习惯以自我为中心，将自我作为思考问题的出发点和归宿，表现为凡事从自我出发，只关心自己，从不顾及他人的需要和感受，因此不能赢得别人的好感和信任，人际关系紧张，做事很难得到别人的帮助，易遭挫折。要想改善人际关系，自我中心者可从以下四个方面进行调适：

（1）正确评价自己。摆正自己的位置，实事求是地评价自己，既不妄自菲薄，也不盲目自大；既要看到自己的长处和优点，也要找到自己的缺点和不足。

（2）走出自我小天地。自我中心者必须学会将自己与他人、自我与社会、个人利益与集体利益统筹考虑，从狭隘的小天地走出来。自我是自己的中心，而不是别人的中心。人际交往是相互的，要学会从他人角度或社会角度去思考问题或处理问题。

（3）尊重自己，尊重别人。重视自己，更应尊重他别人，只有互相尊重、互谅互让、以诚相见，才能形成良好的人际互动。

（4）主动与人交往。人们在社会角色互动中才能互相理解，才能改变以自我为中心的倾向。缺少与人交往的生活经验是自我中心形成的根本原因。大学生要学会积极与人交往，只有在与人交往中，才能学会理解他人、尊重他人，才能体会到别人的存在、利益和感受，有效克服自我中心倾向。

二、大学生人际关系中的情绪心理及调适

情绪在人际沟通中起着非常重要的信息传递和调节作用，像微笑、热情、喜悦、宽容、善意的情绪表达会促进人际的沟通和理解，而冷漠、排斥、冲动、嫉妒等情绪反应则会构成人际交往的障碍。

大学生感情丰富，情绪变化较快，有时对人对事过于敏感，很容易凭一时的好恶改变对人的看法，并因此产生不良情绪和行为，导致人际交往障碍。人际交往中常见的情绪情感问题有恐惧、冲动、嫉妒。

（一）人际关系中的社交恐惧及调适

在当众说话、与陌生人交往等场合中感到紧张是一种正常的、普遍存在的

人类体验。但是如果反应过分或不合理，并且导致了回避行为，损害了人际沟通和正常的学习、生活，同时持续了很长一段时间未能缓解，就会成为一种心理疾病。大学生社交恐惧主要表现为：害怕见生人，害怕见老师，特别是在人多的场合或有异性在场的情况下，更显得紧张不安、手足无措、语无伦次等。有社交恐惧的大学生往往表现出明显的焦虑和回避社交行为。青春期是社交恐惧发展的关键期，如果得不到矫正或改善，可能会发展成为严重的社交恐惧障碍，并持续影响成年期的心理健康。社交恐惧按轻重程度可分为社交敏感（又称社交紧张）和社交恐惧症两种，这些也是当前大学生人际交往中普遍存在的心理现象。

要克服社交紧张心理，先要注意调整好自己的心态，树立一些良好的观念：①接纳自己、树立自信。②放弃追求完美的想法，不对自己要求过高。③不要太在意自己的身体反应。④勇敢地面对社交。在有了以上认知的调整之后，就可以结合心理学的方法技巧，将改变付诸行动。

（1）积极的自我暗示。每天睡前和早上起床时，接纳自己，相信自己。

（2）冥想放松训练。找一个安静、没有人打扰的地方，舒适地坐下来，闭上眼睛，想象自己来到一个青山环绕、绿树成荫的幽静地方，心境会变得平和。然后开始放松，从头部、颈部、手臂、胸部、腹部、背部、臀部、大腿、小腿、脚部依次想象它们变松变软。每天至少一次，通过经常做这样的练习，可以帮助个体控制自己的身体，有助于克服紧张的情绪。

（3）系统脱敏训练。改变是一个渐进的过程，不可能一蹴而就。大学生需要战胜自己的紧张心理。首先，根据自己的实际情况，列出若干个会让自己感觉紧张的社交场合，按由易到难的顺序排列。其次，按由易到难的顺序一项一项去进行社交实践训练。当感觉前一项能比较轻松地面对了，便可进入下一项。

（4）学习人际交往技巧。学习一些人际交往和口才技巧方面的知识，或者参加相关课程培训，用实用的知识来武装自己，提高社交能力。

（二）人际关系中的冲动心理及调适

冲动是伴随着强烈不满，必须马上发泄出来的情绪状态。当人际交往出现冲突和矛盾时，强烈的不满很容易爆发出来，人在冲动的状态下，意识范围变小，考虑问题偏激且主观，自控力降低，容易做出不明智的举动。冲动的情绪其实是最无力的情绪，也是最具破坏性的情绪。许多人都会在情绪冲动时做出使自己后悔不已的事情来。因此，应该采取一些积极有效的措施来控制自己冲动的情绪。

（1）认识冲动的危害：①破坏人际关系。情绪容易冲动的人往往脾气比较暴躁，与其他人交往容易发生矛盾。情绪好冲动，容易伤害对方的自尊心，结果不但问题得不到解决，还伤了彼此的和气。不尊重他人的人不仅得不到周围同学的尊敬和理解，还会遭到他人的轻视，而且会失去真正的朋友和友谊，以致感到孤独和寂寞。②冲动有损身心健康。对人不信任、心胸狭隘、情绪急躁、爱发脾气等行为习惯，对人的身心健康危害极大。③容易造成违法犯罪。情绪冲动容易使人做出过激行为，伤害他人，做出违法犯罪的事情，并付出沉重的代价，悔恨不已。

（2）增强自我控制能力。当感到无法控制自己的冲动情绪时，人们可以及时采取暗示、转移注意力等方法自我放松，鼓励自己克制冲动。也可反复默念"冷静、放松"等，或者迅速离开现场，去做一些别的事，或去找别的人谈谈心、散散步。学会先处理情绪，再处理问题。

（3）换位思考。在人际交往过程中，人们常认为自己是对的，对方必须接受自己的意见才行。如果能够交换角色，站在对方的立场上想一想，就能在比较中了解彼此的动机和目的，也能意识到自己的意见是否正确，对方能否接受，从而达到理性升华。

（4）加强思想品德修养。加强自我思想品德和文化知识的修养，从源头着手，让冲动难以产生。一要加强学习，分辨是非好坏；二要注重在日常生活中培养良好的行为习惯。修身养性并非一日之功，需要从一点一滴做起。只有这样，才能逐步养成良好的道德意识。在集体中，只有加强自身修养，才能得到他人的尊重和理解，建立良好的人际关系。

（5）陶冶性情。日常生活中可进行一些有针对性的训练，培养自己的耐性。可以结合自己的业余兴趣、爱好，选择几项需要静心、细心和耐心的事情做，如练字、绘画、制作精细的手工艺品等，不仅可以陶冶性情，还能丰富业余生活。

（三）人际关系中的嫉妒心理及调适

嫉妒是在人际交往中发现自己的才能、名誉、地位和境遇等方面不如他人而产生的一种结合了自惭、怨恨、恼怒等情绪的复杂情感。就大学生而言，嫉妒心理主要表现在对他人的成绩和长处不服气，甚至报以嫉恨。

嫉妒是一种情绪障碍，它扭曲人的心灵，妨碍人与人之间真诚的交往。嫉妒心强的人不仅人际关系不好，而且自己内心也很痛苦，如果长期处于自惭、怨恨、愤怒的情绪中，会有损身心健康。嫉妒心强烈的人易患心脏病，而且死亡率也高；而嫉妒心较少的人群，心脏病的发病率和死亡率均明显低于其他人。此外，如头痛、胃痛、高血压等也易发生于嫉妒心强的人身上，而且药物治疗效果也较差。要克服嫉妒心理可以参考以下五种方法：

（1）认清嫉妒的危害。嫉妒既打击别人，也伤害、贻误自己。嫉妒别人的人由于整天沉溺在对别人的嫉妒当中，没有充沛的精力去思考如何提高自己，不能专心地去做自己的事情，既贻误了自己的前途，也影响自己的身心健康。

（2）克服自私心理。要克服嫉妒心理，先要根除嫉妒心理的"根本"——自私。只有祛除私心杂念，拓宽自己的心胸，才能正确看待别人，接纳自己。

（3）客观地评价自己和他人。他人的成功并不等于自己的失败，有时候也可以在竞争中达到共同的成功与进步，达到双赢。强烈的进取心是获得成功的巨大动力，但冠军只有一个，不要太执着于所谓的"最厉害"。一个人只要客观地认识自己的优势和劣势，现实地衡量自己，为自己找到一个恰当的位置，就可以避免嫉妒心理的产生。

（4）树立目标，积极上进。树立自己的目标同时制订计划，化嫉妒心为追求上进的力量，并通过自己的积极努力，以正当的手段赶上或超过对方，即使不如别人，心态也是积极健康的。为了实现自己的人生计划、目标去努力充实自己，完善自己。

（5）开阔心胸，完善个性。但凡嫉妒心理极强的人，往往是心胸狭窄、多疑多虑、自卑、交往时以自我为中心、情绪不稳定、易受外界影响、心理素质不良的人。因此，要努力完善自己的个性，提高自己的心理素质。作为新时代的大学生，应该树立达观的人生态度和正确的竞争观念，开阔心胸，扩大视野，学习并欣赏他人的优点、长处，平静、客观地面对现实。同时，正确评价自己和他人，既要看到自己的长处，又要正视自己的不足，化嫉妒心理为心理动力，用他人的成功激励自己，从而增强协作精神，在良好人际互动中不断完善个性。

三、大学生人际关系中的交往心理及调适

人格因素是人际关系中的重要因素。人格不健全的人或因为偏执而难以与人平等沟通，或因为充满敌意和自私自利而令人反感，或因为脾气暴躁、性格孤僻而冷漠无情等，这些都会影响人与人之间的正常交往。

大学生可能有异常人格的某些特征，但是大学生的人格问题一般不属于典型的人格障碍，可称为人格偏差或性格偏差。大学生年龄多数是18～22岁，出现人格偏差是发展过程中的问题，其人格尚未完全定型，可塑性较强，可以矫正。

完善人格是改善人际关系的重要内在因素。大学生应不断克服自身弱点，在实践中完善自己的人格，努力培养有助于人际交往的人格特征，如尊重人、

理解人、关心人、富有同情心、宽容、真诚等，逐步形成健全、完善的人格，为建立良好的人际关系打下基础。

第三节 大学生健康情绪的困扰与积极调适

一、大学生积极情绪的功能

积极情绪能够给人们带来健康、成功和幸福，具体有以下三点：[1]

第一，积极情绪有助于身心健康。体验到更多积极情绪的人寿命更长。乐观的人常能拥有更多的积极情绪。拥有更多积极情绪的人也是情绪乐观的人、常能看到希望的人。乐观是健康的需要，也是生活和生命的需要。笑会改善生理健康，经常笑的人和具有良好幽默感的人活得更健康。因为快乐、笑不仅可以克服压力，更能促进呼吸和血液循环，分泌有益于身体的激素，并会抑制压力产生的有害激素。情绪可以通过大脑影响心理活动和全身的生理活动。积极情绪可以使人体神经系统、分泌系统的自动调节机能处于最佳状态，有利于促进身体健康。心情愉快、心态平和更能促进个体进行弹性与复杂的思考，有助于开拓思路与自由联想，有助于提高智能，所以积极情绪能够促成积极状态。

第二，积极情绪有助于成功。积极情绪并不能保证事情成功，但是拥有积极情绪可以改善人们的日常生活。在积极情绪的帮助下，人们能够给自身创造充满阳光的心灵空间，引导自己走向成功之路。一个拥有积极情绪的人，他的人生态度是积极的，无论是在学习、工作还是生活中，他都能很好地完成任务。因此，这样的人在人生中会实现更多的自我价值。自我价值实现得越多，

---

[1] 赵菊，李燕. 大学生心理健康教育 [M]. 武汉：武汉大学出版社，2017：135-158.

自我肯定的成就感就越多，也能拥有更多的积极情绪，形成一个良性循环。

第三，积极情绪有助于幸福。面对一个微笑的人，人们会感觉到他的友好。同时这种自信和友好也会感染到其他人，使旁人的自信和友好也油然而生。积极的情绪不仅可以帮助人们营造和谐的人际关系，还会孕育帮助他人和富有同情心的行为。当人们帮助他人的时候，会感到欣慰和自豪。而被帮助的人会因为收到意想不到的帮助而产生感激，他也会将自己的积极情绪外化，为社会增加善意。而周围的人看到人们帮助他人，也会受到鼓舞和激励，其他人也会因这种助人行为感到振奋，进而为社会增添更多的善意。当积极情绪在人们之间传递开来，就形成一种良性循环，这种良性循环改变了整个社会，从而营造出和谐的人际关系，而和谐的人际关系则是幸福感的重要源泉。

幸福就是一种主观感受，拥有积极情绪的人更容易感受到幸福。拥有更多的积极情绪能够帮助人们拥有幸福快乐的人生。许多人的幸福感很大程度上源于自身的个性、魅力和亲和力。而在个性中，最吸引人的就是那亲和的笑容。在适当的时候、恰当的场合，人们以一个简单的微笑就可以创造无穷的价值。

二、大学生常见的情绪困扰

（一）情绪对健康的影响

情绪会直接影响人的身体和心理健康。积极向上、乐观愉悦的正面情绪对身心发展大有裨益，不但会激活和增强人体免疫功能，增加身体对疾病的抵抗力，延缓衰老，使身体保持健康状态，而且还会使人对生活始终抱有热情和希望，拥有强烈的自信心、好奇心和求知欲，思维敏捷，反应迅速，善于创新，勇于尝试，性格积极外向，能与人保持良好沟通和交流等，进而会有效激发自身潜能，提升各项技能和能力，促进身心全面、健康发展。而紧张焦虑、痛苦失落等负面情绪对人的身心发展伤害较大，如果长期陷入负面情绪无法自拔，不但会降低人体免疫力，容易生病，带来一系列身体健康问题，而且也不利于日常学习和生活，甚至会出现严重心理疾病，危害个体发展。

（二）情绪对学习的影响

情绪会影响大学生的潜能开发和学习效率、质量等。良好的情绪会极大激发学生的积极性和好奇心，让学生敢于、乐于参与各种学习、实践活动，并且能较为长久、专注地坚持下来，从而有利于活跃思维、拓展思路、提升想象力和创造力、提高学习和实践能力。因为轻松愉快、放松舒畅、适度紧张的情绪能最大程度调动人的思维，充分发挥创新能力，是智力活动的基础条件之一。在研究分析情绪对学习成绩的影响程度时，通常会把焦虑程度看作自变量，把学习成绩看作因变量，再利用自我评价和测定生理反应的方法来进行对比研究和分析。两者之间的关系呈倒U形发展趋势，即适度的焦虑有助于学习成绩的提高，而过高、过低的焦虑都对学习有一定的消极影响。

（三）情绪对人际关系的影响

拥有乐观向上、热情亲和、自信开朗等良好情绪的大学生通常更容易与他人融洽相处，并快速建立起良好、亲近的人际关系。而有自卑易怒、恐惧怯懦、冷漠压抑等消极情绪的大学生则很难建立起良好的人际关系，通常会给人难以亲近、无法交流的感觉。因为情绪存在强烈的互相感染性，所以经常保持积极稳定、阳光开朗等良好情绪的大学生通常更受群体青睐和喜爱，会不由自主地让人产生亲近之意，从而获得良好的人际关系。因此，大学生在人际交往过程中一定要不断提升自身修养和气度，做好情绪管理，保持积极正面的情绪，从而获得群体认同感和青睐。

（四）情绪对行为的影响

积极正面的情绪通常会产生健康向上的行为。例如，当大学生的情绪处于轻松愉快、娴静舒适等良好状态时，与之相应的行为也会变得积极向上，如乐于勇敢接受新事物、对他人宽容理解、具有远大抱负和奉献精神等。当情绪处于愤怒焦虑、压抑失落等消极状态时，有些大学生会及时进行有效的自我调节和控制，尽快消除负面情绪，吸取经验和教训，朝着积极正面的行为出发。但是也有部分大学生陷入这种消极情绪中无法自拔，对新鲜的刺激毫无兴趣和反应，进而越陷越深，出现严重心理问题。因此，大学生在日常生活中要不断培养和提升自己的情绪自控和管理能力，及时引导负面情绪向正面情绪转变，进而产生并长期保持积极向上、乐于奉献的行为。

三、大学生的健康情绪调适

（一）积极情绪与消极情绪的最佳比例

1.积极情绪与消极情绪分析

情绪从性质上可以划分为积极情绪和消极情绪。积极情绪可以为人们提供一种向上的进步力量，对人生发挥促进作用，而消极情绪则恰恰相反。在人际交往中，积极情绪表现为：和别人握手时，表现得热情、诚恳、可信和自信。消极情绪表现为：初次见面时被动握手，接触时距离保持过远，不太注意倾听对方的谈话，对话时相互猜疑，防范多于理解和谅解。当然，在生活中，需要更多地发挥积极情绪的正面作用，而避免消极情绪所带来的负面作用。

（1）积极情绪。积极情绪是当事情进展得顺利时、想微笑时产生的那种美好的感受。情绪的认知理论认为，积极情绪是在目标实现过程中取得进步或得到他人积极评价时产生的感受。积极情绪也可以是对个人有意义的事情的独特即时反应，是一种暂时的愉悦。积极情绪是蕴藏在每个人身体里的能量。当人们开启了积极情绪模式，虽然不能阻止所有坏事情的发生，但是可以保持好的心态，并让生活充满阳光和正能量。不是因为人们身体健康、学业或事业成功、生活幸福才能感受到积极，而是积极情绪帮助人们获得了健康的身体、成功的学业或事业，能让生活走入一个良性循环。积极情绪有很多种，其中最常见的十种积极情绪包括喜悦、感激、宁静、兴趣、希望、自豪、笑（逗趣）、激励、敬佩和爱。每种积极情绪的来源各不相同，具体有以下十点：

第一，喜悦。生活中最常见的积极情绪是喜悦。人们在很多个场景中都能感受到喜悦，如打开邮箱，发现一封老友的来信等。

第二，感激。生活中，人们常常也能体验到感激，例如：老师温和地提出学习建议，帮助学生调整更好的学习方法和计划；父母为自己准备丰盛的晚餐等。

第三，宁静。宁静是在周围安全而熟悉、自身不需要付出太多努力的时候出现的。与喜悦不同的是，宁静要低调得多，它是当人们叹出那长长的、舒爽的一口气时感到的舒服和顺畅；是当人们经过辛苦而有意义的一天后，躺在床上小憩的感觉。

第四，兴趣。虽然人们感到绝对安全，但是当一些新颖或奇怪的事物吸引了人们的注意时，人们会被一种具有可能性和神秘性的感觉填满。与喜悦和宁静不同的是，兴趣需要付出努力和更多的关注。人们被兴趣牵引着去探索，将自我沉浸于正在接触的事物当中。

第五，希望。虽然多数积极情绪都是在感到安全和满足时出现的，但希望是个例外。如果所有事情都在按照希望的方式发展，那么人们就不需要希望了。希望通常在人们境况紧迫时、事情的发展对人们不利时，或者关于事情将如何发展存在着很大的不确定性时产生。

第六，自豪。自豪和以上的积极情绪不同，它是"自我意识情绪"的一种。作为羞耻和内疚的对立面，自豪紧随着成就而绽放。自豪感可以是一种完成一项房屋装修后带来的良好感觉；无论是修理电脑、在花园里耕种，还是重新设计卧室，或者是在学习、工作或者生活中实现了目标，人们都会产生自豪的感觉。

第七，笑（逗趣）。笑和逗趣是联系在一起的。有时一些意想不到的事情就会让人们发笑。朋友品尝了最新创作的菜式后，做了有趣的鬼脸；指导孩子洗衣服时，出现了失误；或者同事对迟到做了幽默的解释，这些都会让人们想笑并感受到"逗趣"。

第八，激励。激励也是一种重要的积极情绪。当人们看到运动员在赛场上拼搏，获得胜利，为国争光时，会受到激励；当看到着急上学的学生耐心地帮助一位年迈的老人过马路时，会受到激励；当阅读一部名著，被主人公坚忍不拔的精神感动时，会受到激励。

第九，敬佩。敬佩与激励密切相关，激励人们的对象往往也是让人们深深敬佩的对象。

第十，爱。爱是积极情绪中最丰富多彩的一种，它可能包含了上面所有的积极情绪感受。在生活中，人们会将上面的种种积极情绪转变为爱。当这些积极情绪所带来的美好感受和一种安全的、亲密的关系相联系，扰动心灵时，爱就产生了。

（2）消极情绪。消极情绪是与积极情绪相对的一个概念，有时也称为负面情绪，它是指在某种具体行为中，由外因或内因影响而产生的不利于继续完成工作或者正常思考的情感，通常包括悲伤、愤怒、紧张、焦虑、痛苦、恐惧、压抑等。在生活中，人们常常会因为各种原因陷入消极情绪中：失去亲人感到悲伤，上台演讲感到紧张，临近考试感到焦虑，和朋友吵架感到痛苦，考试不及格感到压抑等，似乎生活中的各种不如意都会让人们感受到各种各样的消极情绪。

当然，消极情绪也不完全是坏的，某些消极情绪对人们的生存具有重要意义。如恐惧的情绪让人们可以逃离危险，远离伤害，适度的紧张有利于调动全身的力量来应对面临的问题，适度的焦虑可以帮助人们更好地为未来做好准备，悲伤和愤怒可以帮助人们更好地看待情绪体验，并改变他们的行为。但是，如果消极情绪长期占据头脑，就会出现问题，长期的压抑可能造成抑郁，长期的悲伤会让人丧失信心和勇气，长期的恐惧可能会让身体发生病变。在当代社会环境下，个体面临的压力比较大，常常会陷入很多消极情绪当中。消极情绪已经超出个体的承受力，所以才需要不断增加积极情绪。

2.积极情绪与消极情绪的比例

积极情绪可以帮助大学生拥有健康的身心、成功的事业和幸福的生活，无论个人、家庭或组织，能够促进个体蓬勃发展的积极情绪和消极情绪的比例都是3：1，这个比例也称为积极率。如果缺失了消极情绪，个体就会变得不踏实、不真实。如果缺失了积极情绪，个体则会在痛苦中崩溃、压抑甚至绝望。例如，抑郁症患者的积极情绪和消极情绪的比率是1：1，过多的消极情绪会让抑郁症患者时常处于低落、痛苦的状态。

当积极情绪和消极情绪的比例小于3：1时，积极情绪很可能是惰性的，会被消极情绪的影响所淹没。只有当积极情绪和消极情绪的比例大于3：1时，积极情绪才拥有了足够的力量来压倒消极情绪。只有在这个时候，积极情绪的扩展和建构效应才能显现出来。也只有在这个时候，大学生才能在自身的生活中看到积极情绪所展现出来的惊人效应。

个体可以将3：1的积极率作为目标。人们在日常生活中如果体验了一次痛彻心扉的消极情绪，就需要体验至少三次振奋人心的积极情绪才能抵消那次消极情绪带来的不良状态，所以3：1的临界点比值对于大学生的生活具有重要意义，它能够帮助人们摆脱不良状态，并且预测人们在今后的生活中是积极上进还是萎靡不振。对个体而言，在生活中争取积极率高于3：1，才有足够的积极情绪帮助其积极上进。这个比值不仅适用于个体，也适用于一个家庭或者一个大学生团队。

（二）大学生增加情绪积极率的方法

既然积极率是积极情绪和消极情绪的比例，那么就有三种方法来增加大学生的积极率：增加积极情绪、减少消极情绪或者两者同时进行。

1.增加积极的情绪

（1）真诚是重要的。现代生活节奏不断加快，人们往往关注外界，而远离了内心。假装的积极情绪和消极情绪一样是有害的。所以为了增加积极情绪，大学生需要让自身的步伐慢下来，带着真诚用心去看、去听、去感受周围的世界。这种真诚的态度能够给人们带来积极的情绪体验。

（2）找到生命的意义。提升积极情绪的第二个方法是在日常生活中建构和寻找更多的积极意义。大学生常常要面临生活的磨难和考验，无法将消极情绪完全驱除，但是人们仍然可以用积极的方式来定义这些挫折或磨难，建构和提升生活的积极意义，从而增加大学生的积极情绪。

（3）品味美好。品味生活中的美好能够帮助大学生获得积极情绪。品味美好实际上就是在美好的事情中寻找好的方面，让原本积极的事物变得更加积极。

（4）计算善意。有意识地增加个体的善意可以提升积极情绪。当大学生计算善意时，可以促进大学生对周围人表现出更多的善意，关注他人，乐于助人。一旦表达善意，大学生就能从周围的人那里感受到更多的善意，促使善意和积极情绪之间形成良性循环，而更多善意也就意味着更多的积极情绪。

（5）梦想未来。提高积极情绪的简单方法是更加频繁地梦想自己的未来。为自我构想最好的将来，并非常详细地将之形象化。通过这种形象化的梦想未来，可以获得更多的积极情绪。

（6）利用优势。了解和利用自身的优势可以让大学生获得生活中更多的积极意义，并感受到更多的积极情绪。能够利用自身的优势做事或者可以做擅长的事情的人更容易获得积极情绪。利用优势可以让大学生发现自己对生活的独特影响和贡献，体验人生的价值。

（7）与他人走在一起。和谐的人际关系和积极情绪之间是一种相互的依赖关系。与亲人、爱人、朋友等周围的人建立和谐的、温暖的和可依赖的关系，往往能给大学生带来积极情绪。而拥有积极情绪的个体，更容易与人建立联系，易于沟通，带给他人美好的感受，从而也更容易建立深入和令人满意的人际关系。

（8）享受大自然的美好。与大自然的相处可以让大学生拥有更多的积极情绪。而户外运动和活动是比较好的途径。当大学生沉浸在大自然的怀抱中时，会感受到大自然的魅力。大自然的广阔可以让大学生的视野变得开阔，头脑变得灵活，也让大学生将许多烦恼抛之脑后，从而拥有更多的积极情绪。

（9）打开心灵。保持开放性能够提升大学生的积极情绪。打开心灵，就会进入积极情绪所产生的开放性思维空间。当大学生的心灵对美好保持开放，并练习接受它而不是分析它时，积极情绪就会增加。

2.减少消极的情绪

消极情绪并不是来自大学生遭遇的不幸，而是来自如何看待遇到的不幸。情绪ABC理论是人们常用到的能够帮助大学生减少消极情绪的重要方法。其中A是诱发事件（activating event），B是个体对诱发事件A的认知和评价而产生的信念（belief），C是消极情绪和行为结果（consequence）。一般而言，大学生会认为自身的情绪和行为是直接由诱发事件引起的，即A引起C。ABC理论则认为，A诱发事件只是引起情绪及行为反应的间接原因，而B即大学生们对诱发事件所持的信念、看法、解释才是引起情绪及行为反应的更直接的原因。

大学生的情绪和行为与对事物的看法和想法有关，不同的想法导致不同的情绪和行为反应。在这些看法和想法背后是大学生对某些事物的共同观念，即信念。对同样的事件，如果有不同的信念，将会引发不同的情绪和行为结果。甲同学所持有的是合理信念，引发的是适当的情绪和行为反应，而乙同学所持有的是不合理信念，引发的是不适当的情绪和行为反应。如果大学生长期持有某些不合理信念，就会长期处于不良情绪之中，甚至导致情绪和精神障碍。

（1）消极情绪的不合理信念。消极情绪的不合理信念具体如下：

第一，绝对化要求。绝对化要求是以自身的意愿为出发点，认为某一事物必须发生或不该发生，经常与"必须""应该"这类字眼相联系。有绝对化要求特征的信念的不合理之处在于客观事物的发生发展都有一定的规律，不可能按个人意志去运转。持有绝对化信念的个体，当事情没有像他想象的那样发生时，个体就会觉得难以接受现实，极易陷入情绪困扰当中。

第二，过分概括化。过分概括化，即以偏概全，从一两件事情来做自我判断和对别人进行判断。过分概括化的信念，一方面会让大学生产生不合理的评价，一旦出现错误，就会认为自身毫无价值，从而产生悲伤、自卑、自责、自暴自弃等情绪；另一方面，对他人也会产生不合理的评价，一旦他人出现失误，就会认为其很差劲，是个失败者，从而产生愤怒等不良情绪。有过分概括化特征的信念常常让人们求全责备，因此，大学生应该认识到金无足赤，人无完人。无论是评价自己还是别人，应该做到对事不对人。

（2）减少消极情绪的方法。为了减少消极情绪，大学生要学会找到自身的不合理信念，并用合理的信念代替它。从一个典型的事件出发找到诱发事件，然后体会该事件发生后自身的情绪和行为反应。通过反思分析自身在该事件中持有了哪些不合理的信念，对之辩论并用合理信念代替它。大学生不仅需要从思想上改变不合理的信念，还需要在行为上作出改变。如果可以长期坚持，不合理的信念就会越来越少，由它所引发的消极情绪也会随之减少。

除此之外，将自身的注意力转移到愉快的事情上也可以帮助大学生减少消极情绪。如做一些喜欢的运动：慢跑、游泳、做瑜伽、冥想等。还可以做一些活动让自身完全投入其中，和朋友聊天、旅行、读书、玩一些轻松的小游戏等，这些都可以帮助大学生从消极情绪中跳出来。

3.两者并存提高积极率

每个人的情绪都在随时变化着。同样的事件，不同的认识可能产生不同性质的情绪。事物对大学生的意义往往是多方面的，它常常是既有消极的一面，也有积极的一面，因此，积极情绪和消极情绪之间是相对的，可以相互转化。大学生可以通过改变自身的想法和对事物的态度将消极情绪转变为积极情绪，使减少消极情绪和增加积极情绪成为可能。因此，在第三种方法中，可以通过改变环境中的消极因素，加入积极情绪的因素，或者改变事物的意义，从而减少消极情绪感受，增加积极情绪感受。

每个人都是生活的主人，选择积极还是消极都是由自身来决定的。如果总是看到事物不好的一面或者总是看到消极的事物，只会感到悲伤、压抑、自卑。如果换个角度，多尝试看到事物好的一面或者多关注那些积极的事物，多想想高兴的事情，就会自觉地用积极情绪代替消极情绪。而积极情绪一旦被调动起来，会使大脑皮层处于兴奋状态，逐渐减少或者抵消消极情绪的影响。拥有积极情绪的人往往是乐观的人，他可以变通地看待事物，感受事物的美好。生活的遭遇带给大学生消极情绪，但大学生可以创造积极情绪，具体方法有以下两种：

（1）收集积极的情绪。最好将积极情绪进行分类存储，将每种积极情绪收集到一个盒子里。这些物品可以是照片、书籍、信件、礼物等，或者对自身而言具有特殊意义的物品。在盒子上标注这是哪一种积极情绪的收集。随着时间的推移，还可以不断给这些盒子中添加新的东西。最好能将收集的盒子放在手边。如果有一天感到被一些消极情绪拖累时，可以拿出这些盒子，以开放的心态来看它们。保持一种轻松的、心理上的接触，不特意分析。

（2）记录生活中快乐的事情。记录生活中的好事是培育和增加积极情绪的一种简单直接的方法。一开始可能会比较困难，但坚持一段时间后就会逐渐变得容易。❶

---

❶ 宋宝萍. 大学生积极心理健康教育：理论与实践 [M]. 西安：西安电子科技大学出版社，2015：30-50.

第五章　大学生心理健康教育与危机管理

第一节 大学生心理压力与抗挫能力教育

一、大学生的心理压力教育

压力（stress）又称应激，是压力源和压力反应共同构成的一种认知和行为体验过程。压力是个体在生活适应过程中体验到的一种身心紧张状态，也指个体对有威胁的情境或事件做出的保护性反应措施，压力源于主客观要求与自身状态之间的不平衡，一般会通过非特异的心理和生理反应表现出来。

压力体现了环境与心理需求之间、个体需求和能力以及期待之间的张力。因此，从本质上来看，压力是能量的集聚或消耗，源于个体体验到自身和现实之间的不平衡感。积极的压力给个体以力量并可以提高其识别和作业的能力。例如，学生体验到自身储备的知识有限，从而对学习产生兴趣，用以消除自身的"无知"状态。消极的压力消耗能量储备，以维护和防卫的形式增加机体系统的负担。

当个体对当前的生活状态较为满意，自身能力能够自如地应对多变的社会环境，能体会到平衡感，就不会体验到压力。压力源于环境或生活条件的改变，九种类型的生活变化会带来明显的压力，即：①就任新职、搬迁新居、转学等。②恋爱或失恋等。③生病或身体不适等。④初为父母。⑤更换工作或失业。⑥进入青春期。⑦进入更年期。⑧亲友离开。⑨步入老年。另外，工作性质、家庭状况及环境信息都会引发生存压力。

（一）大学生的压力源

压力源又称应激源或紧张源，是指任何能够被个体知觉并产生正性或负性压力反应的事件或内外环境的刺激。从压力性质来分类，可以分为生物性压力源、精神性压力源及社会环境性压力源。依据压力强度来分类，可以分为一般单一性压力和叠加性压力，还有破坏性压力。其中叠加性压力又包括同时性叠加压力、继时性叠加压力。根据个体自身认知体验的不同，压力源又可分为外源性压力和内源性压力。通常，只有当个体意识到情境或压力源具有威胁时，情境或压力源才会产生压力。一些因素影响个体对情境的认知，包括熟悉性、可控制性和可预测性。如果情境是熟悉的、可控的，同时危险可以预测，则个体体验到的压力相对较小；而如果前往陌生环境，所从事的活动自身并不熟练，还具有一定的危险性，个体就会体验到较大的压力。因此，在一般情况下，个体为了避免压力体验，会选择较为熟悉、可控的情境开展相应的活动。

在社会生活中，主要的压力源包括以下四个种类：

（1）工作压力。工作压力产生于人与工作性质之间的交互作用中，其特征是工作要求和活动迫使人偏离正常机能所产生的各种变化。工作压力源主要有以下三类：工作的特征和过程；工作环境和人际关系；工作要求和专业特点。

（2）家庭关系紧张和危机。①消耗性事件，指由于紧张情绪持续的时间较长而产生的危机。②渐发成熟性事件，指家庭生活呈周期性变化，在此过程中产生的转折点。③冲击性事件，指在家庭生活中短期内发生的具有冲击力的事件，家庭成员很难接受或者短期内不适应。

（3）环境压力。①生态压力源。环境污染、噪声及建筑都会对个体形成压力。②偶然性压力源。自然灾害、突发性灾难等。③社会压力源。舆论和流言、生活环境的改变都会形成社会压力。④自我导引压力源。指个体强化自身的责任和使命，常使自己处于压力当中。

（4）灾难性事件。超出正常范围的灾难性事件可能对受害者产生长期的严重影响。经历灾难事件的幸存者表现出如下特点：对世事感觉麻木，缺乏兴趣；在记忆中和睡梦中经常重复出现灾难场面；感到焦虑等。

对大学生而言，不知如何协调大学期间学习与其他任务的时间，不知如何管理自己的时间、金钱、情感和人际关系是最常面临的压力性事件。一些大学生在人际交往方面遇到了难题，与人交往带给自己很大的心理压力，不知如何与他人保持亲密关系，不知该如何拒绝别人等。大学生所经历和面对的一切都是为了更好地适应将来的社会，因此，在大学期间，在保证学习的条件下，可以多参与一些具有自我挑战性的活动，以增强自己的压力抵抗能力，提高挫折应对水平，同时学习该如何管理自己的压力水平。

（二）压力对大学生心理的影响

个体面对压力事件时通常会出现情绪和身体两方面的反应，即个体身心处于应激状态。应激的产生是一种典型的由心理转向生理的现象。先是由于紧张情绪的出现，使大脑的情绪中枢处于兴奋状态，随即向内分泌系统发出指令，使肾上腺分泌出大量肾上腺素，刺激血压升高、心跳加快，使肝脏分解出大量的糖供给血液，提高血糖水平，给大脑和肌肉输送更多的能量，从而使人的反应更加机敏、更有力量。由于在应激状态下，人能够在很短的时间内充分调动自身的全部潜能，所以会表现出一种超乎寻常的力量。但是超常表现是力量的短暂集中、不能持久。若长期处于应激状态，将会导致身心超负荷运行，产生心理障碍或身体疾病的风险就会增加，因此，个体需要避免进入应激情境。一方面，压力有轻重之分，适度的压力不仅对身体无害，反而有益健康；严重而又长期的压力却对身体有害。另一方面，个体体会到的压力大小并无精确的客观标准，每个个体面对相同的压力性事件时，所体验到的压力依赖于个体的主观感受。

由心理冲突引发生理疾病的相关理论有三个：①器官缺陷理论，即生理上存在一个较其他器官虚弱的脏器，当应激因素出现时，该器官容易生病。②某种具体的心理冲突会降低个体免疫系统的免疫能力。③某种危险情境的出现。

压力可以通过心理倾向性来影响个体的身心健康。

压力通过改变个体的免疫系统对个体的健康产生影响。大学生在学期末大考的一周内，免疫系统的功能较平时大幅降低。但是降低的程度却因人而异：个性开放且朋友众多的学生，免疫功能降低较少；个性孤独而缺少朋友的学生，免疫系统的功能下降较多。虽然压力降低了免疫系统的功能，但是下降的效应却具有延后的作用时间。处于压力下的个体免疫系统功能降低，但是并不会立即因此患病，常表现为压力缓解后一段时间才会生病。

（三）大学生的心理压力教育措施

压力会导致现实生活中的个体产生不良情绪，贬低自己存在的价值，反复思考生命的意义。因此，认识自己的个性，对压力进行管理就显得非常重要。压力管理的核心是了解自身、认识自我。按照自己的兴趣从事学习、工作和生活，从根本上拒绝压力源，要遵循"3R减压法"，即放松（Relaxation）、退缩（Reduction）、重整（Reorientation）。3R原则的核心是尽量避免遭遇压力源，尽量放松自己的情绪，适时调整自己的目标或期望值。对已经存在的正面压力、自发压力或过度的压力要正确看待，不盲目抱怨，寻找到一个平衡点。

1.大学生心理压力的应对

学生在面临压力时都有自己惯常的解决方法，如宣泄、倾诉。人们面对压力做出的反应主要有三种：控制式、支持式、回避式。在日常学习生活中，建议大学生在应对压力时主要采用控制式应对方式，适度采用支持式应对方式，尽量少用或不用回避式应对方式。直面问题的本质是解决问题的最优方式，直面问题需要更大的勇气和心理资本。

（1）控制式应对方式。控制式应对方式是从问题出发对应压力，学生根据自己产生压力的原因，有针对性地采取应对方式，应对压力最好的方式是有效地进行时间管理。主要是调整自己的行为方式，促进人与环境和谐。大学生要更加客观地分析事情的原因，更理智和妥善地处理事情，合理地分配时间，通过制订计划让自己变得更加有条理，合理地运用有限的精力，不能贪多，否则反而做不好事情；要根据事情的轻重缓急来处理事情，还要以旁观者的角度去分析问题。大学生还要认识到每个人都会有压力，压力是不可避免的，要以平常心对待压力，化压力为动力。

（2）支持式应对方式。支持式应对方式主要通过个人或者社会资源来应对压力，如释放压力或者寻找宣泄的途径。这种应对行为主要包括：与理解自己或者关系亲近的亲人或者朋友诉说；通过兴趣转移注意力而缓解压力，如跑步、健身、听音乐、旅行、散步等。这一方式的缺点在于个人需要有一定的资源和环境，如果缺乏相应的资源，那么就无法应对压力。

（3）回避式应对方式。回避式应对方式是较为消极的应对方式，逃避压力甚至是自欺欺人地认为没有压力，但是当压力超过个人所能承受的极限时，个人就会处在崩溃的状态。这种应对方式的关键是情绪，它与控制式应对方式不同，压力会引起个人情绪的不适，这种应对方式就是通过不适的情绪来应对压力，主要途径就是转移注意力，不去思考与压力有关的因素。当个人认为自己无法改变现在的状态和环境时，就会采取回避式应对方式，主要方法包括：把问题放在一边不去考虑；顺其自然、不去争抢；躲避或者回避问题。

2.大学生压力管理的措施

（1）宣泄。宣泄是最为常用的一种压力释放方式。宣泄可采取各种办法，例如，可以在没人的地方大声呼喊，可以对着镜子默念"自己很棒"，或剧烈运动、唱歌、旅游等。体育运动、自己动手收拾房间以及做饭等活动对减轻压力非常有益。❶

（2）咨询。咨询就是向专业心理咨询人员或亲朋好友倾诉自己心中的郁

---

❶ 乔茂凤.积极心理学视角下的当代大学生压力管理 [J].福建茶叶，2020，42（2）：252-253.

闷或紧张情绪。无论被倾诉对象能否为自己排忧解难，倾诉本身就是一种很好的调整压力的方法。多数高校均配备有大学生心理健康教育中心，在遭遇挫折、需要缓解压力时，大学生可以选择进行心理咨询。心理咨询是专业心理咨询人员通过语言、文字等媒介物与学生进行信息沟通，以调整大学生心理或情绪的过程。心理咨询可以帮助大学生重新认识和应对压力，关注自己在压力状态下感觉、情绪等的变化，解决其出现的心理问题，调整心态，使其能够正确面对和处理压力，保持身心健康，提高学习效率和生活质量。

（3）引导。辅导员或者其他人员帮助学生改善消极心态并使其行为方式变得积极的方式统称为引导。引导的方法有很多，如培养学生的兴趣和爱好，帮助学生制订比较容易完成的短期目标等。如果学生有自己的兴趣爱好，可以开拓自己的眼界，还可以缓解自身的压力，远离消极的情绪，把精力放在兴趣爱好上，这样能够舒展身心，陶冶自己的情操，实现减压的作用。辅导员或者其他人员还可以帮助学生制订容易实现的目标，学生凭借自己的努力实现目标，享受这一过程和成果，压力就会降低或者消失。

二、大学生的抗挫能力教育

挫折就是当目标和需要遇到无法克服或自以为无法克服的阻碍而不能实现、满足时，人们所产生的紧张、焦虑、愤怒、失落等情绪反应。在我们的现实生活中，每个人都面临着不同的人生课题，在解决这些人生课题的过程中，困难是时时存在的。我们在实现自己目标的过程中，动力性行为会有三种不同的情况：一是无须特别努力即可达到目标，此时需要很容易满足。二是遇到干扰和障碍，但经过努力或采取某种方法仍可达到目标。三是遇到干扰和障碍使目标不能达到，此时需要不能得到满足。在心理学上把第三种情况称为挫折。挫折包括三个方面：①挫折情境：阻碍目标实现的各种主观、客观因素。这种情境状态既可能是实际遭遇的，也可能是想象中的。②挫折认知：对实际遭遇的或者想象中的挫折情境的认识和评价。换言之，如果在现实目标的过程中，客观上有阻碍存在，但是在主观上并无知觉，也不会产生挫折感。③挫折反应：需要不能得到满足时产生的情绪和行为反应，如愤怒、焦虑、躲避等。

（一）大学生产生挫折的原因

人们产生的任何心理挫折都与其当时所处的情境有关。构成挫折情境的因素是多种多样的，分析起来主要包括主观原因和客观原因。

1.大学生产生挫折的主观原因

（1）个体生理条件。个体因生理因素如体力、外貌、健康及某些生理缺陷带来的限制，导致其行动失败，无法实现既定目标。

（2）认知模式。任何心理问题和心理障碍都是有认知根源的，不健康的心理常常源于不健康的认知。所知决定所感，所感决定所行，感受与行为往往是显露在外的，人们很容易就能捕捉到。而认知是内隐的，它决定着人们的行为却不为人们所察觉，这也是挫折心理难以克服的重要因素之一。

（3）人格特征。一般而言，人格特征有缺陷的人倾向于对生活作悲观、消极的评价，容易产生挫折心理。如性格内向、孤僻的大学生在人际交往中就显得很敏感，常常将他人无意的一些动作、话语误解成是对自己的排斥，进而产生抑郁、畏惧等不良情绪。严重的可能会使人产生恐惧心理，出现人际交往障碍。

（4）动机冲突。在现实生活中，人们有各种各样的需要，常常会因为多种需要而产生多个动机，分别指向多个目标。当这些并存的动机相互之间是排斥的，或者由于种种原因不能全部实现需要有所取舍的时候，就形成了动机冲突。动机冲突常常导致部分需要和目标不能满足和实现，于是就造成了挫折。动机冲突也是构成挫折的个人因素的一个方面。动机冲突在我们的生活中是经常出现的，也是大学生的重要挫折源。

2.大学生产生挫折的客观原因

（1）自然环境因素。自然因素是指非人力所能及的一切客观因素。例如，台风、地震、干旱、洪水、疾病、事故等。对于大学生而言，疾病、家庭遭受自然灾害导致贫困等都可能导致挫折感。如当踌躇满志的大学生收到一个极有影响的工作单位的面试通知，并设想着美好的前程之时，一场突如其来的大病却使他不能参加面试，从而丧失了应聘的良机而产生的失落感。

（2）学校环境因素。大学生从高考到入校后的两三年中，普遍存在挫折感，且部分学生曾受到过三次以上的挫折，主要涉及学习目标、政治目标（入党、评优等）及经济自主等，这些挫折的产生除了和学生自身因素密切相关之外，一个不可忽视的影响因素就是学校环境，主要是学习环境、学校管理制度及方式、教师的职业道德与业务能力、班级的氛围等。

（3）家庭因素。家庭的一些潜在或显性的条件，如家庭的自然结构、家庭的人际关系、家庭的教育方式、家庭的抚养方式以及家长的素质等对大学生的心理都有直接或间接的影响。家庭的社会经济状况对大学生的心理有着潜在影响，贫困大学生除需面对所有大学生都会面对的个人发展与就业压力外，还面临着巨大的生活压力与经济压力，因为经济而影响其学业发展与个人发展会导致更多的心理冲突，从而产生挫折感。

（二）大学生产生挫折的影响因素

（1）需要和动机的强度。一般需要越迫切，动机感越强烈，受到阻碍之后的挫折感就越强。

（2）自我期望值。如果一个人的抱负水平和期望值总是高于自己的实际能力，因此无法达到预期目标，就容易产生挫折感，主要有三种情况：①期望值绝对化。要求自己只能成功，不能失败。②过分地概括化。以偏概全，以点概面，即使是喜忧参半的事情，看到的也只是消极的一面。③悲观引申。某一方面失败了，就全盘把自己否定了。

（3）归因不当。对于某种行为的原因进行解释、推测，而归结出与事实不符的原因，易产生挫折感。如有的同学在评优等问题上没有成功，作横向比较的时候不得当，就容易心理失衡，产生挫折感。

（4）个人抱负水平的高低。抱负水平高的人比抱负水平低的人容易产生挫折感。

（三）大学生挫折的类型划分

大学生的挫折类型可以归纳为以下五个方面：

（1）学业挫折。学业挫折是因为学习上的失败或失误而给学生造成的一种心理障碍。学业挫折是大学生挫折心理中比较常见、表现比较突出的一种挫折类型。有的学生对于自己所学的专业不感兴趣，学习动力不足，学习目标不明确；有的学生因为参加各种团体组织，对于学习和其他活动的关系处理失当，无法合理地分配学习时间；有的学生盲目地参加各种社会实践活动，虽然增加了自己的社会阅历，却导致学习成绩下降。

（2）生活挫折。大学生刚刚脱离了父母的怀抱，开始独立的生活，而且大家来自不同的地区和家庭，家庭情况、经济状况、求学经历、生活阅历，甚至地方文化都有所不同，遭遇的生活问题与挫折也不相同。

（3）人际交往挫折。大学生普遍具有强烈的交往意识，重视人际交往，珍视友谊。但是由于大学生来自不同地方，每个人的家庭背景、经济条件、生活阅历、习惯、兴趣爱好等各不相同，有的人比较内向、羞涩、不善交际，有的人以自我为中心，有的人性格开朗、乐于助人等。这些不同性格的同学生活在一起，必然需要一个相互了解、适应的过程，难免会出现诸如同学之间兴趣爱好迥异，习惯、观点不同等引发的各种问题。

（4）健康挫折。健康挫折指由于生理的疾病造成目标不能达成时而产生的挫折感。健康的身体是人生活的基础。有的同学由于体弱多病或者身体有某种残疾，从而产生了自卑心理，自我封闭，断绝与他人交往的机会，或者在交往中不自信，因此感到痛苦，并影响自尊心，使心理受挫。

（5）就业挫折。随着高校毕业生的日益增加，大学生的就业形势日趋严峻，很多大学生在就业的过程中体验到了就业挫折。如有的人不能正确评价自己，缺乏自信，瞻前顾后，没有主见；而有的人却盲目自大，过于自信，结果造成高不成、低不就。这些都容易让大学生产生挫折心理。

此外，在个人的兴趣和愿望方面，大学生因为个人的兴趣和爱好得不到家人的支持，受到限制和责备，或是因为生理的条件不能达到自己的愿望，这些都容易产生挫折感；在自我尊重方面，大学生因得不到教师和同学的信任，或自认为表现很好却没能评上优秀或获奖，自认为有才能却没被选上班干部等，也容易产生挫折感。

（四）大学生挫折反应与行为表现

1.挫折反应的个体差异

由于个体自身因素的影响，在同样的条件下，不同个体的挫折反映在认识上具有不同的特点，有人认为挫折是对自身的考验。同时，挫折反映在行为强度上也存在不同。有人意志坚强，越挫越勇；有人意志薄弱，一蹶不振。另外，挫折反映在时间上也有不同。挫折反应的个体差异通常由以下三个因素引发：

（1）个体的抱负水平。抱负水平指个体对自己要求达到的目标所规定的标准。个体的抱负水平高，挫折感体验较强。个体的抱负水平来自内在的成就动机，成就动机强的个体对未来的期待很高，可以直面挫折，忍受挫折带来的痛苦。

（2）个体的挫折经历。挫折经历增加了挫折耐受力。一个遭受过挫折的个体，他会在认知和行为上增强对同等强度挫折的耐受力。

（3）个体的挫折耐受力。个体的挫折耐受力决定了个体的挫折反应，有的人挫折耐受力强，有的人挫折耐受力弱。意志品质强的个体往往对挫折的耐受力较高，有时他们会通过主动引入挫折来提升自己对挫折的耐受力。

2.挫折的行为表现分析

挫折会产生各种各样的反应，如果长期处于挫折情境或遭遇挫折事件，个体必定形成心理压力，引发生理和情绪上的变化。在受到挫折后，个人会在情绪上表现出消极、愤懑、悲观甚至绝望；在身体上，会表现出血压升高、心跳加速、胃酸分泌减少、各种形式的溃疡等。挫折的行为表现包括以下四种：

（1）攻击行为。挫折—攻击假说认为，任何挫折必然导致攻击行为。实际上，两者之间并不存在必然的因果联系，攻击只是挫折反应的一种。攻击通常包括两种类型：①直接攻击，将引发挫折的人或物作为攻击对象。②转向攻击，即无法直接攻击引发挫折的对象时，转而寻求对"他人"施以打击。

（2）倒退行为。退化是个体防御机制的一种，指人们在受到挫折时所表现出的与自己年龄或身份不相称的幼稚行为，主要包括盲目轻信、固执和逆反。

（3）妥协行为。妥协是对挫折的折中反应，用来消除心理上的不平衡感，主要包括：①自我安慰。个体遭遇挫折后，找出种种理由进行自我辩解。②自我整饰。个体在遭遇挫折后，不将内心的焦虑、烦恼表现于外，而是将挫折心态深藏不露。③成因推诿。把挫折的原因归于外部，以减低自身体验到的心理压力。

（4）积极行为。挫折的经历将有助于促进个体对挫折的应对，有时候，消极待毙并不符合个体的发展要求，因此，对挫折的应对还包括理智性反应，主要有：①升华，将痛苦转化为动力，通过不断努力来应对挫折。②补偿，一个目标受挫，就选择另一个目标作为努力的方向。③改变，当发现目标难以实现后，主动降低目标和抱负水平，或重新选择达到目标的方法。

（五）大学生抗挫能力的教育方法

1.挫折对大学生的作用

生活中的失败、挫折是不可避免的，适度的挫折也具有一定的积极意义，可以帮助人们驱走惰性，促使人奋进。挫折对大学生成长和成才具有积极的作用，具体有以下两点：

（1）挫折可以帮助大学生成长。人成长的过程同时也是适应社会要求的过程，如果适应得好，就觉得宽心、和谐；如果不适应，就会觉得失意。

（2）挫折可以增强意志力。生活中的挫折和磨难能使人受到考验，使人变得坚强起来。挫折在给人以打击、带来损失和痛苦的同时，还能使人奋起、成熟，并从中得到锻炼。

2.挫折承受力的提高方法

（1）正确认识挫折。正确认识挫折，是大学生战胜挫折的前提。

第一，克服错误的思想认识。大学是人生一段重要的旅程，其间充满了紧张与竞争。因此，大学生在大学这条成才之路上不可避免地会遭受学习、生活、人际等各方面的挫折。这是每个大学生都明白的道理。然而，在对大学生挫折的分析过程中，人们发现真正引起大学生挫折感的与其说是他们遭遇的挫折本身，还不如说是当事人对它们的认识以及所采取的态度。例如，一些本算不上挫折的被"认真"视作挫折。我国大学生普遍存在着对挫折认识与态度上的偏差。因此，要战胜挫折，大学生首先要克服对挫折的一些错误认识。❶

第二，建立关于"失败"的正确观念。大学生初涉社会，对"失败"比较敏感，害怕失败，害怕挫折。因此，大学生应先对"失败"有科学的认识，建立关于"失败"的正确观念。在实际生活中，人们把没有成功或没有达到目标

---

❶　张斌，李爽.有效开展大学生挫折教育的方法探究[J].学校党建与思想教育，2021（18）：39–40，43.

都看作失败，但实际上这种看法并不科学。因为人们的许多工作并不能一蹴而就、圆满完成，常常需要经过多次尝试、失败后的不断努力，才能达到尽善尽美的境界。其中每一次失败都可以使人获取更多的知识与经验，以便在下一次努力时更进一步接近成功。大学生在面对挫折、失败时，应坦然面对、泰然处之，没有必要过分担心、害怕。

（2）科学对待挫折。在正确认识挫折、培养良好品质的基础上，大学生需要采取科学、理智的方式战胜挫折。

首先，要避免错误的、有害的行为。

第一，避免愤怒、生气。大学生应尽可能冷静，以具有高等教育素养的大学生的理智对挫折加以正确对待，从而找出解决困难的方法，最终克服挫折。

第二，避免自暴自弃。大学生遇到困难和挫折时，应该以青年的朝气和勇气，在社会、学校、家长、同学的帮助下，以积极的方式克服困难、战胜挫折。

其次，应采取正确的方法与途径。

第一，树立正确的奋斗目标。人区别于动物的最大特点是人的一切活动都是与社会发展相联系的，是有目的、有意识的活动。人一旦树立自己的目标，就会产生一种积极的、愿意为之努力的动力，激励自己不畏艰难、百折不挠地积极进取。换言之，目的性和社会责任感是每个人行为的内在动力。

第二，善于灵活应变与情绪转移。大学生在日常学习、生活中遭受失败时，要善于灵活应变，及时、理智地转变近期目标，改变行动的方向就有可能摆脱挫折情境与挫折感。

第三，增强挫折容忍力。挫折容忍力是指个人遭受打击后免于行为失常的能力，即个人承受环境打击或经得起挫折的能力。一般而言，挫折容忍力低的人遇到轻微挫折就消极悲观。挫折容忍力高的人能忍受重大的挫折，也能坚忍不拔，保持人格的统一和心理的平衡。

第四，建立和谐的人际关系。友情是一种来自心底的力量，别人的认同和友善也是一种肯定力量。要克服挫折，增强对挫折的适应能力，离不开和谐的人际关系。当一个人在遭遇挫折时，若能得到朋友和周围人的理解、关心、鼓励和支持，就会减轻挫折反应的强度，增强对挫折的承受力和适应性。

第五，寻求心理咨询，获得专业帮助。目前，全国许多高校都建立了大学生心理咨询机构，专门负责和解决大学生生活、学习等各方面遇到的心理困惑和心理问题。如大学生遇到挫折，产生焦虑、恐惧等心理，可向心理咨询人员讲述自己的情况。一方面，心理咨询人员都是专业人员，他们能够提供一定的心理咨询专业帮助；另一方面，通过咨询倾诉自己的挫折、焦虑、恐惧等，可以为自己发泄情感提供机会，减轻心理压力。

第二节　大学生网络心理与积极心理教育

一、大学生的网络心理教育

（一）大学生不良网络心理及形成原因

1.大学生的不良网络心理分析

截至2021年6月，我国网民规模达10.11亿，可见网络已经得到广泛普及。网络为人类带来了诸多方便，同时也对人的心理健康造成了一定的冲击。网络及其所构筑的虚拟环境具有很多与现实世界不同的特点，也给当代网络心理教育带来了很大的挑战。因此，清楚地分析网络心理教育过程中面临的挑战，有利于将网络心理教育工作推上一个新的台阶。目前的网络心理教育面临着如下问题：

（1）价值观念混乱。传统社会中，价值观念是依靠社会舆论和人的内心信念来维持的。传统社会由于交往面比较狭窄，在一定意义上是一个熟人社会。依靠熟人的监督，摄于价值观他律手段的力量，传统价值观可以得到较好的维护。在这一熟人社会里，人们的价值观较为清晰，行为也相对严谨。然而，一旦进入谁也不知道交往对象是谁的网络领域，有熟人监督的防线便很容易崩溃，以致社会舆论、传统习惯的监督和评价作用降低。目前网络管理还需要更加完善，再加上大学生对网络的特点、作用没有充分了解，传统价值观面临了巨大挑战。

网络催生了人与人之间新的交流方式，人们用网络交流工具代替了人与人之间的面对面交流，就算是一个寝室的大学生有时也不会面对面说话。这样的沟通方式虽然便捷，但是让很多大学生的心理在虚拟环境中日益封闭，人与人面对面沟通的能力退化。他们在与人交往时，会出现恐惧、自卑、害羞、封闭心理，宁愿缩在自己的个人世界里，慢慢变成社交缺失的人。随着信息技术的发展，一些学生由于长期沉迷于网络所形成的虚拟世界，正逐渐脱离现实世界，脱离社会人群，与集体交往的次数日益减少，逐步远离集体，其基本社交技能可能退化。

（2）网络冲击。网络最基本的功能是通信功能，还有一个重要的功能是资源共享。网络以强大的资源保障人们构筑了一个不同于现实且充满了诱惑的虚拟社区。在这个虚拟社区里，人们可以通过交友聊天、买卖等来满足自己的好奇心。这些特有的功能深深地吸引着广大大学生。同时，也有相当一部分大学生沉迷于网络游戏而不能自拔。还有很多大学生在回到现实生活之后，因忍受不了现实世界和虚拟世界的巨大落差而产生了各种各样的问题。

（3）网络成瘾。网络成瘾主要是指人对网络过度依赖而导致的一种心理异常症状，以及伴随的一种生理性不适。在中国网民中，大学生正成为网络成瘾的高发人群。许多大学生因为网络游戏、上网聊天成瘾而不能自拔，甚至有的大学生的人生观和价值观受到了影响。

2.大学生不良网络心理的形成

大学生网络心理既然出现了问题，那么就会有导致问题出现的原因。这些原因可以分为主观原因和客观原因。大学生网络心理问题是一种复杂的社会现象，它由个体、家庭、学校及社会环境等多方面的因素共同构成。

（1）主观因素影响。

第一，大学生的年龄一般在18～22岁，这一年龄阶段是个体由不成熟到成熟、由不定型到基本定型的重大转折时期，也是个体发展的一个关键时期。在这个阶段，大学生的好奇心、求知欲都很强，思维活跃，头脑敏锐，接受新事物快，但是他们的阅历浅，世界观、人生观和价值观都没定型。因此，他们在网络的影响下很容易有心理问题。

第二，自控能力缺乏。自控能力是个人对自身心理和行为的主动掌握，是坚持不懈地保证目标实现的一种综合能力。大学生自制能力普遍比较差，他们的认知和行为往往不能协调一致，知行脱节，表现为意志力薄弱，不能完全控制自己的行为。网络本身是一个极具诱惑力的刺激源，这会使一部分大学生由于自控力不足而发展成网瘾，学生主观上也希望能摆脱网瘾，但是由于缺乏自控能力而导致戒瘾失败。

第三，个人交际能力差。大学阶段是一个关键的阶段，大学生人际交往意识非常强烈，交往领域扩大，这个年龄段尤其渴望与异性交往，但又相对缺乏交际能力。有些大学生自私自利，不尊重人，让周围的人都无法与其靠近；有些大学生一直独来独往，不喜欢参与社交活动；有些大学生存在认知偏差，不讲交往的技巧，导致在人际交往中充满了困惑。总体而言，大学生的人际交往意识强烈，但在现实生活中没有得到相应的满足，这就使得他们把目光投向网络交往。网络交往是以人机对话的形式进行的，可以忽略我们所处的现实环境，与一个看不见的人通过网络进行思想上的交流。因此，这种交往方式在一定程度上可以缓解人们的心理压力，也可以使人们的交往需要得到一定的满足。

（2）家庭因素影响。

第一，家庭教育不当。大学生网络成瘾与其所处的家庭环境和受到的家庭教育有很大的关系。首先，一些学生的家庭教育的缺失导致他们不能正确地认识社会，经常出现情感淡漠、空虚、孤独、抑郁等心理特征。此时，网络可以让他们抛开现实的烦恼，找到自己的尊严和快乐。其次，家长对孩子的行为过多干涉，孩子有过错时严厉惩罚，看不到孩子的优点，一味地否定孩子的优点，打击他们的积极性，给孩子过多的压力，不讲究对进入大学阶段的孩子的教育管理方式。这时，孩子就只好寻求其他途径来满足自己的愿望和需求，网络就成为他们逃避现实的好去处。最后，家庭的关爱过度也会导致大学生网络心理问题的产生。新时代大学生从小就被娇生惯养，长辈们无论是在物质上还是精神上都对他们慷慨大方，这就使得孩子们我行我素、随心所欲，缺乏感恩的心。这也是他们对网络形成依赖心理的一个重要原因。

第二，家庭经济的差异。因为家庭经济原因，一些学生到了大学才接触网络。一开始，他们对网络充满了好奇心，拥有电脑之后，他们就会花更多的时间去学习和使用网络。而另一些家庭经济条件好的学生虽然较早接触网络，但一直受到父母的约束，一进入大学的校门，他们有了自己自由支配的时间，再加上大学生活比较单一，这就造就了他们对网络的依赖心理。

（3）学校教育影响。

第一，高校心理咨询工作缺乏。目前，高校思想教育体系缺乏专业化的心理咨询队伍，开展心理咨询工作的渠道、途径单一，以至于很多大学生不愿意走进心理咨询室的大门，所以大学生缺乏心理交流的对象，试图从网络中寻找情感寄托，长期沉溺网络中而形成了对其依赖的心理。同时，学校的应试教育只重视智力教育，而没有将培养学生的心理素质渗透到其中，忽略了对大学生健康人格的教育与培养。如果学校只重视大学生的成绩，对大学生犯的错误一味地指责和批评，这样就可能会使大学生对学习更加反感，从而进一步将大学生推向网络这个虚拟世界，造成他们对网络的依赖心理。

第二，高校教育网站功能受限。高校教育网站功能有限，导致大学生网络心理教育只能采取传统的单向灌输模式，取得的教育效果不佳。大部分高校的教育网站只是新闻信息发布平台，虽然内容显得很丰富，但主要是一些说教性的文章，大学生对这些信息不感兴趣，所以很少进这些网站。换言之，这些网站存在着大学生的参与面小、内容综合性差、网上教育与现实教育严重脱节的问题。这些网站对大学生而言缺乏吸引力和互动性，在很大程度上削弱了网络心理教育的实效性。

第三，学校对非官方网站控制不足。随着网络信息技术的发展，个人申请开设网站及网页已经成为一种普遍现象。近年来，高校也有一些大学生利用学校的名义在校园网之外开设各种各样的论坛和网站。当然，这些网站租用了商业服务器，因此，它不受学校的管理，但能迎合大学生的口味和兴趣，发布一些吸引大学生注意力的信息，在大学生中的影响力逐渐扩大。这些非官方网站，注册人数动辄数千人，每天更新的内容很多，网站的点击量往往超过学校的官方网站。然而，这些非官方网站或论坛由于主办者管理不善，疏于引导，从而导致不良信息泛滥，内容质量低下，而学校又无法掌握管理权，使得大学生受到很大影响。这也是学校对大学生网络心理教育实效性不高的重要原因之一。

（4）社会环境影响。

第一，网络具有很多特点，如开放性、隐匿性、交互性、平等性等。这些特点能使大学生实现自我价值，得到他人的虚拟关怀，让大学生产生满足感，从而对网络产生心理依赖。校园文化环境也会对大学生产生不良影响，如果学院、班级尤其宿舍中有多人沉迷网络，大学生们回到宿舍的第一件事就是打开电脑，沉迷于网络，与此相关的话题就会较多，共同语言也较多。由于环境的变化，在一个新的环境中，有的大学生不善于自己独立生活，缺乏一定的交往技巧，稍微有一点困难和小挫折，他们就会很苦恼，不敢直面生活上的挫折，部分大学生会选择逃避面对，逃进网络这个虚拟世界中，形成网络依赖。

第二，高校周边环境复杂。一些高校周边的网吧很多，这些对还没有足够抵制力的大学生而言无疑具有很大诱惑力，导致很多大学生沉迷于网络游戏。它们对大学生产生了严重的精神危害。另外，一些不法分子通过网络上传或发表一些不负责任的信息，这些很容易造成某些大学生的思想混乱。这些不良信息更容易诱惑大学生，使其对网络产生更大的好奇心，因此，这也是大学生依赖网络的重要原因。

第三，文化生活不丰富。高校有各种长假及周末，大学生余暇时间较多，而校园文化生活内容又比较单调，形式单一，满足不了大学生参与各种类型活动的需求，因此，在休息时间，部分大学生会感到空虚和无聊，需要找到合适的活动来消磨时间，上网是他们比较容易接受的消遣方式。

（二）大学生网络心理调适及教育

大学生的网络心理及其教育的实效性更是一个重要的研究课题。因此，随着网络技术的不断提高和互联网的迅速普及，探索大学生网络心理健康教育的途径就显得非常必要。

1.大学生的自我心理调节

（1）加强马克思主义基本原理的学习。大学生要坚定理想信念，树立正确的奋斗目标，从而树立正确的世界观、人生观和价值观，学会分析问题和解决问题的科学方法，明辨真假，分清是非，增强抵御网络环境负面影响的能力。

（2）树立正确的网络观。人类要对自己的行为负责，大学生也要对自己的行为负责。防止大学生沉迷网络，大学生自身是关键。上网要有目的性和时间性，切忌盲目性和随意性。从网上汲取知识是大学生活的重要组成部分，是顺应现代社会进步和发展的必然要求，但关键是要根据学习的要求和生活规律合理地安排上网的时间，养成有计划、有目的地上网习惯。当代大学生要有高尚的情趣，以学业为主。上网的目的是更好地学习科学文化知识，而不是把上网作为逃避现实生活问题或消极情绪的工具。大学生的课余活动应以能提高自身身体和心理素质为方向。网络是新生事物，大学生应该在教师的指引下探索网络知识。理想是青年的脊梁，但对理想的追求具体体现在日常活动中，而不是体现在网络这个虚拟世界中。大学生应该将个人奋斗与社会的发展相结合，并具体落实到学习和生活中去。大学生只有树立了正确的网络认识，才能正确地使用网络，通过网络获取自己需要的资源，准确地把握自我，规划属于自己的未来。

（3）加强自身的心理品质和控制力培养。对于个人而言，只有自律才能既充分体现其自尊、自主和自由，又充分培养其自我控制力，养成良好的慎独习惯。在如今这个网络社会里，由于信息含量巨大，各种文化与价值理念交织纷纭，各种诱惑比比皆是。网络社会又是一个充满自由的多彩世界，大学生会因为认知偏差或侥幸心理而产生心理困惑与矛盾。在缺乏较强他律，甚至几乎不会感受到较直接的他律影响力的网络虚拟社会，自律就显得尤为重要了。大学生只有充分认识到这一点，才能更理性地对待生活中的一切困难，而不是任性地放纵自己，要以道德化的网络正常运作取代肆意践踏网络资源的行为，做一个有着良好的心理品质和自我控制力的优秀大学生。

（4）积极参加社会活动，逐步摆脱对网络的依赖。大学生自由支配的时间很多，大部分大学生室内活动较多，户外活动较少，模拟体验多，而生活体验相对少。大学阶段是人际交往能力和人际关系形成的重要时期。网络交往由于与传统的具有亲和力的面对面交往大不相同，所以往往难以形成真实、可信和安全的关系。网络具有跨越时空的特性，虽然实现了形式上的"天涯若比邻"，但是同时也会出现"相见不相识"的情况。因此，大学生在热衷网络交友的同时，也要提醒自己不要忽略与朋友相处的时间，学会区分虚拟社会与现实社会的不同，积极地投入学习生活中去。要勇敢地面对现实世界，积极参加各种丰富多彩的课余活动，积极参加增强人际关系沟通技巧的课程或活动，使自己能够提高沟通能力，并增进自己在人际沟通方面的自信，多方面拓展自身的人际关系圈，形成健康的人际关系。要学会在现实中寻找意义和支持，重新调整自己，保持网络世界和现实的平衡，充分体会现实世界的意义，多开展实际活动，在活动中陶冶情操并从中得到支持。

（5）主动寻求心理咨询机构的帮助。很多有网络成瘾倾向的大学生觉得自己心理负荷太大，容易敏感、退缩和逃避，往往不愿意主动寻求他人或心理咨询机构的帮助。因此，大多数网络成瘾的大学生是在教师和身边的同学发现后，被建议到心理辅导中心接受咨询的。事实上，有网络成瘾倾向的大学生从心理咨询机构获得帮助将是克服网络成瘾的有效途径。因为心理咨询人员会根据他们的成瘾程度，从专业角度有针对性地采取必要的心理咨询和治疗措施。例如，对求助者开展认知行为训练，或者采用现实疗法等一系列方式，使求助者面对现实，从而学会逐步解决自身的困扰。心理咨询和辅导是他们恢复身心健康的非常有效的途径。因此，有网络成瘾倾向的大学生不要选择逃避，要勇敢、积极、主动地面对自己的问题，做自己的主人。

当然，除了大学生本人之外，家庭、学校、社会也应该加大力量，为大学生创造良好的信息网络环境，使其真正成为大学生自我学习、自我提高、互相促进、共同进步的阵地。因为这不仅直接影响到大学生网民群体的网络意识和网络行为，而且对建设积极、健康的网络文化，促进信息网络的快速健康发展，在全社会形成良好的网络氛围具有重大的意义。

2.构建和谐的家庭教育

家庭是孩子的第一所学校，父母是孩子的第一任老师。家庭教育是影响大学生网络心理的一个重要因素。家庭教育是一切教育的基础，其不仅是学校教育的基础，更是学校教育的补充，但我们的教育往往重视学校教育而忽视家庭教育。大学生的网络心理教育应该重视家庭教育，使其成为学校教育和社会教育的延伸和有益补充。

（1）创设情感丰富的家庭环境。父母对子女的影响是终生的，父母不仅要为子女提供物质上的供给，更重要的是提供精神上的引导及情感上的支持，还要注意不要由于家庭不和谐等给子女带来一定心理上的压力。学生进入大学后，突然离开家庭娇宠的环境，情感上与父母一时难以割舍，所以，父母要充分利用和孩子相处的时间去了解孩子的真正需求，尊重他们的个人选择，采取民主的管理方式，做到理解而不溺爱、民主而不放任、疏导而不压制，争取和孩子做朋友，和孩子谈心，给孩子树立一个乐观、积极的榜样。

（2）建设家校互动机制。家庭教育是基础，学校教育是重点，因此，在对孩子的教育上，要加强家庭和学校的沟通。此时，学校就可以利用自己的网络平台与家长沟通。学校理应让家长了解学校的发展变化，参与学校的建设，将大学生在校的思想、学习、生活等情况告知家人；家长也应把孩子在家的表现、动向及时向学校反馈。这样可以帮助学校和家庭更加充分地了解和把握大学生的思想动态，从而有针对性地调整教育的内容、方法和手段。

综上所述，学校应该建立一种有效的互动机制，学校教育具有计划性、系统性等特点，但是家庭教育具有亲切性和自由性的特点，如果两者能结合并进行有效互动，就会丰富教育的内容和形式。

首先，学校可以定期邀请大学生家长到学校座谈，了解大学生的情况，开展一些家庭教育讲座，聘请教育经验丰富的家长做大学生的义务辅导员等。

其次，由于大学生的家境各异，父母所受教育不同，学校可以根据大学生的家庭情况开展形式多样的教育工作。例如，组织大学生到经济条件较差的家庭去体验不一样的生活；也可以组织大学生到教育背景较好的家庭去接受感染和熏陶；还可以开展"家庭结对子"活动，一家帮一家。

最后，可以结合当前社会的热点问题开展家庭辩论会，展示各自观点，从激烈的思想交锋中发现大学生的真实想法，从而加以引导，提高他们正确分析社会现象的能力。

（3）提高大学生的实践能力。家庭教育最基本的内容不是教孩子掌握多少知识，而是教会孩子怎样与他人建立联系，处理生活中遇到的一些难题。家长要根据大学生的个性特点、生活习惯和兴趣爱好，创造条件，大胆地让大学生在生活中实践、锻炼，让他们独立面对困难、面对挫折，使他们能正确处理好人际关系，培养强烈的自主精神，养成良好的道德品质。可以结合各种主题教育活动，让大学生以家庭名义参与文明家庭、文明街道、文明卫生社区及社会主义新农村建设等活动，利用所学知识，积极倡导健康、文明的生活方式，带头营造积极向上的人文氛围，提高自身适应能力、号召能力、组织能力和社会活动能力。

3.加强高校教育环境调适

在当前由应试教育向素质教育转轨的过程中，心理健康教育占据着极重要的地位。家庭教育固然重要，但当学生步入校门，学校教育在学生心理健康教育上也充当着重要的角色。学校应从课程设置、师资队伍、校园文化环境等各个方面有针对性地开展心理健康教育。

（1）建立一支素质较高的网络心理健康教育工作队伍是提高网络心理健康教育实效性的人员保证。网络心理健康教育工作队伍应该熟悉和掌握大学生心理健康的现状和发展规律，要有较高的心理健康教育理论水平，还要能够跟踪和了解网络发展的现状，熟练地运用各种信息网络技术，这样才能够保证网络心理健康教育工作有效地开展。所以，培养一支既具有较高的心理健康教育理论水平，了解和掌握大学生心理健康的现状和发展规律，又能有效地掌握网络技术，熟悉网络文化特点，能够在网络上进行心理健康教育工作的队伍，是加强大学生网络心理健康教育实效性的人员保证。

（2）高校的一些职能部门参与网络心理健康教育管理工作，成立网络心理健康教育小组，是提高网络心理健康教育实效性的组织保证。高校开展网络心理健康教育要增加一些投入网络心理健康教育管理的职能部门，成立网络心理健康教育管理和领导小组，加强对网络心理健康教育工作的重视。同时，需要配备专职工作人员协助进行教育，建立相应的管理制度。另外，要加大经费和设备投入，开设网上党校、网上团校、心理咨询、学生生活服务、校务公开征询等网上栏目，努力提高新形势下高校心理健康教育工作的实效性。

（3）建立、健全校园信息网，正确引导青年大学生获取网上资源的需求。建立一些比较完善的站点，多装一些最新软件，供大学生下载使用。将学校的宣传内容制成网页，这样既能提高大学生浏览的兴趣，也达到了宣传的效果。另外，还要定期推荐一批好网址，以此指导大学生正确上网。同时，要增加专业信息资源，可以在校园网中多设一些权威性的专业学术站点，设立一些有实在内容的专业学术主页，这样更有利于大学生学习专业知识。将网络有机地应用于教学过程中，即在加快教学软件开发的同时，加强其在教学中的应用，尝试用网络教学代替部分课程，改善原来的教学方式。学校要调动教师利用网络教学的积极性，在教师中普及网络教学的基本知识，使他们能通过网络为学生提供更多有用的信息。例如，将教学讲义发布在网络上，利用网络加强大学生与教师的联系，这样既可以加强师生的情感交流，又可以提高大学生的学习兴趣，一举两得。

（4）重视网络技术发展的新变化。在信息时代，网络技术是网络心理健康教育最基本的实现基础和运行机制。网络技术的发展和普及也为加强和改进大学生网络心理健康教育工作带来了新的挑战。所以，高校心理健康教育工作人员应主动加强有关网络知识和技能的学习，开展形式多样、生动活泼的心理健康教育活动。在此基础上，心理健康教育工作者要善于利用新技术为大学生网络心理健康教育服务。各种信息软件的普及，如微博、微信等，使每一个心理健康教育工作者都具备了在网上建设教育基地的能力。网络技术是一个不断发展着的技术群，各种显性、隐性的网络心理健康教育活动都依托这个技术群而发生、开展。不同的技术手段及其蕴含的理念对大学生的影响各不相同，因此，必须加强对网络技术理念的深入研究，立足于大学生成长、成才的需求，为大学生网络心理健康教育提供技术保障。

二、大学生的积极心理教育

（一）积极心理学及其研究发展

积极心理学是指对生活中的美好部分进行研究的科学，具体关注积极的主观体验（幸福、愉悦、感激、成就）、积极的个人特质（个性的力量、天分、兴趣、价值）、积极的机构（家庭、学校、商业机构、社区和社会）。积极心理学的研究重点是人自身的积极因素，其主张以人固有的实际的、潜在的、具有建设性的力量和美德为出发点，强调心理学不仅要帮助处于某种"逆境"条件下的人们知道如何求得生存和发展，更要帮助那些处于正常境况下的人们学会怎样建立起高质量的个人生活与社会生活。积极心理学为人们带来的好处在于：让人们发现并发挥自身的优势；教人们从正面提出问题；培养积极的心态；塑造健康的身心模式。

积极心理学强调的焦点概括起来包含了三个层面：①积极心理学是从积极的层面上关心人的积极情绪体验，主要探讨人类的满意度、快乐感、幸福感、乐观和忠诚。②积极心理学关注个人成长过程中的积极的心理特征，如价值观、世界观、人生观、创造力以及人际交往能力等。③积极心理学从社会公德的方面，关注人的美德、职业道德、社会责任感和家庭责任等方面。关于积极心理学的内涵，具有代表性的表述主要有以下两种：

第一，谈到心理学，经常固化地给人一种消极、焦虑的病态印象，使人自然而然地将心理学与心理疾病联系起来，积极心理学则是对人类这种常态化认知的转变，它更加注重健康、勇气这些正面思维，引导人类勇敢追求健康的生活状态。首先，积极心理学充满了人文关怀，强调人的内心感受，不局限于表面，而是深入人的内心世界，倡导一种乐观主义精神，鼓励人类积极追求幸福，提升内心的满足感、愉悦感；其次，积极心理学有利于个人能力的提升，能够促进个人的成长与进步，通过积极向上的正面引导，帮助个人树立正确的人生方向，并激发人类内在的潜能与勇气，使人充满对生活、工作的热忱；最后，积极心理学关注人类优良品质的塑造，成就了众多品格高尚的社会公民，他们具有强烈的社会责任感，对社会和家庭都充满了爱与热情，有利于社会和谐与家庭美满。

第二，积极心理学从全新角度阐述了心理学的定义，主张关注人类如何在良好的状态下更好地发展、生活，鼓励人们勇敢追求幸福，倡导一种快乐的生活方式；同时，积极心理学使个人的天赋和才能得到激发，人格魅力得以充分展现，增强了人际交往能力，人际关系更加和谐；另外，积极心理学涉及中华传统美德的宣扬与传承，促进了和谐社会、文明社会的构建。

1.积极心理学的意义

（1）平衡心理学价值。积极心理学采用科学的原则和方法来研究幸福，倡导心理学的积极取向，以研究人类的积极心理品质，关注人类的健康幸福与和谐发展，它不仅强调人们面对困境时要多思考，也指出在顺境中要积极正确地对待身边的人和物。积极心理学通过恢复积极力量与积极品质在心理学中的地位，体现心理学价值的平衡。

（2）完善心理学功能。积极心理学对当代心理学功能的完善体现在以下两个方面：

第一，通过正向的心理评估与测量实现对人的全面理解。评估和测量是心理学的重要功能之一，积极心理学的兴起使得心理学的评估和测量变得更加全面、更加准确。积极心理学提供的是正向的心理评估与测量技术和标准，因此，积极心理学的出现可以帮助心理学实现对人的全面理解，从而实现心理学功能的完善。

第二，通过积极心理或行为干预体现真正的健康关怀理念。人的发展主要依靠自身具有积极的积累，而不仅是问题的消除。积极干预是通过增强人的积极力量或积极品质来实现问题的消解以及对健康心理的维护。积极干预不仅帮助人们消除了问题，而且开发出了人类自身的积极品质。

（3）拓展心理学应用。从当前的发展态势来看，积极心理学不仅在心理学领域里取得了巨大的成就，而且其思想已经渗透进了多个社会领域。

第一，积极心理学在管理学领域中的应用研究集中在积极组织行为学上，通过直接收集领导和员工反馈的实证研究，探讨心理资本及希望、乐观和坚韧性三种积极心理状态以及员工的工作绩效、组织承诺和组织公民行为之间的关系。结果表明，员工的希望、乐观和坚韧性三种积极心理状态与其工作绩效、组织承诺和组织公民行为成正比关系，状态越佳，积极影响越明显，而三种积极心理状态合并而成的心理资本与后者的影响同样呈现出正比关系。

第二，在经济领域中，积极思想也取得了卓越的贡献。收益和损失是经济学对经济行为结果的两种不同定论，同样可以反映出不同人的心理状态。在实际生活中，人们往往会在利益结果上做出两种选择：①为了获得高回报收益而铤而走险。②为了获得可接受范围内的理想收益而规避风险。

第三，积极心理学在教育学领域的应用主要表现在积极教育。从教育的初始阶段就充分"激活"并注意保护受教育者的积极因素——天生的求知欲、自我意识和自我实现的进取心，因势利导地进行适当的教育，通过使他们得到积极体验从而开发受教育者更大的积极潜力，那么学习过程就会变得非常愉快，成为又一次的积极体验。在教育学领域积极引入积极心理学的方法，与过于关注培养、发现学生应试能力以及改进学习问题的传统教育方式形成鲜明对比，逐渐成为各学校积极探索教学新模式的首要选择。

总而言之，积极心理学是近年来具有长远积极现实意义、适应现代社会发展的新型学科，在释放负面情绪、负面压力，激发动力和正能量方面将发挥重要作用，并将逐步渗透到社会学、教育学、经济学、管理学等重要领域，成为心理健康培养的重要内容。

2.积极心理学的理论

（1）人本主义心理学。人本主义心理学是西方心理学史上的一次重大变革，它为心理学走上研究人或人性的科学道路上做出了历史性贡献。人性本善论是人本主义心理学基本的人性观，也是人本主义的动机论与人格论的出发点和理论支柱，其认为在适当的成长与自我实现的环境中，人性善良，至少表现为中性，它丰富了关于人类精神生活研究的内涵，如人的价值、生活意义、自我实现、意识状态转换等，批判了传统心理学把人非人格化和无个性化的倾向。人本主义心理学所倡导的关于人或人性的积极面，与积极心理学肯定人的积极、乐观、正能量的内涵类似，因此成为推动积极心理学发展的重要来源之一。

（2）建构主义思想。步入现代社会以来，心理学也在不断地与时俱进，构建主义作为一种新的学术思潮，为心理学的发展提供了新的理论基础。建构主义是一种关于知识和学习的理论，强调学习者的主动性，认为学习是学习者基于原有的知识经验生成意义、建构理解的过程，而这一过程常常是在社会文化互动中完成的。人类积极与消极的心态实质上是选择的构建，也是主动追求的一种结果。

从这个层面来讲，一个人主动构建的心理状态系统往往直接影响着建构的行为应对系统，主要表现在其心理状态系统与行为应对系统的正相关性，即积极应对积极，消极应对消极。同时，积极心理学也在与现代思想的融合碰撞中开启了自身的建构过程，如构建的积极人性观、积极道德品质等。

3.积极心理学的特性

（1）倡导积极的取向。积极心理学是致力于研究人的发展潜力和美德等积极品质的一门科学，积极心理学从关注人类的疾病和弱点转向关注人类的优秀品质，将散落在心理学领域中的有关积极内容的研究集合在一起，用客观实证的方法来探索人类的积极品质和力量，倡导人类要用一种积极的心态来对人的许多心理现象作出新的解读，并以此来激发每个人自身所固有的某些实际的或潜在的积极品质和积极力量，从而使每个人都能顺利地走向属于自己的幸福彼岸。

（2）实现价值的回归。积极心理学不仅将着眼点放在积极品质的发掘与塑造上，更关注人类生存与发展，强调人的价值，使得心理学将研究视野从过多关注消极层面转到关注人类价值层面。积极心理学倡导以积极的、乐观的心态去认识世界、改造世界，努力探索人类在良好的社会氛围下如何创造幸福美满的生活，是一门教会我们如何学习生活的学科。

（3）坚持科学的实证。积极心理学的研究方法是在"扬弃"其他心理学分支研究方法的基础上发展而来的，具有个性化的研究方法。尤其要说明的是，积极心理学的研究方法实现了人文思想和科学技术的双重结合，既凸显了以人为本的中心思想，重视探讨人性中积极乐观等正面心理机制，同时又将操作性定义、评估方法、实验方法、干预手段、结果验证等科学方法引入研究过程中，做到了科学性与实践性的有机统一。

4.积极心理学的研究

（1）积极心理学的研究主题。

1）积极的体验。积极的体验可以从人们对过去、现在及未来的感受来分析。回首过去，幸福而满足；面对现在，快乐而充盈；展望未来，现实而乐观。

第一，幸福感。幸福感是指人类基于自身的满足感与安全感而主观产生的一系列欣喜与愉悦的情绪，是社会心理体系一个重要组成部分。当代社会日新月异的变化使心理学的研究内容日益丰富，心理学已经不再仅追求个人内心的一种主观感受，而是增加了生活幸福感与社会幸福感等外在因素。各种因素相辅相成，人类的幸福感也变得多姿多彩。所谓社会幸福感是指个体对与他人、集体、社会之间关系质量的评估，社会幸福感为现代幸福感的研究打开了新的视角。社会幸福感是衡量社会和谐与文明发展程度的一个重要指标，公平公正的宏观社会环境以及融洽和谐的社会氛围会使人们的幸福指数增强，同时，人类对社会幸福感的意愿表达也为和谐社会的构建指明了方向。

第二，快乐。快乐是人类精神上的一种愉悦，是一种心灵上的满足，是由内而外一种非常舒适的感觉，更是一种开心、愉悦的生活状态。快乐是一种心境，一个人是否快乐，关键取决于自我，善于发现快乐、感受快乐的人，其生活中处处充满阳光，每一天都温暖而灿烂，而不快乐的人总是看到生活的阴暗面。一个人快乐与否，总在不经意间影响着他们的选择与判断。研究发现，快乐的源泉多种多样，美满的家庭、稳定的工作、和谐的人际关系，都会增加人的快乐感。

第三，积极情绪与健康的关系。积极的情绪可以增加人的心理资源，积极情绪有利于身体健康。积极情绪不仅能够降低传染性疾病的感染风险，还能影响非传染性疾病病情、病程及死亡率。反观消极情绪，带有消极情绪的人在面对重大事件或疾病的过程中会形成超负荷的压力，不利于身体健康和疾病治疗。此外，积极情绪可以增加个体的人际资源，有助于个体保持良好的情绪，建立健康的生活方式，并促进人际问题的解决。

2）积极的人格。积极人格特质是任何事情成功的基本要素，也是积极心理学研究的出发点。积极的人格包括了积极品质、美德、自我决定论、乐观、创造力等众多优秀品质。

第一，美德。美德是积极品质中最为突出的特性，这种特性突破了不同地域风俗的限制，得到社会大众的一致认可，成为人类代代传承的优良品质，也是推动社会进步的重要力量。

第二，自我决定论。自我决定是一种关于经验选择的潜能，是在充分认识个人需要和外部环境的基础上，个体对自己的行动做出自由的选择，强调了个人主观能动性的发挥。个体的这种行为是自动的自我整合，个体因此能充分地接近其认知资源和创造性资源。自我决定论假定所有人都有基本需要，人际关系和组织对个体心理需要的满足具有重要影响，如果不能维持一个人的自主性、能力和归属需要，就有可能抑制他们表达内在动机的行为以及成长的能力。

第三，乐观。乐观也是积极人格研究中的重点之一。拥有乐观心态的人，往往会看到所遇人、事、物的积极属性，并选择性忽视消极属性。这样一来，虽然乐观心态的人看到的更多是生活的美好，但却是一种盲目的乐观，创造出的是一种虚假的现实感，掩盖了生活的多样性，无法触碰到生活的本来面目。基于此，心理学领域提出了"现实的乐观"，既要用乐观的心态来看待人、事、物，又要看到生活的现实性。现实的乐观介于过于悲观和盲目乐观之间，既承认消极的存在，又不会完全局限在消极中。这种观点很好地诠释了积极心理学的内涵，即可以使人们感知生活的方方面面，提高个人适应现实社会的可能性。

第四，创造力。创造力是产生新思想，发现和创造新事物的能力，是成功完成某种创造性活动所必需的心理品质，也是现代社会人才培养的重要内容。作为积极心理学的重要研究内容，创造力主要表现为发散思维和变通能力，天才往往具有极强的创造力，他们在自己擅长的领域能够表现出极强的积极主动性和创造性，而这种天生的能力和属性大多与生活和家庭环境有关。

3）积极的组织系统。关于积极组织系统方面的研究主要集中在对人类幸福的环境条件以及影响发展的因素，天赋得以展现、发挥的环境条件的探讨方面。总的来说，相对于其他领域的研究，积极组织系统的研究是积极心理学领域中研究较为薄弱的部分。

组织行为学家将工作领域中的绩效改进为目标，将积极心理学运动思潮和取向引入组织行为研究中，并将这种以积极心理学运动为基础和出发点的、全新的、积极取向的组织行为学模式称为积极组织行为学。

积极组织行为学是对积极导向的且能够被测量、开发和有效管理的，从而实现提高绩效目标的人力资源优势和心理能力的研究和应用。一个积极乐观、对未来充满憧憬的人总会对工作充满热忱，以高度的热情投身于工作当中，追求自我价值的实现，工作中表现优异。组织的管理者可以通过采取一系列的激励措施，以增强成员的工作积极性，提高工作效率，进而实现组织效益的最大化。

组织的管理者应该加强团队建设，激发成员的工作积极性，组织成员在工作中获取满足感与成就感，这不但可以令成员对自身价值给予肯定，同时这种积极的心态也有利于组织的进一步发展壮大。

（2）积极心理学的研究内容。

1）积极的情绪与健康研究。积极情绪也称正性情绪或具有正效性的情绪，是与某种需要的满足相互联系的情绪，通常伴有愉悦的主观体验，能提高人的积极性和活动力。主观幸福感作为积极情绪的重要内容之一，是人们对于其生活质量所做的情感性和认知性的整体评价。决定人们是否幸福的并不是实际发生了什么，而是人们的情绪对所发生的事情做出的解释。影响主观幸福感的因素主要有社会文化背景、工作学习体验、家庭环境、社会关系及社会支持等。

积极情绪是人们对事物或者人作出的正面评价，对促进身心健康发展有重要意义。研究表明，拥有积极情绪的人在困境中往往保有乐观的心态，能够从积极的角度看待逆境及逆境中的问题，即使是承受着同等程度的压力，积极情绪的人也会表现出优于消极情绪的人的健康性。而对病人心理状态的研究证明，拥有积极情绪的病人能够更好地配合医生进行疾病治疗，会更快地康复痊愈，而拥有消极情绪的人配合度较差，康复效率较低。

2）个人层面上的积极人格特质研究。积极心理学研究的主要对象是人们对于事物或人作出的正面评价，比如逆境中的乐观心态、人性本善等，这种积极正面因素既是人性天生的属性，更是在社会环境和人文环境的双重影响下，不断发展形成的"财富"。人是具备自主选择的生物，基于自我需求的满足是形成自我决定性人格的前提。

积极的人格特征是人们在社会环境的影响和适应过程中形成的特定素质，表现为为人处世的智慧、先天学习力与后天创造力、好奇心等，具体而言，主要包括以下两方面内容：

第一，与自身有关的积极层面。与自身有关的特征主要表现为关爱自身和管理自身，包括心态调整、思路调整、方法调整、生活方向和目标调整等，以适应变化运动中的社会环境。

第二，与他人有关的积极层面。与他人有关的特征主要表现为在社会环境中生活和生存的过程中，积极主动地关爱他人的发展，主动地为他人提供帮助和必要的支持。

创造力和天才的培养也是积极心理学研究内容的重点，人只有保持对世界的探索欲和好奇心，才能把这种好奇心转化成创造力，进而推动个人和社会发展。与此同时，研究积极心理学不能绕开的一个内容就是乐观的心态，乐观是人们面对顺境或逆境、好人或坏人时都能保持的积极心态，既能更多地看到生活的美好面，又能让自身生活得更快乐。但是需要明确的是，有乐观心态的人着眼于生活中好的方面，无形中就减少了对坏的方面的在意程度，但这并不意味着缺少对现实生活的科学判断，只是更容易解决困难的一种心态选择。

3）群体层面上人群与社会环境关系研究。人的生存、生活和发展与社会存在着密不可分的关系，不同的人在不同的社会环境和人文环境中会形成具有个人特色的性格特点和心理状态，而不同的性格特点和心理状态会对其所处的环境产生不同性质的反作用，使所处的环境呈现逆境或者顺境两种不同形态。同时，人们会根据自己所处的实时环境性质来调整自己的性格特征和心理状态。这种心理和环境相互影响、相互调整、相互适应的关系就是积极心理学中对制约人类性格发展、天才养成因素的研究。

同时，人有自主选择的权利，当人们自主决定某些事件的处理方法和个人的心理心态时，就逐渐形成了独立人格，积极情绪相对增多。人的积极情绪会对社会、家庭、学校等产生不同程度的影响，因此，在群体层面上研究人群与社会环境的关系其实主要是探讨环境因素。

5.积极心理学的发展

积极心理学并不是对消极心理学的否定，而是在此基础上的一项突破与创新。积极心理学主张心理学应对人类如何在良好的条件下更好地发展、生活，具有天赋的人如何使其潜能得到充分发挥等方面进行研究。深入分析人的成长所需要的条件和环境，充分发掘人的潜力、潜能，促进人类心理的健康发展，鼓励用积极的心理状态去面对生活。积极心理学的研究时间并不长，还有广阔的探索空间，心理学家要根据社会发展趋势与潮流，对积极心理学展开长期深入钻研。

（1）积极心理学研究领域的发展。人的素质培养、性格养成、心理构建都离不开与之息息相关的社会、家庭等因素的制约，因此，积极心理学研究要统筹兼顾影响"人"的要素之间的关系，脱离开任何影响因素来研究积极心理学，都将陷入片面化的误区。具体而言，在积极心理学研究领域发展的研究内容上，应重点关注以下方面内容：

第一，拓展积极心理学的心理体验研究。心理体验研究是建构积极心理学研究的基础和核心，主要包括积极心理状态、乐观心理状态、快乐体验等。

第二，拓展积极人格品质的塑造领域研究。积极心理学研究的对象是人性中积极、正面的因素，其目的在于培养健康的人格品质、提升人的幸福感，因此，对拓展人格品质塑造领域的研究不容忽视。

第三，注重心理体验、品质塑造与环境的内在联系。人们在社会环境中得以获取积极乐观的心理体验，在社会环境中得以养成良好的人格品质塑造，二者又将对社会环境产生影响，因此，注重三者之间的内在联系应当是积极心理学研究的重点。

（2）积极心理学研究技术的发展。积极心理学研究以人作为社会主体，研究人在社会生活中所应当具有的人本善、乐观、积极的心理机制，这与传统人本主义所倡导的精神内涵有相似之处，因此，人本主义的研究方法可以为积极心理学的研究提供借鉴和参考。但需要说明的是，人本主义的研究方法并不完全适用于积极心理学的研究和探讨，有鉴于传统心理学侧重于研究人的疾病和负面心理，积极心理学着重研究能使个人和社会繁盛的正面力量和美德，从而帮助人们的生活更加幸福、充实，组织机构更加昌盛卓越，社会更加和谐向上，因此，要将科学技术与人文精神相互统一，建构以科学数据为基础、以精密实验为支撑、以标准测量为方法的积极心理学研究体系来研究人类的力量和美德等积极方面，从而实现积极心理学研究目的。

（3）积极心理学终极目标的发展。积极心理学可以看作是心理学新开辟的领域，重点关注的是那些可以提升生命价值的事件。与其他心理学分支相比，积极心理学把挫折等消极因素看得更加微小，但是也同样承认消极因素的重要存在价值。积极心理学以实现人类幸福生活为目标，因此，在未来发展趋势上，应更加突出人的主体地位，以提高人的能力、良好的心理状态为重要内容，关注人的心理中积极、乐观的正面因素，研究人的价值和个性。这不仅仅是积极心理学发展与进步的大势所趋，更是助推现代心理学减少现代化进程负面影响，重构人类文明体系，实现人类可持续发展的重要力量。

（二）积极心理健康教育的价值

积极心理健康教育理论认为，既往的心理健康教育将重点放在"心理疾病的诊断和解决痛苦"上，关注问题学生和他们的问题，忽视了对人的潜能开发和积极心理品质的培养，是一个治标不治本的教育。心理健康教育的未来发展方向应建立在诊断性和矫正性心理健康教育的基础上，大力推行积极心理健康教育，对人性秉持积极的评价取向，增进个体心理上的积极因素，开发内在潜能，以人固有的、实际的、潜在的和具有建设性的力量、美德和善端为出发点，用积极的心态来对人的心理现象（包括心理问题）进行解读，从而激发人自身内在的积极品质，让个体学会创造幸福，分享快乐，使自身潜能得到最大限度发挥，保持生命最佳状态，从而提高心理免疫力和抵抗力。

由此可见，积极心理健康教育是在积极心理学理论的指导下，通过在教育活动中增加学生的积极体验，激发学生的积极力量，优化学生的心理品质，最大限度地挖掘其心理潜力并使其获得良好生活，使个体生命更富有意义的教育活动。

1.预防心理问题的出现

在生活中，我们可以经常看到这样的情况：经历同样创伤事件的人，有的会因创伤而出现某心理问题，而有的却能免受创伤事件的影响，继续平静地生活。为什么会有这种差异？积极心理学将其解释为：面对相同的情境，个体先前的积极经验可以保护其免受后来创伤事件的影响，先前的积极经验也能使人们对心理问题产生一定的免疫性。通过积极心理健康教育，可以培养学生乐观、希望、感恩、宁静等积极心理品质，从而让他们在生活中遇到困难、挫折及失败时能从容应对。

2.促进学生的全面发展

学校教育较为重视对学生智力、学业成就、特长等方面的培养，而对学生积极情绪的培养、对学生心理韧性提升与乐观、希望、宽容等个性的培养却甚少关注。通过积极心理健康教育培育学生的心理资本，有利于构建个体心灵更完整的结构。既包括"智"的发展，也包括"心"的发展。通过"智"的发展培养出来的形象思维和逻辑思维能力、聚合思维和发散思维能力、阅读能力、计算能力、写作能力以及操作技能，构成了个体的硬实力。通过"心"的发展培育出来的乐观、韧性、希望、爱、责任感、主观幸福感等构成了个体的软实力。两种能力相互促进、协同发展，共同促进个体心智的成熟和完善。

3.构建人生的幸福生活

人生最终的目的都是获得幸福的生活，成就美好人生。物质富足是愉悦的生活，但愉悦的生活并不等同于美好的生活。所谓美好的生活，必须是投入的生活，个体能全身心投入他们所从事的事情中，通过发现并发挥自己的优势和美德，从而获得真实的幸福和丰富的满足感，尽情地体验到"心理流畅"。而最高层次的幸福生活则是有意义的生活，个体可以在各种生活事件中寻找到生命的意义。人到了某一个时刻，总会开始思考生命的目的，该如何实现人生的意义和价值，从而将生命与更宏大的目的连接上，这个目的越是超越了自身，生活就越有意义。有意义的生活可以让自己选择将自己的优势应用于增加知识、力量和美德上，从而孕育出属于自己的幸福生活。

（三）大学生积极心理的培养与教育

大学生积极心理品质有很重要的作用：①专业学习的内燃机。学习是人类最艰苦的心理活动，在人生漫长的学习过程中，只有善于自我调整，较长久地持有良好的心理状态和积极品质，才能保持学习热情与自信，从而保证学习的效率和质量。②健康成长的催化剂。经济社会发展的需求是大学生成长的根本动力，大学生不仅要意识到这种动力，更要将这种动力转换成积极心理品质，如社会责任感、时代使命感、创新创造精神等，以极大的热情和责任投身社会实践，奉献个人力量。③事业发展的保护伞。积极心理品质作为非智力因素，是个体事业发展和成功不可或缺的重要组成部分。当代大学生要想顺利成长，实现自我价值，奉献社会，不仅要有强健的体魄、良好的智商、和谐的人际关系，更需要具备积极的心理品质。

综上所述，大学生积极心理品质的培养与教育方法具体如下：

1.学生个体要培养积极心理品质

（1）掌握心理健康知识。积极参加学校开设的有关心理健康知识的课程与专题讲座，阅读有关书籍和杂志，查询心理网站，收听、收看相关广播和影视节目等。这些都可以帮助人们尽快了解和掌握与自身心理健康有关的知识，提高自我洞察力，挖掘自身潜能，优化心理品质。

（2）充分认识自己并接受自己。全方位、多途径地了解自己，有恰当的自我意识，充分认识自我，并积极接受自我，既不盲目自信，也不妄自菲薄，以此培养洞察力和爱的能力等积极心理品质。

（3）学会管理调适情绪。建立理性的认知方式；学会以适当的方式宣泄不良情绪；培养自己的各种兴趣爱好，积极参加有益身心的活动，使谦虚、友善、持重、合作等积极心理品质得到锻炼提升。

（4）积极与人交往。积极与人交往互动可以增进彼此的了解，获得更多的知识和信息；也有利于更快融入集体，消除孤独感，促进人与人之间的宽容、友善，提高领导力与合作精神。

2.学校要加强积极心理健康教育

（1）合理利用现有的教育资源。将积极心理教育理念融入专业课程的教学实践中，提炼出与之相关的知识联系点，进行扩展式综合型授课，培养学生的创造力、思维力、合作力等积极心理品质。

（2）构建积极向上的校园文化。将积极心理品质的培养元素加入各种校园内外活动中，丰富校园生活的同时营造积极向上的校园氛围，这有助于同学们在较长时间内保持积极的心理状态，有助于培养他们真诚与友善、宽容与爱等积极心理品质。

（3）建设心理网络教育平台。在科学信息技术发达的今天，网络已经完全融入大学生的学习、生活和娱乐中，多元化的网络信息严重冲击着学生现有的价值观念。高校要善于运用网络的开放性和共享性，利用网络上内容丰富、形式多样的积极心理教育资源对学生进行积极心理品质方面的培养。

第三节　大学生生命教育与心理危机干预

一、大学生的生命教育

（一）生命及其重要价值分析

《牛津大字典》对生命一词的解释是："将动物和植物与地球、岩石等区别开的条件；也用作生物的总称，包括动物、植物和人。"人属于动物，但人又不类似于其他任何一种动物。

生命具有独一无二的性质，人的生命是独一无二的。人的生命既是客观的，也是主观的。每个人的生命都与别人不一样，每个人都是独一无二的。两个人完全一样的概率几乎为零，即使双胞胎都会有很多区别，每个人都会有不同的天赋和性格，不同的天赋、性格决定了每个人适合从事不同的工作，这也是社会分工的需要，人的先赋资源决定了人与人没有可比性。《新科学家》杂志网站梳理出了十一个让人与众不同的特征。这十一个方面分别是遗传密码（DNA）、指纹、脸部、步态、耳朵、眼睛、声音、气味、心跳、脑波、微生物组。

人的生命既存在欲望，又有精神的超越。人的生命不仅表现在物质欲望的企求与满足上，这是人的生命得以存在的前提；更表现在对理想、感情、道德、信仰和价值等精神境界的升华与超越上。

（1）生命是提升与创造。人的生命是一个不断成长、发展的过程，且在成长与发展中不断创造着。人通过创造去把握生活的变化、改造客观世界和主观世界、发现生命的意义；通过创造去实现对自己生命的认识、把握和超越，为社会、为人类提供物质、精神财富，使自己的精神得到升华，使自己的生命价值得到发展与实现。

（2）生命是基因的发展与延续。从基因的角度而言，在人类有自我意识的时候，觉得"我"是生命的主体，但人类自身很多地方是由基因决定的。个体继承父母祖先的遗传基因，就像中国人遗传着祖先的黄皮肤黑头发。同时，人们又将此基因遗传给下一代，将遗传密码延续下去。从这个意义上讲，人类是自身生命的延续者。生命的意义记载在人类的遗传密码（DNA）上。人类在固有遗传基因的基础上，在真实的社会生活中，塑造、调整着自我，进化着人类。

（二）大学生生命教育的原则

大学生生命教育原则是在对大学生进行生命教育时需要遵守的准则，适用于所有生命教育，目的是达成生命教育目标。该准则的形成与教育实践过程应该贯穿于教育全过程。生命教育原则彰显的是生命教育的理念、本质、目标、宗旨以及规律。

1.生成性原则

根据字典中的解释，生成性中的"生"指的是植物从地下生长出来，引申意义是生命的发展与孕育、生生不息。"命"字的本意是客观条件限制，结合生字的意思，生命是在社会以及自然的条件限制下，个体的孕育、发展、生生不息。生命本质是不断变化、不断生长的过程，生命的形成会受到周围环境以及个体自身经历的影响，个体本身具有独立性，经过环境的"雕琢"以及亲身经历的"打磨"，最终形成一个完整独立的个体，所以说生命是环境与实践的结合产物。生命的个体性、独特性体现在：即使是双胞胎，有着相似的遗传基因，也会由于环境的影响以及不同的亲身经历形成不同的生命个体。

生命的存在是动态、不断发展升华的过程，人具有生成性。首先，人的生命发展受到环境和社会的影响，人们时时刻刻在发生变化，因此，人的成长过程是流动的。通过不断的发展与流变，人的生命不断地突破自我，从人生有限走向人生无限，从人生基础走向人生超越，在这个变化的过程中，人们被社会和环境所影响，不断地自我改变、自我重塑，通过对原有生活的不满足和对未来美好生活的新向往，不断重塑自我、升华人生的意义。其次，人的生命存在是不确定的，受社会环境及人生经历的影响，人的发展充满不确定性。人的生命发展没有时间规划，也不会有时间要求，人的发展不能按照既定的规划进行，总会有不确定的事项发生，正是因为人发展的不确定性激发了人内在的力求完美的想法，赋予生命挑战感，才让人更加想实现更高的人生追求。再次，人的这种可塑造、可发展、可生成的特性赋予了人无限的发展可能，人的发展具有不确定性和开放性，所以人的创新创造可能发展出无限的成果，现在的生命教育也更加注重潜能的挖掘，通过潜能挖掘与后天发展相配合，促进人更好、更快发展。最后，人的形成生成性还受到生命关系的影响，人通过遗传来到世界，奠定最初的基础，通过人的社会属性与外界建立生命关系，来实现人的后天塑造。人的社会属性决定了人不可能独立存在，需要与社会、自然时刻保持关联。外界关系的复杂变化不断影响着人的体验，通过生命关系的塑造，人会在内心形成属于自己的意识、特性和人格思想。综上所述，大学生生命教育需要遵循生成性原则，从后天生成的角度来引导、指引大学生生命发展，促进大学生的生命更好地发展。

（1）重视生命教育中的生命成长过程。大学生在成长过程中所追求的大部分是成绩、荣誉证书、令人羡慕的工作、物质生活水平等，大学生的成长目标过于物质化，缺少了精神的富足，生命教育应该让大学生明白生命的意义在于对思想形成的过程的思考、对自身发展的思考；生命的意义在于成长和实现自我，生命教育拒绝缺失过程的盲目功利，注重通过过程生成、养成自我意识和精神。

（2）加强大学生和谐生命关系的建设能力。人的社会属性决定了人要生活在社会的关系网中，大学生也不例外。融洽和谐的社交关系可以帮助大学生更快、更好地成长，尤其大学时期正是大学生从青涩走向成熟的关键，社交关系的处理极为重要。但随着现代社会的发展，一些大学生从小在成长环境中更多关注的是自我，习惯了被家长宠爱，习惯了独来独往，对社会发展缺少关心，对自然环境缺少热爱，对朋友、父母、老师缺少关心，导致大学生在大学生活中经常陷入社会关系危机。他们习惯沉浸于自我的思想圈，在孤单且缺乏交流的自我圈层里，反而更容易迷失自我，容易引发心理问题。为了帮助大学生更好地认识生命关系，生命教育有责任、有义务帮助大学生拓展生命关系，帮助大学生建立交流的桥梁，包括与自然、社会、家庭、老师、同学甚至自我的交流；除此之外，生命教育还应该帮助大学生在人际关系中找准自己的位置，让其处于积极、向上、进取、有无限发展潜力的友好和谐生命关系中，不断地滋养生命，帮助生命成长，实现生命的升华与发展。

（3）应该尊重生命个体的差异性和独特性。生命个体的生成性决定了每一个个体的发展都不同，就像遗传基因相似的双胞胎也会因为社会环境和个人经历的不同而产生不同一样，个体之间的发展结果必然不同。由于生成性的原因，人注定是多元化的，不是同质化的；是开放发展的，不是故步自封的；发展过程是流动、变化的，不是计划的。因此，在大学生生命教育的过程中，教育者应该以开放的、多元的、变化的教育态度，从整体上、宏观上来思考大学生的生命教育培养，尊重大学生的独特性与差异性，并且尊重他们的个性发展、情感发展以及个性追求。生命教育的生成性决定着生命教育的结果必然是培养出个性鲜明的大学生群体。

（4）拒绝人为给大学生设定预期，应该注重大学生内心的自我塑造与自我创造培养。长久以来，大学生受到的教育都是填鸭式教育，这使有些大学生养成了惰性的学习习惯，缺乏自我塑造及自我创造。大学生生命教育的培养应该遵循生成化原则，在不断变化的外界环境和自身经历的影响下，形成崭新的精神面貌，通过形成新鲜力量，激发个体内心对以往自我的不满足，促使个体形成自我塑造与创造力，向更好、更高水准的自我发展。创造力与塑造力是个体发展的动力，也是个体发展得完整、优秀、独特的基础，外界的影响需要通过内在的转化作用于学生，内在转化就是自我塑造和创造力的激发。在生命教育的过程中，要拒绝为学生设定发展预期，设定预期只会固化大学生的思维发展，抹杀创造力与塑造力。创造力与塑造力的激发主要有两点优势：一方面可以唤醒大学生的创造塑造意识，避免大学生未来发展的迷茫，有效帮助大学生制定自身发展目标；另一方面，自我创造与塑造能力的激发办法是实践，在实践的过程中，不仅能激发塑造力与创造力，还能培养大学生的主观意识，在培养能力的同时，也在促进自我的发展。综上所述，通过不断地实践与思维转化，可以将外在能力逐渐转化为自我内心的塑造力与创造力，不断地激发内心对过去自己的不满足与对未来自己的展望，促使大学生不断向更好、更高的目标发展。

2.幸福性原则

生命具有唯一性，因此，大家都应该珍惜生命。然而，人的一生并不是仅仅为了度过一生，而是要追求幸福。幸福是人们行动的出发点，可以说人生的目的就是追求幸福。幸福反映了人们道德和行为的准则，有些事情从表面上看不是为了追求幸福，但是背后的本质仍是人们对幸福的追求，幸福既是手段又是目的。对幸福的追求反映了人们的本性，人们的所有行为是为了让自己或者身边的人感受幸福，人们思考和行动的最终目的就是幸福。幸福需要从生活中寻找和追求，生活中也蕴藏着幸福，幸福与生活二者相互依存。在生活中，人们对生活的思考和行动都是为了追求幸福。应认识到幸福与生活相互依存的关系，人们在生活中的正当追求其实就是对幸福的追求。趋利避害是生物的本能，人也不例外，人们都希望发生好的和对自己有利的事情，都期盼着好运和福气，而不是祸害来临。因此，幸福才是生活的本质，幸福反映了人们的生活状态，对幸福的追求反映了生活的过程，幸福的生活必是人们向往的和令人满意的生活。

　　幸福的内涵一直困扰着人们，从古至今这都是伦理学无法回答和定义的问题。幸福可以理解为持续的快乐。幸福不是一瞬间的事情，而是在一段时间之内持续存在的事情。关于幸福的定义很多，不同的人有不同的理解，所以至今仍没有一个令人满意的答案。幸福具有主观性，是发自内心的心理感受。当人们体验到幸福时，往往是发生了令自己高兴和满意的事情，如满足了自己的需求或者实现了自己的愿望等。从心理学的角度分析，幸福是主观心理情绪（欲望、动机、兴趣、情感或认知等）和外界的客观事实形成一种平衡而产生的心理反应。幸福还要受到道德的制约，人们追求的幸福要符合伦理。一味地满足主观感受的幸福是错误的幸福，这种幸福违背社会道德和伦理。只有符合道德、伦理和心理学的幸福才是值得人们追求的幸福。

　　不同的人在生活中对幸福有着不同的定义和感受。大学生的幸福更倾向自我的感受和现实的需要。从乐观的角度分析，大学生可以在实现人生理想和人生价值的过程中感受幸福。但是，在实际的学习、生活和工作中，受到各种因素的影响，大学生们对幸福有着不同的定义和理解，出现了一些负面的影响，有的大学生安于现状，存在较强的个人主义；有的大学生体验不到幸福的快乐，甚至无法感受到幸福的存在。生命教育的核心原则是幸福原则，引导大学生正确理解、认识幸福，从而能够追求并体验幸福，大学生的生命教育具体要求如下：

　　（1）引导大学生秉持以幸福为基础的生命理念。幸福是人们行动的出发点，人生的目的就是追求幸福。幸福可以是一种状态，夜深人静时的思考、感受和分享快乐；也可以是一种过程，为追求理想而不断奋斗、为实现目标努力追求等。大学生处于不确定的青年期和社会的转型期，对自身状态的不满意和未来的不确定给大学生们带来了更多的迷茫，如学业、生活和未来工作等方面，现实中负面情绪的叠加使大学生们无力追寻自身的价值和生命的意义。因此，生命教育要引导大学生秉持以幸福为基础的生命理念，让他们意识到人生的基本价值是追寻和获得幸福，使其整个人生都充满对幸福的追求和享受，最理想的生活就是拥有幸福的生活。

（2）引导大学生追求高层次和崇高的幸福，提升幸福感，维持幸福的持久性。马斯洛以动机与需要为原理，提出了需要层次的经典理论。按照从低到高的方式将人的需求分为从生理性、心理性到自我满足五个层次的需求，只有满足第一级层次的需求才能满足高一级层次的需求。人们的自身需求得到满足后才能感受到幸福，因此，根据不同层次可以将大学生的幸福感分为三种状态：生理性需要得到满足、心理性需要得到满足与伦理性需要得到满足，三者是递进式关系，逐级递增，只有满足前者才能满足后者。后者的范围更广，既包括前者又有深层次的延伸，有时三者也会有相交的部分。生命教育能够帮助大学生平衡自身生理的愿望与实际生活的关系，有利于大学生实现生理上的愿望并获得满足感，从而追求更高层次的幸福。追求幸福的过程是快乐、充实、有意义的，在提升幸福感的同时，也能获得价值感。

（3）培养大学生丰富多彩、快乐纯真和真诚恳切的幸福感。幸福是人们感受生活的一种积极体验。与刺激—反应（S—R）相比，幸福是高层次的情感。幸福感体现着因果反应，不仅具有目的性，还受人们的主观意识影响。幸福感不仅仅受遗传和后天环境的影响，受道德和伦理的影响更大、更深远。因此，幸福感可以通过培养而产生，人们可以通过幸福情感来感受幸福的喜悦和生命的乐趣。享受快乐是一切积极情感的基础，人们通过快乐能够提高能力和提升自信心，增强人们之间的人际往来，还能够缓解紧张或者焦虑的心情。所以，要引导大学生以乐观积极的态度面对人生，以快乐的情绪去面对人生中的困难和挫折，培养他们自身积极向上、奋发有为和持之以恒的精神。培养大学生幸福情感不是简单的教化，而是需要在生活中潜移默化地感染，例如，父母亲情的感化、友情的感染、爱情的滋润和伦理道德的约束等。所以，在大学生生命教育的过程中，要根据不同学生的情况设立合适的环境、因地制宜地选择恰当高效的方法，引导大学生创建幸福美满的感情生活。

（4）通过实践感受生活能使大学生感受幸福，从而培育幸福感。生命的本质就是幸福，生命中充满了幸福。然而，优厚的物质条件不但没有提升大学生的幸福感，反而让大学生更加迷茫，不知道到底何为幸福。幸福是主观感受和客观条件共同作用产生的情绪，通过实践感受生活有利于实现主观感受和客观条件统一。人们通过实践追寻幸福、实现人生价值来实现自己的目标和愿望，这个过程和结果可以让人们感受幸福。因此，幸福感不是凭空出现的，大学生可以通过实践来获得幸福感。教育者在从事生命教育课程时，不能直接向大学生提供幸福感，要通过教育和引导使大学生通过实践获得并提升幸福感。

（5）培育大学生直面挫折的勇气，培养淡泊名利的幸福感。现在社会环境比较复杂，互联网使信息更加丰富多元以及就业压力大等因素使大学生对自己、对未来充满了迷茫、焦虑、惶恐等负面的情绪。此外，学校缺少对大学生的人文关怀，没有从生命发展的高度出发教育和引导大学生。教育者通过生命教育课程培育大学生淡泊名利的品质，能够丰富大学生的精神世界，培养、提升大学生的人文价值，使大学生能够坦然面对浮躁的社会氛围，直面自己的缺点和问题以及经历的困难和挫折。大学生在实践中要站在更高的位置，把问题和事物看得更长远，思考得更加细致和深远，使自己淡泊名利。

3.体验性原则

体验指的是主体通过亲身实践对周围事物产生认知。在不同的论述中，体验的定义不同，认识论认为体验以言语、文字或符号为认识桥梁的认知方式存在，是以思维中图景转换为认识方式的一种思维。换言之，体验是主体在思维中对生活场景、阅历以及未来蓝图之间的关系、结构和组织的转换。主体通过思维转换将实际中对客体的感受转化为主体身心中对客体的认识。体验是主体通过内心的认识来感受外部世界的客体的认识方式。认识论强调的是主体靠自身的对事物的思维转化所实现的对客体的认识。体验是生命的存在方式，体验不仅仅是主体对客体的认识方式，而且是主体实现生命意义、生命价值、生命的存在以及生命超越的方式。体验起源于生命，结束于生命终结，存在于生命的全过程。对大学生的生命教育来讲，体验具有认识论所认为的对世界客体的理解，也有本体论以及价值观所认为的实现生命价值的意义。

人生活在世界中不断地与世界客体接触，随着时间推移在不断地体验着生命。人通过体验来感知世界、感知生命、认识世界甚至解读世界。一方面，体验是对世界的认知，主要有两种：积极乐观、开放进取的生命体验是生命张力的表现，也是生命主体力量的提高与完善；消沉封闭、固化自守的生命体验是生命退缩的表现，是生命主体对自身力量的压制与摧毁。两种不同的体验所带来的生命表现也不同，感受到生命力量提升和完善的主体会产生主观能动性，而感受不到生命的积极开放与美好的生命主体会对生命表现出消极的态度，无法感受生命的意义。另一方面，体验是对生命的实现，包括生命意义、生命价值、生命超越。生命意义、价值、超越的实现是一个动态的体验过程，在过程中生命主体感受、理解客观世界，生命主体内部不同的体验发生碰撞，主体的情感也不断地从碰撞中得以升华，同时，理性也在不断地完善，通过体验来丰富生命的价值和意义。❶

体验是主体独特的体验，每个人的生命体验都不相同。即便是相同的外界环境或事物，由于主体的不同也可能产生完全不同的体验。体验的建构需要以主体的社会经验、认知价值观、情感结构等为基础，通过独特的感受进行思维转化形成主体的体验感。体验是主体内心的心理活动，心理活动的产生由主体的个人感受、情感观念、对世界的理解、对生活的领悟等多方面要素决定。当主体的内心受到外界的事物刺激或情感震撼时，会加深对外界的体验感。体验

❶ 褚惠萍. 当代大学生生命教育研究 [D]. 南京：南京师范大学，2014：101–117.

具有独立性、感悟性、理解性以及个性。

体验的方式是个体的亲身经历，亲身经历包括实践和心理活动两个方面。个体实践体验主要包括个体亲身参与活动、角色扮演等；个体心理活动体验主要包括个体实际体验中心理的实际感知、对事物的理解、对于情感的感悟、对心灵的触发以及对生命的认识、对生命价值的提升与生命质量的提高等。体验是生命价值与意义实现的重要方式，关乎人生命存在的意义、生命价值的走向，对生命的自我升华和生命超越都具有十分重大的影响。体验是大学生生命教育必须坚持的原则，在教育中应重视体验的意义与价值。

（1）指导带领大学生体验生命的存在。生命存在的价值以及意义需要生命主体主动去体验，通过人的主观认识、情感领悟、思维转化才能将对外在事物的感受转化为自身心理以及生命的感悟。宇宙万物的体验都需要依存这个道理，对生命存在的体验追求也是寻找生命价值和生命意义的过程。

开展大学生生命教育需要主动指引、领导大学生体验生命存在，通过真实的体验，寻找到真正的生命存在意义。大学生生命存在体验有两种方式：一是被动体验，自发、经常、直接地让人们感受，比如在冬天人会体验到寒冷，被动体验的特点是体验的获取不需要主体努力，也不需要主体进行思维转化，体验会自发、直接地进入人们的内心。二是主动体验，需要主体主动努力，将外界环境与事物通过内心感受转化为主体内心意识、内心体验。主体在获得新的内心体验时，通过与主体本身的内心体验发生碰撞，实现主体的内心感受的升华与新生，主动体验的结果是产生新的感悟、新的理解、新的历史乃至新的精神世界。

被动体验只能带给主体表面层次的体验，被动体验基本是日常生活的一些直接感受，大学生生命教育不能只停驻在表面体验，需要引导大学生进行内心深层次的生命体验，引导大学生的内心主动感受外界事物，在外界事物的感知理解与内心的思维转换中实现生命意义、价值以及完成生命的超越。生命教育能够将大学生之前零散的生命体验整合，形成整体的生命体验价值观，有助于帮助大学生实现生命新的价值与意义。

（2）加强体验模式的设计工作。体验模式设计作为大学生生命教育的重要组成部分，可以提高大学生的体验能力，促进大学生生命的正确发展。在大学期间，大学生很难完全体验到全部社会环境，大学生的认知水平和生活阅历都没有达到较高水平，为了加强大学生生命教育的体验感，学校可以建立体验模式，通过体验模式设计可以帮助大学生全面整体增加体验感受。体验模式设计的特点是富有情境性、主体性以及设计性，能够有效地挖掘和提升生命价值。

"生命叙事"是有效的体验模式，是主体通过讲述自己的生命故事，展现生命故事中的经验、追求、感受。通过生命叙事模式，主体可以通过自身或他人的生命体验、经历、追求快速来丰富自己的感受。生命叙事模式的特点是个性、真实性、生活性以及生成性。"生命叙事"的真实性创造了一个良好的生命体验环境，可以促进学生形成生命体验、感悟真实。在生命叙事模式下，学生与学生之间开展叙事交流、讨论，加速升华生命意义和生命价值。

除此之外，生命叙事主要发生在同学与同学之间，同学们分享的都是自身的亲身体验，生命叙事内容都是相同年龄段的，能够增加体验的共鸣性，容易打开大学生心灵的窗户，加速体验的分享、产生、升华。通过同辈人之间真实的经历分享与自身以往生命体验的触碰交流，坚定了自身以往正确的生命意识，此外，这还促进了新意识的产生与发展，帮助大学生形成积极乐观、向上进取的人生态度。

（3）在生活中进行生命体验。人有社会属性，在社会环境中生活的人才是鲜活的人。真实的世界不仅是人赖以生存的环境，也是生命教育最开始、最真实的起源。从真实的生活中获得体验，然后又带着体验去开始新一轮的生活，彼此形成一个圆环，不断往复，使生命获得源源不断的动力。也有教育家提出教育即生活。教育与生活的关系：首先，教育帮助生活更加美好，丰富了生活的方式，提高了生活的品质，帮助人们找到了生活的意义；其次，生活也是一种教育，人生活在社会环境中，社会的各种因素会影响人的认知、心理的发展、思想的形成和情感的感悟，生活中的善良与美好帮助个体生命体悟生活的精华，奠定了生活的基础，生活本身就是一种教育。基于此，大学的生命教育要带领和指导大学生从相对封闭的大学校园中走出去，感受生活的丰富多彩，在美丽的大自然中体会大自然的鬼斧神工，在真实的社会中感受人们的真善美，不断增加生命的体验，提高生命的价值。

4.超越性原则

transt和scendere组成拉丁文transcendere，是超越的意思，它起初表示一种空间上的关系，如跨过、超过、提升等。参考的标准不同，对超越的解释也不同，例如，参考标准是暂时或者有限，超越解释为永久或者无限；从时间范畴上解释，超越是指之前就存在，对于感觉而言，超越是超感觉。因此，在一般情况下，超越是在暂时、有形、有限、感觉、逻辑预先、之前就存在等方面的突破，实现永久、无限、超感觉。在客观条件下，生命个体有限，依靠自然存活，但是人具有丰富的精神世界，善于发现、创新和创造，实现无限的、永久的生命。超越性是人的内在属性，是人们行动的准则，依据超越性可将人和动物区分开。人的超越性是人们在日常行为中使自己不断突破的内在动力，人们内心中有努力拼搏、迎接挑战的欲望。人们根据自己的实际情况设定目标来完成，实现这个目标后还会设定下一个更高的目标，使自己一直处于向前的状态。因此，人们不安于现状，认为自己还要继续奋斗，对未来充满希望。实现目标的过程其实就是一次又一次的超越，对自己能力和现实状态的超越等。人的超越性也可以理解为对自身条件的不满、对设定目标的坚持与突破，这些都建立在了解自身条件和周围环境的基础上，只有了解自己才能知道如何超越，从哪个方向超越，才能有更加明确的目标和更实足的动力。超越性能够让人们认真思考生命的价值和意义，追求人们理想的生活状态，创造辉煌的人生，这有利于社会的发展和文明的进步。

在生命教育的过程中，教育者要激发大学生内心的超越性。然而，在生活中存在很多阻碍，目前教育功利化现象影响着一些大学生的思考和行为，物质的生活方式也导致一些大学生无法静下心来思考人生的价值和意义。所以，生命教育要抓住人的超越性，激发大学生的上进心，引导大学生将更多的心思放在学习上，将更多的热情注入学习中，并制定人生目标、树立远大理想，敢于面对问题、困难和挫折，培养大学生勇于拼搏、积极向上的精神，帮助他们实现自己的人生理想和生命价值。

（1）培养并唤醒大学生的超越意识。人是有意识的，人类有能力认识客观世界和改造客观世界，更有能力驾驭自己的人生。人类还有强大的自我意识：需求和目标、感受和认知、感情和意识、想法和愿望等。人类通过自我意识能够明白自己的想法，不将自己局限于较小的格局中，可以想得更加长远、对未来的广阔世界充满希望，从而树立远大的理想和人生抱负，并追求更高层次的幸福感，这就是超越意识的外在表现。超越意识是人类意识的最高层次，是人类意识的本质属性。

人类的自我意识并非先天存在，是人类在社会实践中，通过与其他人沟通交流、剖析自己和完成事情而不断培养的。人类的自我意识包括超越意识，超越意识蕴含于人们的内心深处。大学生们具有长期的、丰富的知识积累，同时也经历了高考等重大事件的洗礼，其实具有较强的超越意识，但是很多大学生并没有表现出来。这就需要教育者在生命教育的过程中唤醒大学生们的超越意识，让大学生们认识到，只有努力拼搏和不断挑战自己才能实现自身的目标和人生价值，这样的人生才算完整并有意义。此外，唤醒超越意识有利于激发大学生的创新能力和创造能力，使他们继续突破自己，实现人生价值。

（2）引导大学生实现从实然到应然再到更高层次应然的螺旋式提升和超

越。人生就是实现自我和超越自我的过程。人的生命具有自然的属性，人的身心发展要适应自然规律，这一方面与动物具有相似性。拥有自我意识的发展有利于促进人的成熟，人们有意识地提高、超越自己，对于自己的能力和现状感到不满，进而逃离舒适区去迎接挑战，勇于创新、不断尝试。发展的初衷和目的就是实现自我超越，通过努力实践将应然变为实然，在这种自我超越意识的不断推动下产生新的目标和挑战，也就是新的应然。人生的发展是呈螺旋式上升的，并不是简简单单地直线上升或者直线下降。不是所有的应然都会成为实然，人们的提升和超越也是阶段性的。实现超越的动力是自我意识的内在动力，只有产生了应然才会指引行动。

应然产生的先决条件是人们对自身或所处的环境不满，有想改变和超越的想法。因此，生命教育的教育者要根据大学生的自身情况，利用外界环境，因地制宜地激发大学生内在的超越意识，促进他们人生的发展。教育者们可以借鉴维果斯基的"最近发展区理论"，大学生本身具有丰富的知识储备、一定的能力、熟练的技能和优秀的道德品质，教育者们要做的就是引导大学生们清楚地认识到自身的状况，根据自己的实际情况认真思考、不断反省，设立可实现的目标，激发大学生们提高自己、改变自己和超越自己的热情，通过"制定目标—努力实践—实现目标"这一发展模式，将应然转变为实然，再产生新的应然，再实现这一周而往复的过程，最终使大学生螺旋式提升和超越。

（3）引导大学生感悟生命的价值，培育他们淡泊名利和超越自我的情怀。每个人的人生都有意义，简单来说，人生就是对自己生命意义追求的过程，每个人的人生都与众不同，生命意义也不相同，对于生命意义的判断指标、评价标准是多角度和多层次的。因此，人的生存就是对意义的追求。人不像动物仅仅满足于生理需求，人需要更高层次的追求，去创造价值和实现人生的意义。失去价值和意义的人生是无趣的，人如果失去了做人的价值和意义，那么便与动物没有区别，没有人会接受这样的人生。因此，人们应将主观意识与客观实际结合，提升自我、完成自我超越、实现人生价值，这样的人生才是有意义的人生。

现在社会对生命意义的理解多种多样，以前传统意义的解释已经不适用了，在新旧交替的环境中，生命教育的意义就是告诉大学生什么是生命的意义、如何实现生命的意义。引导大学生在生活中积极发现正面、积极的事物，善于自我反省和总结，敢于面对困难、挫折和挑战，培养大学生吃苦耐劳和勇于攀登的精神品质，让他们真正感悟生命的意义和价值，帮助他们提升、超越自己，塑造大学生的精神乐园，并使他们能够正确面对世俗并超越世俗的限制。

（4）培育大学生反省和质疑批判的能力。人们能够通过反省以及质疑批判提升和超越自我价值。人们只有反省自己，质疑和批判身边的事物，才能想出成熟的想法，构思出新的事物，才会去实践并实现自我超越，进而实现社会的进步与繁荣。一旦人们不再对自己和外界进行反省和质疑批判，那么人们就会安于现状，满意自己和外界，这样社会就失去了改变和进步的动力。生命以螺旋的形式完成提升和超越，人们对当前社会的一些情况不满意，提出新的构想，然后努力实现，这一过程就是反省、质疑和批判的过程。目前的教育方式着重强调学生对知识的掌握，而忽视了学生反省、质疑、批判和创新能力的培养，这样会使学生有丰富的知识储备但思想上却受到束缚，这些束缚可能是社会价值、知识理论、固定的思维模式、道德规范等。所以，在生命教育中，教育者要帮助大学生打破这种束缚，使大学生具备反省、质疑和批判的能力，大学生在今后的学习中就会加强自我反思，不会迷信权威，会质疑知识并提出自己的不同观点，将批判精神融入学习中，实现自我超越。

二、大学生的心理危机干预

在人才竞争和素质教育的社会背景下，大学生面临的各种各样压力明显增加，由此引发的心理问题不断增多，大学生心理健康问题已引起了社会各界的高度重视，对大学生的心理危机进行有效的干预，已成为高校学生工作的当务之急。

（一）危机与危机干预

1.危机及其特征分析

危机是当人们面对重要生活目标的阻碍时产生的一种状态，是个人遭遇的困难、境遇，这些困难和境遇使得人们无能为力，不能主宰自己的生活。这时，个体知道自己无法对某种境遇作出有效反应，而在一段时间内出现解体和混乱。危机具有三个特征：①事件的发生是预料之外的。②具有无法控制感、不确定性。③日常生活、事务的混乱和瓦解。

危机既可能发生在个人身上，可能出现在家庭之中，也可能发生在更广泛的社会范围内。危机包括事件性危机和非事件性危机。事件性危机一般是指某一重大的应激事件，非事件性危机则是一种长期的压力情境。

相同的事件是否会成为危机，取决于个体的特征和个体所处的环境。容易陷入危急状态的个体的人格特征是：注意力明显缺乏，容易出现应付和处理问题不当；过分内省的人格倾向；在危机情境中，总是联想到不良后果；情绪、情感具有不稳定性；独立处理问题的能力差；解决问题时缺少尝试性，行为冲动，常出现无效的反应行为。

危机的出现与个人生活的环境息息相关。一般来说，每次危机的出现也是在检测个人是否具备应对危机的能力以及是否拥有相应的资源。例如，个人的生活条件是否稳定可靠，能否满足自己衣食住行的需求。根据马斯洛需求层次理论，个人还需要满足心理相关的需求，如自尊以及自我实现的需求。一旦这些资源不能够满足需求，个体就会出现紧张的心理。

2.危机干预的目的

实行危机干预是一个相对较短期的过程。通过这种方式可以照顾需要帮助或沮丧的人，给予他们心理支持，使他们的心理恢复，找到心理平衡。危机干预并不是对来访者进行人格矫正的技术，而是为了帮助来访者解决问题。危机干预虽然是在心理治疗的基础上发展起来的，但在实施原则和目的上都与心理治疗具有明显的不同，明确这一点对危机干预者形成内在的心理图式和制定有效的干预措施具有重要的指导意义。

心理危机干预的主要目的：防止过激行为；促进交流，鼓励来访者充分表达出自己内心的感受。通过危机干预的心理治疗方法能帮助来访者找到自信，不再偏激地对待自己，能够用正确的眼光看待自我。心理咨询师也需要根据来访者的倾诉，提供合适的建议，以帮助来访者解决问题。

3.危机干预的领域

创伤后应激障碍是心理危机干预主要需要面对和处理的问题，其中心理咨询师的作用非常重要。创伤后应激障碍（PTSD）是一种延迟、长期的精神障碍，它由异常或灾难性的心理创伤引起，当事人主要表现为无法适应创伤事件。在心理咨询师进行危机干预时，最常遇见的情况就是来访者因为一些事件出现了PTSD，如果来访者经历了无法接受的重大事件，就可能会出现这一心理问题。面对这样的来访者，心理咨询师不能忽视来访者的心理创伤经历，要重视并鼓励他们重拾对生活的自信心。

4.危机干预的原则

心理危机干预的基本原则主要有：能够快速确定要干预的问题；在这些确定的问题中，重点突出来访者当前面对的问题，并采取适当的措施。在进行心理危机干预的过程中，来访者的家人或者朋友也可以参与进来，一起帮助来访者找到自信心。大家应该将来访者出现的心理危机看成正常的心理问题，而不是一场疾病。

5.危机干预的步骤

在实施干预措施之前，应先对危机的严重程度进行评估。对危机的评估主要涉及两个水平：①紧急程度评定水平。紧急程度评定水平包括危机的严重程度评估，求助者或他人是否存在生命危险；危机根源的认定，即判断影响个体的是危机事件本身，还是在处理危机事件过程中出现的过渡状态，还是社会文化因素。②危机状况评定水平。对处于危机中的个体进行综合状态的评定，包括危机面临者的认知状态、情感反应、行为改变的程度，以及躯体反应方面的表现等。

如果可以了解危机的紧急程度和个体的反应特点，对于实施危机干预措施会更有帮助。尽管危机的形式和个体的反应都具有很大的特异性，但处理危机的步骤仍有经验性的模式。人们总结了大量的危机干预步骤及其效果后发现，危机干预者往往采用相对直接和有效的干预方法来处理危机，这些方法可系统归纳为六个有效的步骤：

（1）确定问题。能否真正地干预危机就在于是否能够准确地确定问题。换言之，以求助者的身份去确定问题的根源，主要的方式就是倾听，包括理解、接纳、同情、尊重和真诚，只有这样才能够及时并有效地发现求助者的问题。

（2）确保求助者安全。危机干预最重要的任务就是确保求助者的安全，换言之，极大程度地降低求助者对自己和对别人的生理和心理的危害。

（3）给予支持。在倾听后，危机干预者还要积极主动地与危机者进行沟通，甚至可以与危机者成为朋友，让他认为自己得到了"朋友"的关心。工作人员不要对危机者的问题以及他的应对方式进行评价，要发自内心地接纳求助者，用语言和行动支持他们，引导他们积极应对。

（4）提出并验证可替代的应对方式。工作人员引导当事人更加客观地分析问题，提供多种合理的选择，并挑选最优方式。合理的选择方式主要有：为求助者列举能够应对危机的行为方式和环境资源；找到以前帮助过求助者且现在还愿意帮助求助者的人；从求助者的角度出发，为求助者提供看待问题的新角度，让求助者改变对问题的看法，同时还能够减轻求助者的焦虑和紧张，为求助者提供更加积极和阳光的想法，让求助者的思维更加活跃。

（5）制订计划。通过制订切实可行的计划使求助者的情绪得以平衡。计划主要包括：求助者自身的努力和外部环境的支持和帮助。求助者要积极主动地采取相应的应对措施，外部环境主要包括支持者以及支持的机构和组织。

（6）得到承诺。要让求助者真心接纳制订的计划，并且承诺要不折不扣地执行计划。在这一过程中，要让求助者明确他们要干什么，并且要让他们承诺会认真执行。

在处理因丧失而导致的危机时，工作人员首先要保护求助者的安全，同时，可以通过一些问题对求助者所处的状态进行评估，即认知状态、情感状态和精神活动三个方面。例如，求助者对危机认识的真实性、一致性、持续时间，是否想过如何改变这种处境等。如果求助者对所处的情感状态表示出过度的情绪化、失控或是严重的退缩和孤独，工作人员可以帮助他们逐步表达出内心的感受，恢复自控。

总而言之，工作人员应当利用自己的各种资源，倾听和帮助求助者。危机干预可以帮助求助者在发展中重构。工作人员应当预先端正自己的个人认识和职业态度。

6.危机干预的策略

危机干预的效果在很大程度上是由处理危机的人决定的。专业人员的个人特点和所表现出的专业素质是很关键的。从危机干预者的个人特点来看，丰富的个人经验、娴熟的专业技巧、镇静、精力充沛、富有创造性与灵活性以及快速的反应能力等都是非常重要的素质。因此，为保证达到干预的效果，在危机干预中专业人员应采取以下策略：

（1）及时提供精神支持。心理咨询师在了解危机背后的真相后，应观察来访者的情绪状态和反应，对他们的心理情况快速做出判断，做出理性又合理的决定。鼓励来访者振作起来，让他们相信自己具备应对危机的能力，并针对问题采取有效措施。在来访者的来访过程中，咨询师应该理解他们出现的不合理的行为，不应该对其强化。

（2）提供及时表达情绪的机会。处于危机中的人们的情绪反应会非常强烈，如果不及时排解，个人不仅会变得紧张，而且会对危机应对产生不利影响。危机干预的工作人员必须给陷于危机中的人们提供机会，使他们积压的负面情绪得到宣泄。

（3）给予希望和传递乐观精神。工作人员的一举一动和一言一行都要让求助者感受到积极的一面，这样求助者的焦虑和紧张情绪就能够得到有效的缓解。危机干预的主要任务就是让求助者能够更加客观和理性地分析他们所处的环境、现有的应对问题的资源，让他们更加积极主动地应对问题，果断彻底地执行计划，同时对未来充满希望。工作人员的鼓励和帮助要恰当，不能过火。

（4）倾听和接受。工作人员要理解和接受求助者，同时还要持宽容的态度关心求助者，要乐于倾听，善于倾听，从倾听中发现问题的根源，找到切入点，积极与求助者互动，这样才能够让求助者敞开心扉，有利于其解除危机。

（5）做出及时的反应。危机干预者在全面了解危机发生经过的基础上，对求助者所诉说的有意义的情况应及时反应，对无关情况则应淡然处之。应始终保持对当事人的应答反应，这有利于会谈的连续性，这种及时的应答反应具有积极的安慰和镇静作用。当事人从中可以感受到工作人员的关注和投入，从而增强对工作人员的信任和战胜困难的信心。

（6）表达尊重和理解。危机干预的工作人员必须尊重和理解面对危机的人的感受，客观地与他们讨论问题，不能指责他们，并不能出现表示"不应该"和"不可以"态度的话语。在危机发生的情况下，当事方可能会出现相对过激的反应，做出一些不合理的行为，这要求危机干预的工作人员尽可能客观地分析他们面临的问题，帮助他们找到问题的根源，并讨论恰当的应对措施。在这个过程中，可以忽略无效的反应和情绪，但不能因为它们无效就指责当事者。危机干预理论为危机干预实践提供了依据，危机干预理论与心理治疗联系起来便形成了危机干预模式，它为危机干预方法和策略提供了基础。为了帮助求助者尽快从危机中解脱出来，以下原则是非常重要的。

第一，指导处于危机中的个体及时、有效地接受帮助。危机干预者通过采用问题解决技巧和其他技术激发求助者的潜能，把注意力放在求助者人际关系冲突和角色功能失调等核心的方面，并把寻求解决问题的方法和途径作为核心的问题加以关注。

第二，帮助危机者有所作为地对待危机事件。帮助当事人对事件的发展进行预测，了解自身的资源和可能的解决办法，并帮助他们确定解决问题的步骤，督促其实施。

第三，向危机面临者提供必要的信息，包括其他人可能会采取的应对策略，当事人的个性特点、自我功能、社会文化因素的影响途径等，并对当事人的疑虑进行说明，增强其解决问题的信心。

第四，不要责备他人，以避免求助者因害怕承担责任而采取消极回避的方式。处于危机中的人很容易把问题的责任推给别人，这不仅无益于问题的解决，反而容易造成当事人更大的情绪反应。

（7）劝告和直接提出建议。工作人员应随机应变，根据当事人的具体情况提出具体的、可行的建议。

（二）大学生心理危机干预的方式

（1）支持学生的合理需求。人类的需求涉及多方面，既有生理和心理上的需求，还有安全、社会、精神方面的需求。危机干预中，不仅要了解学生的需求，还要了解学生需求不满足的原因，以帮助学生实现这些需求，正确对待自己的情绪。如果学生的需求无法被满足，就可能会出现异常行为。因此，帮助学生满足合理需求已成为危机干预的重要组成部分。

（2）协调学生的社会角色。老师真诚的语言和友善的态度会使学生感到安慰。同时，老师还应该密切注意学生需求，并减轻他们的心理压力。为了防止学生们发生异常行为，一旦学生因为某些事产生了不良情绪，教师应及时干预，以便学生可以通过老师的帮助转变为健康状态。

（3）帮助学生调节情绪。培养积极的情绪并创造一个可以表达情绪的环境，包括听音乐、散步、冥想、与亲密朋友交谈以及给亲戚朋友写信。在幸福、快乐、热情的环境中唤起学生们对生活的渴望，发展他们积极的自我意识并增强他们的积极情绪体验。让学生们学习如何有效解决问题，在每一次的成功中获得快乐和成就感。

（4）减轻学生的心理和社会压力。提高学生们的能力，让他们能够更好地适应环境。为了让学生能够形成一个良好的个性以适应社会的不断变化，学生们需要做好心理准备来应对即将要发生的事情。学生不仅要有正确的自我认知，还要有自信。正确的自我认知可以让学生们充分利用自己的优势，避免自己的劣势，实现预定的目标，让学生们在良好的环境中学习成长。在日常生活中，良好的人际关系和社会认可都可以帮助学生们缓解心理压力，使其具备应对生活中消极事件的能力。

（5）提高学生的适应能力和应对能力。适应意味着当身体面对环境变化时，身体会产生对应行为，以便个体可以继续在变化的环境中生活。适应反应是基于防御反应的理论，防御反应由特定动机驱动，目的是避免负面心理情绪带来的危害。适应和应对行为的方式主要可以分为两类：一是增加对身体有害的行为，这种情况就需要对这些有害的行为进行心理干预；二是采取自我保护措施，以减少对身体有害的行为。例如，学生在已经了解自身面临的问题的性质后，主动向专业危机干预者寻求帮助。专业人员应帮助学生采取合理的应对行为，并促进学生朝着身心健康的方向发展。

（6）处理学生的心理和身体反应。疼痛是一种常见的生理反应。除了使用止痛药等药物以外，使用心理暗示的方法来缓解和抚平疼痛也有一定效果，比如老师可以利用与学生交谈、分享音乐、欣赏艺术等方法来转移学生的注意力。处理学生的心理和身体反应的关键问题是提高他们的认知能力。处理学生的心理和身体反应的一种方法是让他们与客观世界建立更深层的联系。对于因疾病导致功能丧失从而引起身体变化的情况，老师要帮助学生接受自己身体出现的变化，鼓励学生参与治疗，学会照顾自己，同时，也要让学生努力争取亲朋好友的支持。

第六章 大学生心理健康教育管理的实践研究

第一节 大学生心理健康教育课程与活动

一、大学生心理健康教育课程

课程教学是对大学生进行心理素质教育的主渠道，是高校心理素质教育的重要组成部分。大学生心理健康教育课程不同于高校的其他学科课程，大学生心理健康教育课程的教学内容和教学方法要体现学生良好心理素质培养的总目标。因此，探索和创新大学生心理健康教育课程建设，是高校心理素质教育的重要任务。

（一）心理健康教育课程的建设理念

课程的教育理念是课程建设的核心，它决定了教学目标、教学内容的建构以及教学方法的选择。建设大学生心理健康教育课程应当遵循的理念主要包括以下几个方面：

1.课程教育的重点是大学生

大学生心理健康教育课程关注的是人，是学生这些活生生的人的心理健康。人是课程设计的出发点，理论和知识都是为人服务的，不能本末倒置。关注人的课程价值理念就是要在课程内容设置上研究大学生的心理发展特点、大学生心理成长发展的需要以及大学生心理发展的困惑，以学生为中心选择课程内容，选取相应的心理学理论；关注人的课程价值理念就是要研究学生喜欢和可以接受的教学方法，使学生真正愿意学、喜欢学，使其学习的内容可以用于自己身上，达到人格的完善和心理的健康发展。

2.课程关注学生生命的成长

关注学生生命成长的积极取向为整个课程内容的立足点。从人的心理健康的发展来看，心理健康有三种不同层次的标准：第一种是底线标准，即心理健康就是心理的非病状态；第二种是心理健康就是良好的适应状态；第三种是较高要求的标准，即负责任、成熟、积极的状态。目前心理健康标准大多是第二种，即心理健康就是良好的适应状态，而第三种鲜有涉及，这会使学生误认为心理健康教育是针对有心理疾病的人或易产生心理疾病的人，所以一般学生不愿积极主动地参与，因此没能起到很好的教育效果。引导人们关注和挖掘个体和群体中积极的品质和潜能才是使人更幸福的关键，是心理教育关注的重点。

因此，心理健康教育课不管在教育取向还是在教学内容上都需要重新调整：变呈现问题、谈论危害、提出解决之道的消极应对模式为发现问题背后的意义、自我接纳、增强正向能量的积极成长模式，提倡素质和潜力的培养，激发学生的潜能，而不是问题行为的矫正。从人的心理发展来看，人的心理是不断变化发展的，处于成长阶段的大学生更是如此。他们在成长过程中会遇到各种心理困扰，但同时又具有巨大的心理潜能。

教师要相信通过心理素质教育课程的教育一定会使大学生发生积极的改变，即使外在改变不明显，其内在生态系统的改变也一定会发生。另外，促进学生心理发展还要积极引导学生。教师的教学设计和要求要稍高于大学生现有的心理发展水平，让学生通过努力可以达到目标，体验成长的快乐，激发学生的主观能动性，不断开发大学生的心理潜能。此外，促进大学生心理发展需要大学生心理健康教育课程的内容、教学方法、课程风格及展现形式根据时代的发展、大学生的接受水平不断进行调整，将心理健康领域最新的研究进展、最适合学生成长的健康理念传递给学生，从而引导学生走向自我实现之路。

3.课程激发大学生主动学习

大学心理健康教学的核心是促进学生了解自己，让学生在原有的基础上变得更加积极主动，投入生活，学会为自己负责，为自己做选择，做决定。而学生要做出这样的改变，既不是靠教师的讲授，也不是靠教师从外部的灌输可以完成的；必须经由其由内而外的心理转化才能达到。因此，只有充分重视和尊重学生的内心世界，才能促使其去发现并接受真正的自我，学会为自己负责，并作出适合自我个性的选择。这个过程只有靠激发学生内在的主动性，让其从"要我学"到"我要学"，使他们从单纯接受者的角色转变为学习过程的主体，从接受式学习转变为发现式学习、探究式学习。激发学生的学习欲望，提升学生的学习兴趣，培养学生的创新思维和创新能力，使学生以积极主动的状态参与教学活动。

心理健康教育课程重在关注生命成长，即让心理健康教育课程的学习成为师生人生中一段重要的生命经历，成为其生命中有意义的构成部分。一方面，关注生命不仅要尊重每一位学生，注重让学生在课堂上积极参与，使他们在体验中感悟，在感悟中收获成长，还要在传授心理调节知识和技能的同时，培养学生健全的心智与健康的人格，充分领悟和体验生命的意义和生活的价值；另一方面，课堂教学是教师职业生涯中的重要组成部分，课堂上学生与学生之间的分享、师生之间的互动，学生的疑问和反思都可能成为教师专业成长、情感升华、体验到生命价值的重要契机。心理健康教育课程让课堂焕发生命的活力，成为学生和教师体验生命价值、感受自我成长、进行生命实践的重要舞台，对教师和学生的生命成长都具有重要的意义。

4.课程提倡回归现实生活

心理健康教育课程如果要帮助学生获得更好的心理发展、更好的生命成长，就必须回归生活，在课堂学习时注重理论联系实际，使学生在学习后将所学的理论方法付诸实践，使自己在生活、学习上更适应，拥有幸福感。心理健康质教育课程若想回归生活，就要以真实的生活环境为中心设计教学内容和教学活动，通过对大学生在生活实际中遇到的适应问题、人际关系困扰、情绪管理、生命困惑、危机事件等给予指导，帮助学生将所学的心理调适之道应用于生活中，关注生活、体验生活，提升生活品质，成为自己身体健康与心理潜能的开发者。

心理健康教育课程回归生活，就要敢于直面学生在心理发展中的热点问题。对于学生提出的热点及敏感话题，不回避，不说教，而是从关爱出发，引导学生讨论，让学生学会为自己、为他人负责，从而正确地做出选择。回归生活主要从以下几个方面来理解：

（1）课程价值取向方面。心理健康教育课程培养的是热爱生活、接纳自我、身心和谐的人，而不是进行心理学研究的研究者。心理健康与大学生的学习、生活息息相关，是生活中重要的构成要素。通过心理健康教育课程，可以帮助大学生对生活经验进行整理、反思和丰富，在课程生活和整体生活的互动中成为一个身心健康的人。

（2）课程目标方面。心理健康教育课程致力于人与人、人与自然、人与社会的和谐健康发展，培养学生悦纳自我，热爱生活，积极交往，形成健康向上的情感态度价值观，同时注重大学生一致性与差异性的统一，培养学生尊重彼此的差异性，学会欣赏别人，处理好大学生在生活中的各种人际关系。

（3）课程内容方面。在课程内容方面，将大学生在生活中不可避免会遇到的心理困扰及其关注热点引入心理健康课堂，主要包括生活适应、学习适应、情绪管理、人际关系、恋爱与性、珍爱生命、应对挫折、转换生活视角等。心理健康生态课程内容不仅存在于课本中，生活是更广泛的课程内容，心理素质教育课程就是让大学生针对生活中的各种问题，学习心理调适之道，并将所学知识应用于生活实践，从而提高大学生的适应能力，达到人与自然、人与社会的和谐统一。

（4）学习效果评估方面。从学习效果评估方面，分别以自我评估、教师评估、学生评估三种方式对大学生进行评估。不仅要评估大学生对课堂上学到的心理健康知识和心理调适方法的掌握情况，更要重视大学生的知识获取及应用能力，即大学生是否能在日常生活中关注自己和他人身心健康，通过阅读方式、开展或参与心理素质教育活动等方式提高自己的心理健康水平，以及主动将所学知识应用于生活实践。此外，课程评估不仅要评估大学生学习心理素质教育课程的结果，还要关注在整个学习过程中学生参与课堂及课外活动的积极性及态度。

（二）心理健康教育课程的教学内容

1.课程内容选择的原则

心理健康教育课程要从大学生实际的心理需要出发，针对他们在成长过程中可能遇到的心理困扰，整合心理学相关理论，设计适合学生身心发展规律的教学内容，提高其心理素质及解决问题、完善自我、感受幸福的能力。为了使课程内容选择更符合教学目标，符合课程教学本身的内在规律，需要了解课程内容选择的有关知识。

心理健康相关课程内容选择原则主要包括：①学生必须具有相关的行为经验。②使学生在实现目标的行为中获得满足感。③使学生具有积极投入的动机。④使学生看到自己以往反应方式的不当之处，激励学生尝试新的行为反应方式。⑤学生在尝试学习新的行为时，应该得到某种指导。⑥学生具有从事上述活动所需要的学习材料。⑦学生有足够的时间学习与实践，直到新的行为反应方式成为他的一部分技能。⑧学生有机会循序渐进地从事大量实践活动，而不只是简单地重复。⑨为每个学生制定超出他原有水平但又能达到的标准。⑩使学生能够判断学习结果，在没有教师的情况下能够自学。

综上所述，心理健康教育课程内容选择原则的核心是从学生实际出发，根据学生的最近发展去设计出让学生有更多体验的课程内容，调动学生的积极性，发挥其潜能，让学生在学习中体验到成就感，并培养其自主学习的能力。

2.课程内容构建的特点

大学生心理健康教育课程的内容构建，主要体现在以下几个方面：

（1）以需求和应用为导引构建课堂内容。传统的专业课程是以传授知识为目的，按照理论知识的内在逻辑构建课程内容。而大学生心理健康教育课程内容的构建是以学生心理发展的需求、以学生的实践应用为逻辑。课程内容的构架是以大学生成长最需要的心理品质和心理发展能力为其内在逻辑的。课堂内容包括：对大学生心理健康理论的概述，大学生自我意识的培养，大学生学习心理的调整，大学生人际关系的和谐，大学生情绪的管理，大学生抗挫折能力的培养，大学生性心理和恋爱心理的调解，大学生的生命教育以及大学生的职业生涯发展等。

以需求和应用为导引构建课堂内容，不仅体现在课程整体内容的构建上，也体现在具体内容的构建上。这就要打破知识体系本身的严密逻辑性、系统完整性，选取以促进学生生命发展为目的且最适合学生应用的心理学理论和方法，让知识服从于学生的生命发展。

（2）整合相关理论构建课堂内容。大学生心理素质教育课程中所选用的心理学理论不是一种单一的心理学理论流派，而是根据学生的需要整合心理学的相关理论。如基础心理学、心理卫生学、发展心理学、社会心理学、心理咨询与心理治疗等理论的相关内容和观点。在这些理论的选取中，既要重视经典理论的使用，又要不断吸取国内外心理学的最新理论研究成果，从而让学生不断接收到新的信息。同时，要帮助学生认识理解自己心理特点的形成与发展，学会在社会生活中运用它；在课程内容上，除了整合心理学的相关理论知识外，还要选用相关的其他学科，如哲学、社会学、教育学、人类学等学科的相关知识，以开阔学生的视野，丰富学生的认知。

（3）拓展实践资源构建课堂内容。大学生心理素质教育课程注重理论联系实际，因此，它强调的是知、情、意、行的统一性，重视认知与行为改变。

通过课堂内外的互动结合，把心理健康教育的内容和目标具体化为可以训练养成的行为特征，化为内部的心智操作活动，提升心理品质，完善人格结构，让学生在实践活动中亲身体验，获得成长与发展。因此，在课程内容上，要密切联系大学生的实际，设计相关的实践活动，如案例分析、心理训练等；课程内容既要配合课内教学，也要安排学生实践。例如，学生自信心训练、人际沟通、情绪自我调节的训练作业，设计、组织、参与学校或班级的心理健康教育活动，为社会提供心理服务等。

（三）心理健康教育课程的教学方法

教学方法服从于教学目标，是教师为达成教学目标而搭建的教师的教与学生的学之间的桥梁。它不仅涉及教师如何教，也涉及学生如何学和怎样真正学。为使大学生心理健康课程真正帮助学生在学习并掌握心理健康知识的基础上，将其运用于自己的学习生活中，形成良好的心理素质，提高心理发展的技能，就必须改革传统的教师单向向学生灌输理论知识的教学方法，探索新的教学方法，主要包括以下几个方面：

1.多元互动式的课堂教学

多元互动式教学是基于对教与学关系的审视和思考，以建构主义和认知学习理论为基础而建立起来的一种教与学关系的新的教学方法。互动式教学主张在教学中教与学双方交流、沟通、协商、探讨，在彼此平等、倾听、接纳、坦诚的基础上，通过不同观点的碰撞交融，激发教学双方的主动性，促进学生自主建构知识，发展创造性思维，以提高教学效果。互动式教学与传统教学相比，其特点在于互动。从教育学、心理学角度，互动式教学主要包括以下几个方面：

（1）师生双方主动参与。在传统的教学中，强调教师的教，教师是主动的传授者，学生是被动的接受者。而在互动教学中，学生从单纯接受者的角色转变为学习过程的主体，从"要我学"到"我要学"，从接受式学习改变为发现式学习、探究式学习，激发学生的创新观念和创新欲望，提高学生的创新兴趣，培养学生的创新能力。因此，在心理健康教育的教学活动中，师生双方都是意识的、能动的交换或传递者，都以积极主动的状态参与活动。

（2）师生双方共同参与。互动式教学相对于教师讲、学生听的静态教学来说，它更强调"动"，即要有师生共同参与的教学实践活动，在活动中达到手动、脑动、情动，使学生在实践活动中体悟和理解、内化所学的理论，又到实践活动中去应用，达到理论与实践的结合，提高理论认识和实践相结合的能力。所谓"动"，就是要创设多种教学情境，开展多种教学活动，如师生角色互换、情景模拟、小组讨论、案例分析、游戏活动、课外实践等，它是形式灵活多样的教学手段与教师讲授的综合，是课堂内外的有机结合，它能够促进学生理论和实践的有效结合，培育学生的创新精神，提高实践能力。

（3）师生互动的多元性。相对于传统的教学来讲，互动式教学是教学中多种构成因素的多元互动，它包括教师与学生之间的互动、学生与学生之间的互动、人与情境的互动等。这彼此间的多元互动使师生获得了多方面的信息，可以相互教育、相互触动、相互启发、相互学习，从而取得个人的提升与成长。在心理健康教育课程上，教师们运用的互动教学方法主要包括以下几个方面：

第一，课前情感分享。课前情感分享即在讲授正式课程内容前，让同学们分享个人最近的生活感受，主要是积极正向的感受，也可以谈个人的压力感受。在这个过程中，一方面，可为同学们创造情感交流的空间，增进彼此的相互了解；另一方面，也可以使同学们在表达和倾听彼此的感受与看法中，拥有一个发现不同、向他人学习和完善自己的机会。情感分享可使学生由外在的互动转化为内心的互动，从而受到启发，得到成长。

第二，专题短讲。专题短讲让学生将所学到的心理学知识与生活实践结合起来，谈自己的认识、理解和解决方案。专题短讲不仅可以调动学生自主学习的热情，也可以使学生在学习中获得自主解决心理问题的能力。

第三，课堂讨论。课堂讨论有多种形式：一是邻近座位的2～3人的讨论，这种方式比较随意、便捷，可随时进行，互动性强，每个人都有发言机会，而且由于位置邻近、人数少、安全性强，学生顾虑少，参与性更强。二是小组讨论。一般8～10人一组。小组可以有固定的小组成员，也可以根据课程内容和课堂情境随机分成小组。教师根据课程内容提出问题让小组讨论，可以就课程中的体验活动引发的感悟和理解展开讨论。在讨论中鼓励学生畅所欲言，各抒己见，让学生在充分讨论中获得对某个理论内容的深入理解，或获得对某个问题的多种解决方式，从而拓展思维的深度和广度，增加更多的适应性。根据各高校上心理健康课的教师人数少、课堂学生人数多的实际情况，小组讨论学习的方式比大班讨论更为适宜。

第四，全班讨论。全班讨论通常是在小组讨论的基础上，让各小组代表或选几个小组代表表达本组讨论的结果。这种方式可利用更大范围的扩展互动扩展同学的思维。有时教师也可以在全班提出问题，直接交由同学讨论。在这种情况下，那些思维活跃的同学会表达自己的意见，带领大家学习。无论哪种形式的讨论，教师都可以适时、适度地参与，表达自己的感受和观点，形成师生互动，对学生进行积极引导的局面。

第五，热点辩论。热点辩论是教师就当前大学生在心理发展中遇到的一些困惑、有不同观点的热点问题，引导大学生进行辩论。辩论时分正方、反方两组，各组就话题展开辩论。在辩论前，学生们查阅相关文献，搜集实例，为辩论做准备。在辩论中，学生们旁征博引，对各自观点进行阐述和辨析，这一过程可加深对相关理论的理解，找到处理问题的方法。

第六，操作训练。为了提高大学生自我关爱、自我调解、自我完善、自我发展的能力，教师可以配合教学内容为学生设计一些体验式活动，让学生在参与中互动交流。

2.体验内化式的课堂教学

大学生心理素质教育课程不是为了让学生记住多少心理学的理论与方法，而是要让他们将这些理论和方法内化为自我的认识，再由认识转化为完善自我的行动。当代建构主义倡导的体验式教学为人们提供了一种体验内化的教学方法。

体验式教学强调"体验"，即从个人经验中感悟和理解，它既是学习过程，又是学习的结果。体验式教学指教师通过在教学过程中精心设计活动和情境，让学生通过体验、观察、反思、分享、理解并建构知识，提高能力，并把知识运用到现实中去。建构主义认为，学习不是从外界吸收知识的过程，而是学习者建构知识的过程。每个学生都在以自己原有的知识经验为基础建构自己的理解。在具体操作层面上，体验式教学主要包括以下方面：

（1）创设体验情境。创设体验情境是指创设一些情境和活动。大学生心理健康课教学常用的体验活动有冥想、案例分析、心理测试、电影（视频）赏析、心理游戏、角色扮演、心理情景剧等，是设置某一种活动情境让学生参与其中并从中获得经验的过程。

（2）观察反思。观察反思是指学生在情境中感知、观察、体验、思考，这是一个在内在发生的过程。学生进入教学情境之后，为了让他们对经验有更深的体验，教师对其引导，丰富他们的生命体验，促进其觉察与反思。教师可以就事实和感受两个层面对学生进行引导。教师注重引导学生在互动活动中关注自己和他人的感受和体验。学生就会从对这一具体活动的关注中产生对课程内容的兴趣，继而被激起热烈的情绪而投入到课堂学习中，学生也会把对这一具体情境的体验性学习带入生活中的各种情境，从而学会观察生活、观察自己、观察他人，感受自己、感受他人、感受生活。他们会从生活中学习改变与成长。

（3）总结提升。总结提升是将学生所获得的体验、觉察、认识，用心理学的理论来引导思考和分析，使他们形成新的人生经验。总结提升是把以前自己得到和从分享交流中获得的片段而零散的新体验、新感受、新认识进行统整、提升并赋予新意义的过程。这个过程很重要，例如，学生在分享了用表情、动作进行交流时的感受后，总结出了"非语言是人的内心表达""敏锐的观察可以增进人际交往""语言表达可以直接交流，避免误解"。这一阶段可以采用学生的自我总结、学生团体总结和教师总结的方式。

（4）迁移应用。迁移应用是指学生如何将获得的体验应用在学习及生活中。学生获得了新的认识和经验后，最重要的是要去应用，将其用到自己的日常生活学习中，转化为自己的行动。这既是对所学到的心理学理论和方法的实践验证，更是对自我的改变与提升。为了促进学生把学到的新经验更好地应用于生活中，教师可以提出问题对其进行引导。教师也可以给学生布置作业，强化学生的应用。

3.动态生成式的课堂教学

动态生成式教学是指课堂上要根据学生实际情况灵活调整或改变原来预设的教学计划，针对学生的问题与想法展开教学，使课堂处于动态和不断生成的过程中。要使师生在教学中成长，就要把师生的教学活动当作不可剥离、相互锁定的有机整体，把教学过程看作师生为实现教学任务和目的，围绕教学内容共同参与、沟通和合作活动，产生交互影响，以动态生成的方式推进教学活动的过程。心理健康教育课程观很重视课程的动态生成性，根据大学生实际生活中遇到的问题生成教学内容，通过师生之间的互动、体验与分享，提升大学生的心理保健意识，培养大学生解决家庭生活、学校生活、社会生活中遇到的各种困扰的能力。

需要注意的是，动态生成的生态课程观并不是不需要预设成功，即提前备课，顺利完成教学计划。预设是有效教学的基础，因为教学是一个有目标、有计划的活动，教师必须在课前对教学任务有一个清晰、理性的思考与安排。只有预设教学内容、教学设计，进行备教材、备教案、备学生，才能更好地在课堂发挥教师的主导作用和学生的主体作用，提高教学效率。因此，心理健康教育课程要将动态生成和预设成功有效地结合起来。教师根据大学生在生活中可能会遇到的问题做好充分的预设和充足的准备，这样才能对整个课堂有更强的掌控力；同时，要适时关注课堂生成的新问题、新内容、新方法，体验师生之间、生生之间思维碰撞、心灵沟通、情感融合的生命活动历程以及随之而来的意外收获。

4.学生实践式的课堂教学

行动学习注重培养学生在行动实践中解决实际问题的能力。大学生心理健康课程是应用性课程，必须注重引导学生参与解决自身心理问题的能力，让学生学会运用心理学理论帮助自己成长，使学生成为学习者和实践者，将理论应用于实际。

引导学生行动实践，可以在课堂上或课后进行，让学生反思并提出令自己或大学生群体困惑的心理问题，然后小组研讨解决方案，个人再按照这一方案实施，在实践一段时间后，再进行个人和小组的总结反思，最后在全班组织分享报告。这种方式能够使学生在学中用，在用中学，将普遍的理论方法沉淀为心理素质，内化为自身的心理发展能力，如人际交往、情绪管理的能力等。

引导学生行动实践还包括引导学生在课外参与并开展各项心理素质教育活动，例如参与组织心理社团，担任朋友辅导员、心理委员等，组织班级和学校的心理素质教育活动，让他们在这些实践中运用所学，向同学普及宣传心理健康知识，帮助同学健康成长。同时也组织他们参与社会心理服务活动，让他们通过参加实践，培养他们的人际沟通能力、理解他人的能力、调控自己情绪的能力，并在与他人的互动中学会认识自我、完善自我。

5.现代网络化的课堂教学

随着现代网络科学技术的发展，大学生们使用网络的普遍性提高，网络平台延伸了课堂教学与学生之间的沟通，弥补了大班教学、课时有限等问题的不足。采用网络的方式符合学生的使用习惯，把课程带到网络的同时也是带到学生的实际生活中。由于网络的隐匿性和去束缚性等特点，在班级课堂上表现不出众的学生很可能在网络上很受欢迎，这样的形式对于发现并鼓励这部分学生具有极其重要的意义。学校可以充分利用学校现有的网络学堂平台，并且通过微博、邮件等形式提高学生对课程的参与程度。因此，运用现代网络技术进行大学生心理健康课程的教学既可以使教学方式更为现代，拓宽教育渠道，也可以拓展教育资源，同时这也符合大学生的心理特点，从而能够提高课程的教育效果。利用网络平台进行心理健康课程的方式主要包括以下方面：

（1）拓展教学内容。课堂教学的时间毕竟有限，网络资源库的建设能够提供更多的资源，以满足学生进一步学习的需要。教师应及时更新资料并在学校的网络学堂平台上发布，使之成为一个丰富的教学资料库，供学生浏览下载。

（2）利用网络答疑疏解。为了与学生更紧密地联系，教师可以利用邮件或微信平台进行答疑和疏解，开辟心理健康教育课堂教学的另一个网络途径。为此，教师可以建一个专门的公共邮箱或微信群并在开课之前就公布这个公共邮箱或微信群，以便学生沟通和联系。教师可以通过邮件或微信解答学生的个别问题，用邮件或微信进行答疑或心理辅导，及时帮助一些同学解决具体的问题。

（3）建立能力导向考核体系。大学生心理健康教育课程的目标是培养学生良好的心理素质，培养学生的心理自我调节、自我完善、自我发展的能力，因此，要围绕这一目标，建立以能力考核为核心的课程考核与评价体系。

以能力为核心的考核评价体系是一个多维的综合体系，通常包括的因素为：①出勤情况。课堂出勤表明学生的学习态度，在考核中占一定的比例。②课堂参与互动情况。考核学生参与课堂互动的主动性，以及其发言的质量，看其是否真正积极、主动地投入学习，而且获得了领悟与成长。③平时课后实践作业，包括文本或视频等，考察其学以致用的情况。④课程结束时的卷面成绩。通常这样的考试是开放式的，让学生就学习的某一课程内容专题，从理论联系实际谈自己的理解和运用。这样既考察了他们对理论知识的学习和理解，也考察了他们实际运用的情况。这些考察成分的权重侧重于课堂互动和实际应用。

以能力为核心的考核评价体系的作用，一是培养学生为自己负责的学习观，使其认识到学习是为自己学，是增强自己、完善自我、发展自我的能力，满足自身适应社会所应具备的心理素质和能力，激起学生内在的学习动机；二是培养学生学以致用的能力。通过考核，激励和培养学生将所学的心理健康的理论和方法运用于自己生活、学习的实际，让他们动手、动脑，在"做中学"，在参与活动中锻炼自己的能力。

例如，在以能力为核心的考核评价体系中，将学生课堂参与讨论、发言情况，课后围绕课程内容完成的文本作业、视频制作等，或者是自我反思作业等纳入考核，而不只是死背知识，使学生注重日常学习的学习态度和学习习惯，而不是只关注期末的最后一次考试。此外，以能力考核为核心的课程考核与评价体系也为学生训练、展示自己的能力搭建了一个实践平台。

二、大学生心理健康教育活动

（一）心理健康教育活动的设计原则

如何使高校心理健康教育活动开展得更有效，使活动更能切合大学生的心理特点，满足大学生的心理成长需要，发挥心理健康教育的功能，在设计及实施心理健康教育活动时注意以下原则：

1.活动设计的主体性原则

心理健康教育活动的目的是提升学生的心理素质，是以学生为主体的，在设计及实施心理健康教育活动时，一定要尊重学生主体的需要，主要表现在以下方面：

（1）活动内容设计贴近学生需求。活动内容应符合学生心理发展水平和特征。学生心理素质的发展必须以他们已有的身心发展水平为依托；同时，每个学生对主客观世界的认识方式和作用方式均受到其已形成的思维模式和行为习惯的影响，表现出个体的特征。因此，在进行心理健康教育活动时，活动内容必须适合不同年龄阶段学生的心理发展水平和特征。只有这样，才能调动他们的主动性和参与性。

（2）充分调动学生积极参与活动。充分调动学生参与活动的独立性、能动性和创造性，让每一个学生都成为活动的积极参与者。在活动过程中，教师只能起指导作用，不能包办代替。要注意防止两种倾向：一是对活动插手过多，学生失去了自主性，只能按教师意图行事，最终失去对活动的兴趣；二是将活动看成是学生自己的事而袖手旁观，听之任之，这实质上是一种不负责任的表现。教师既要确定学生在活动中的主体地位，又不能放弃自己的主导作用。

（3）充分体现学生自主性。学生在心理健康教育活动中的自主性主要表现在以下两个方面：

第一，活动方式选择的自主性。要允许学生凭自己的经验、兴趣去选择自己认为最好的活动方式；或者在主动参与中获得成功，从而掌握某种经验；或者在协同参与中获得兴趣，从而认识了探索的价值；或者在被动参与中得到启发，从而获得某种情感体验。教师的主要任务是让每一个学生都能自主地参与活动。

第二，活动过程中主体的自主性。心理健康教育活动是一种由下而上的活动，所以，教师应将那些自上而下的指令更多地转化为在与学生平等互动中的渗透：只有当学生感到教师也在与他们一起平等参与，没有感受到压力时，他们才能从活动中获得最大的情感体验，才能最大限度地发挥自己的潜能。

2.活动设计的开放性原则

心理健康教育活动的开放性表现在以下两个方面：

（1）形式上的开放性。在形式上，心理健康教育活动可以向不同的对象开放，尽可能地将能够促进大学生心理素质提升的资源整合起来，主要包括以下三个方面：

第一，向校内开放。以班级集体活动为例，既向同年级开放，又向其他年级开放，这样既可加强班际联系，又可促进集体活动质量的提高。为此，可设计为兄弟班联谊、手拉手年级竞赛等。

第二，向家庭开放。活动可以延伸至家庭，请家长也来参加。有时家长忙，不便参加活动，则可请家长献计献策，指导学生搞好活动，这样做既得到了家长的帮助和指导，又提高了家长对心理健康教育的认识。

第三，向社会开放。走向社会，既能提高学生参与活动的兴趣，又可引导学生正确地认识社会。因此，在设计争取社会力量配合的活动时，可采取"请进来""走出去"的方法；或者请先进人物来校来班作报告、座谈；或走出去调查、参观、访问、提供社会服务等。❶

（2）内容上的开放性。内容上的开放是指在设计活动时要善于从学生的学习、生活实践中选材，主要包括：①从平凡的生活中挖掘活动素材。作为活动设计者，应做到独具慧眼，对生活中的小事深入开掘、巧妙策划，设计出相应的活动。例如，"寻找最美的笑容"摄影活动，就是通过收集笑容的照片，促进学生发现生活中的美好。②从周围的环境中寻找活动素材。学生总是生活在一定的社会空间里。每一个社区都有自己独特的自然风光、风土人情和悠久

❶ 吴彩虹.大学生心理健康教育课程参与式教学方式探索[J].怀化学院学报,2015,34（8）:116-119.

历史，其中蕴含着丰富的教育资源，只要能因地制宜、有的放矢地选择，就可以找出相应的活动内容。

3.活动设计的有效性原则

为了使活动有效，在设计心理健康教育活动时，一方面，要能针对学生的实际来设计活动。例如，针对刚入学的大学生，开展新生班级辅导活动，促进学生更快融入大学校园。另一方面，设计时要考虑所设计活动的可操作性。为此，要注意活动规模不宜太大，活动节奏要适度，比如针对失恋者的团体辅导应以8~10人的小团体连续多次的活动为宜；而新生班级辅导则可以在几十人的班级中开展，并且一次2小时的活动就会收到较好效果。

4.活动设计的系统性原则

学生心理素质的提升不是可以轻易实现的，是一个系统工程。在设计心理健康教育活动时，要注意内容的系统性，使单个活动组成系列活动，具有指向集中、主题鲜明、内容丰富的特点，从而使全体学生都受到深刻的心理健康教育，也注重学生知、情、意、行诸方面的全面发展。例如，在入学时开展新生班级辅导活动；在大二、大三时开展自我探索、确定职业发展的活动；在大四时开展求职辅导、使学生适应社会的活动。

（二）心理健康教育活动的类型划分

1.根据活动组织时间划分

（1）日常性心理健康教育活动。日常性的心理健康教育活动指不受时间限制，高校日常开展的心理健康教育宣传活动，主要有心理报刊、心理橱窗、心理网页的宣传，心理讲座、团体辅导活动、各种志愿者活动的开展等。这些活动没有时间限制，根据同学需要随时开展。日常性的心理健康教育活动可以随时让学生学习到心理健康知识，起到对学生的心理教育不断重复、不断强化的作用，日积月累，润物无声，学生们逐渐增长了心理健康意识，学会关心自我和他人的心理健康，学会自助与助人。

（2）集中性心理健康教育活动。集中性的心理健康教育活动指高校在限定的时间内，集中组织的系列心理素质教育活动。集中性健康教育活动的好处是能够形成一种宣传教育的强大影响力，如果在同一时间段内进行丰富多彩的心理教育活动，能够引起学生更大的关注，引发学生积极参与的兴趣。

2.根据活动人群范围划分

（1）个人层面开展活动。在个人层面开展的心理健康教育活动主要是面向个体开展的，注重个体在活动中的体验及参与，旨在提高个体的心理健康意识，增强个体对自我的认识、理解和接纳，提升心理适应能力。如心理专题讲座、现场心理咨询、心理测试、心理电影赏析、心理读书会、心理对对碰、微博短故事征集大赛等活动。

（2）宿舍层面开展活动。宿舍是大学生学习、生活、休息、社交的重要场所。宿舍人际关系是大学生的一种特殊的人际关系，一个宿舍的成员大多是同一个班级或年级的同学。一方面，距离的优势为大学生之间的交往创造了频繁接触、相互熟悉的环境；另一方面，距离的邻近也影响着相互之间的利害关系。由宿舍成员共同营造的宿舍文化氛围潜移默化着大学生人生观、世界观、价值观的形成和水平。大学宿舍人际关系如何直接影响着大学生的心理健康与成长。以宿舍为单位开展心理健康教育活动对大学生的个性塑造、心理健康具有深远的意义，它不仅可以减少宿舍矛盾和冲突，促进宿舍成员之间的理解和接纳，而且可以营造温馨和睦的宿舍氛围，增强归属感，从而促进个体情绪管理能力、人际交往能力等心理素质的提升。在宿舍层面开展的心理健康教育活动主要有：幸福宿舍评比、宿舍团体活动、宿舍心理微电影等。

（3）班级层面开展活动。大学中的班级是大学生活的基本单位，是学校、学院开展工作的终端，是大学生共同学习、共同生活的基础，因此，在班级中开展心理健康教育活动可以促进班级凝聚力的提升，增强同学的归属感，促进个体情绪管理能力、人际交往能力等心理素质的提升。在班级层面开展的心理健康教育活动主要有：心理班会、班级心理健康知识竞赛、优秀班级活动评选等。

（4）校园层面开展活动。校园文化是一种社会亚文化，是社会文化的有机组成部分，校园文化具有育人功能、导向功能、娱乐功能和辐射功能。心理素质教育活动是高校校园文化的重要组成部分。在全校层面开展心理健康教育宣传及实践活动对于构建良好的心理生态环境非常重要：一方面，充分利用报刊、网络、电台、电视等宣传手段，在全校宣传心理健康知识，营造积极、健康的文化氛围；另一方面，在全校层面开展心理素质拓展、心理情景剧表演、心理团体辅导等活动，营造特定的校园心理氛围与环境，由于渗透面广，这能够让更多的学生了解、知晓心理健康理念，让学生在有意或无意中受到教育，对学生积极心态的形成、乐观向上生活态度的培养以及和谐人际关系的建立，都产生着综合影响。高校日常的心理健康知识的普及宣传教育都在营造一种良好的校园心理文化氛围，帮助学生健康成长。

3.根据活动形式划分

在实践中，高校教师和大学生们创新了许多高校心理素质教育活动形式，主要包括以下方面：

（1）心理素质拓展训练。心理素质拓展训练是体验式学习的一种，它是借助教育学、心理学、组织行为学等相关学科成果，针对社会的需求和学生身心特点设计出来的一种体验式培训活动方案，旨在通过模拟自然的环境，让学生体验经过设计的活动项目，接受个人潜力激发和团队凝聚力的挑战，然后经过回顾反思和交流分享，加深对自我和团队合作的认识与领悟，并将活动中的认知和积极体验迁移到生活中去的一种训练活动。

素质拓展训练借助于拓展训练的设施，由专业的素质拓展培训师带领，运用团体心理辅导技术、心理素质拓展训练技术，设计各种形式的富有挑战性和探索性的素质拓展训练课程和活动项目，对学生进行素质拓展训练。学生们在训练中通过体验式的培训，激发潜能、提高团体的凝聚力；学会了相互信任、分享情感、与人合作和相处；学习认识自我和接纳自我，提升了自信；学习解决问题和正确决策的技巧、学会承担责任；开发了个人潜能、增强了领导思维和协调意识。总之，素质拓展训练让学生在轻松快乐的氛围中提升了心理素质。

高校在组织素质拓展训练中，要注意运用团体心理辅导的理论和方法，不能仅是组织学生进行体育活动和娱乐，如果把素质拓展训练等同于体育锻炼和娱乐活动，就会偏离心理素质教育的目的。

（2）心理讲座。心理讲座是高校常用的、最普遍的心理素质活动。心理讲座的组织一般是由教师调查大学生们的需求，根据学生的需要邀请校内外专家就大学生最关注的话题讲解相关的心理健康知识，对学生的心理发展进行指导。例如，大学生自信心的培养、大学生的人际沟通与人际交往、大学生的情绪管理、大学生的恋爱心理等。此外，也会有心理危机的识别与预防等专题。许多高校都有"心理大讲堂"活动，每月举办一次专家讲座。

（3）心理健康知识竞赛。心理健康知识竞赛是普及心理健康知识的一项活动。这项活动的重点并不在于比赛的结果，而是学生们在准备比赛过程中学习心理健康知识。在比赛前，教师把大学生应知应会的心理健康知识和最常用的心理调节方法编制成小册，发给同学学习，例如，心理健康的标准、认识自我的方法、情绪的种类和情绪调节的方法、人际交往的作用和人际交往的原则和方法等。在此基础上，编写出竞赛题目。通常竞赛题分为基本知识理解题和实际应用题。实际应用题是让学生运用心理学的理论与方法解决大学生常见的心理问题。实际应用题目既考查了他们对心理调节方法的掌握，也让他们学会用这些方法帮助自己和他人维护心理健康。

心理健康知识竞赛题中还会有大学生常见的心理疾病及心理危机的识别

及心理危机预防干预程序，以普及心理危机预防干预知识。通常竞赛中也会有一些宣传学校心理咨询机构的题目，例如，学校心理咨询中心所在的位置、电话等。让同学知晓这些信息，学会主动运用学校心理咨询的资源，可以帮助自己和同学心理成长。在学生充分学习、准备的基础上，再举行初赛、复赛和决赛。这个层层比赛的过程是进一步强化对心理健康知识学习的过程。心理健康知识竞赛是一项集学习、竞争、趣味为一体的普及心理健康知识的活动，大学生参与热情很高，这成为各高校大学生心理素质教育的传统活动。

（4）心理情景剧。校园心理情景剧是广受大学生们欢迎的一种新型的心理素质教育活动形式。心理情景剧是大学生们在教师的指导下，运用心理剧的基本原理和方法，将大学生自己在学习、生活中遇到的一些心理冲突及其解决方案自编、自导、自演成为情景剧，再现校园生活中类似的情景和经历。例如，大学生活中常见的宿舍人际冲突的解决、恋爱中各种情感矛盾的处理、大学新生不适应的解决等。由于心理情景剧是由大学生自编自导，心理剧的素材来源于校园现实生活，内容反映的是大学生的生活实际，更容易引起学生的共鸣，也更易于被学生接受。

在校园心理情景剧的编排过程中，参与者不断地再现情景和体验各角色的感受，尝试不同的解决办法，同时与同伴交流、分享，形成解决方案，同时也受到了实际的教育。舞台上的投入表演使他们展示了个性及表演才能，提升了自信。在排演的过程中，他们不断调整着个人与他人的关系，相互合作、相互配合，增进了彼此的了解和交往；排演过程中的反复训练磨炼了他们的意志；尤其是许多高校举办的班级心理情景剧比赛，把班级建设和心理情景剧的编排、演出结合在一起，调动了全班同学的积极性，增进了同学的相互了解，增强了班级的凝聚力。

高校在运用心理情景剧进行心理素质教育的过程中，要注意正确处理教育性和艺术性的关系。与专业的演出相比，大学生情景剧更注重内容的教育性，注重反映大学生常见的心理冲突的出现及解决而非表演技巧，本身自然，如果教师对学生进行表演技巧指导，提高学生的表演能力，能够更好地表现教育内容本身，会收到更好的教育效果，但是，从心理素质教育的目的来看，教育内容是最重要的，表演才能是次要的。

（5）团体辅导活动。团体辅导活动是以活动为载体，通过在团体活动中团体成员的互动，促使成员在交往中通过观察、学习、体验，认识自我、探讨自我、接纳自我，调整和改善与他人的关系，学习新的态度与行为方式，以良好地适应生活。团队辅导活动的作用是将活动作为情景，让学生在参与活动中获得体验、感悟、理解，从而达到心理成长。活动本身的趣味性、新鲜感能够吸引学生参加，激发他们积极参加的兴趣。参与游戏的过程中，学生们远离了成人式逻辑思维，回到了自然状态，凭兴趣、直觉去行动，可以进入无意识状态，从而能认识自己内心真实的需要和自己的心理特点，从而达到对自己更深入的了解。

同学们在共同参与活动的互动中，又会通过对别人的观察、了解，透过别人的反馈，学习别人的积极品质和能力，完善自己的不足，获得自我的完善和提升。团体辅导活动可用于各种主题的心理健康教育。教师要有意识、有目的、有计划地选择、设计、构建适合于教育目的、教育内容的活动。例如，自我认识、人际交往、情绪管理、压力管理、生命教育等。这些活动中蕴含着心理教育的内容，学生们在参与中能够通过对自我和他人的观察和体验，达到对自己和他人的新认识，从而调整自己的行为，达到自我完善、自我成长。

活动选择宜精不宜多。使用活动不是单纯为了让学生有兴趣，重要的是让学生在游戏活动中体验，活动后的分享讨论是重点。教师要充分挖掘游戏中蕴含的心理教育因素，结合学生的讨论，学习相关的心理学理论，使学生在玩、做、乐中理解和掌握心理学的理论与方法。当团体领导者陷入机械性地利用活动时，活动就成了玩游戏。不加区别地利用活动会增加团体的抗拒程度。

团体辅导活动不是学生游戏的带领者，也不仅是为了用活动来使学生放松和快乐，它的主要目的是让学生通过活动的方式更好地理解和掌握心理健康知识，获得心理的成长。团体辅导活动的带领教师起着重要的作用。因此，在带领团体辅导活动时，教师首先要准备好自己，保持自身的心理健康，还要具备团体辅导的技能。这些技能既包括对心理学理论和知识本身掌握和运用的技能，也包括团体辅导所要求的独特的技能。

4.根据教育途径划分

从教育的途径来划分，心理健康教育的宣传活动可分为实体的宣传教育活动和网络宣传教育。实体的宣传教育途径包括创办心理健康教育宣传报刊、心理宣传橱窗、电视、广播等。各高校都有自己的心理健康教育宣传刊物或报纸。这些报刊一般都由学生自己编写，内容主要是宣传心理健康知识，介绍大学生心理调节的方法、大学生常见的心理问题、心理危机识别知识等。由于这些刊物由同学自己编写，内容贴近大学生的心理需求，编写形式图文并茂，很受大学生的欢迎。宣传橱窗、学校电视和广播则是宣传心理健康知识的重要渠道。

网络宣传包括学校或大学生心理社团建立的心理健康网站或网页，心理沟通的微博、手机微信平台，学校可以通过这些网络媒体宣传心理健康知识，搭建同学心理沟通平台，疏导大学生的情绪，发展健康心理。随着现代网络技术的发展，网络由于具有快捷性和方便性的特点，被大学生喜爱和广泛使用，运用网络途径进行心理宣传教育也越来越成为高校广泛采用的教育形式。

（三）心理健康教育活动的实施策略

如何实施心理健康教育活动，是提高活动质量、保证教育效果的重要环节。为了提高学校心理健康教育活动的实施效果，结合实践经验，应该注意以下几个方面的问题：

1.把握活动实施的时机

对学校心理健康教育活动开展而言，有一个捕捉时机的问题。实践表明，在最佳的时机开展活动，可以使学生在活动中保持饱满的情绪、浓厚的兴趣和高度集中的注意力。因此，当时机未到时，要善于等待；当时机出现时，要及时捕捉；面对错过的时机，要善于迂回。只有这样，心理健康教育活动的效果才能在质上得到保证。所谓把握时机，主要是包括以下方面：

（1）新的生活开始时。大学生的感知易受外界事物的暗示，新事物、新景象或新生活作为一种强烈的刺激，会使学生产生好奇心和求知欲。利用这一特点，当新学期开始，学生与新教师、新同学接触交往时，或当新的景象涌现时，教师都可相继开展心理健康教育活动，以帮助学生适应新生活，增强自信心。

（2）享受成功的喜悦时。当学生经过不懈的努力取得成功时，心情格外激动，自信心也随之增强。如能因势利导地在这一时机开展恰当的心理健康教育活动，让学生在享受成功的快乐时提出更高的奋斗目标，可以引导他们为取得更大的成绩而继续进取。

（3）遭遇困难和失败时。人在遭遇困难最需要别人的理解和支持。抓住这一时机开展心理健康教育活动，教育学生正确地面对困难和失败，帮助他们树立信心，鼓励他们以实际行动去战胜困难，必将有助于他们战胜挫折、走向成功。

（4）产生浓厚的兴趣时。当学生对某种事物或某项活动产生兴趣时，就会产生一种积极探求的内驱力，主动、自觉地投入其中，直至取得成功。所以，当学生产生浓厚兴趣时，教师要抓住机遇，及时组织活动，使学生能长久地保持兴趣，并使学生的兴趣循着有趣—乐趣—志趣的轨道发展。

2.精心准备相关活动

除应有较好的设计方案外，还必须认真准备，准备得越充分、细致，就越能取得预期的效果。准备工作包括以下方面：

（1）心理准备工作。心理健康教育活动的成功开展有赖于学生参与人数的多寡及参与的程度。参与的人数越多，程度越深，成功率越高。因此，教师的首要工作是使学生做好心理准备，激发其参与意识。教师在指导学生做好参与活动准备时，要注意留心观察，仔细分析，把握每个学生对活动所持的态度，有针对性地激发那些持消极观望态度或有不满情绪学生的参与意识。对那些没有被分配到活动具体事务的学生，应设法使之有事可做（如让他们参谋、评价某些准备工作）；对那些因没有得到自己想做的活动或具体事务而心怀不满的学生，应使他们体验到其所做工作的重要性。

（2）物质准备工作。物质准备工作主要是指把活动要用的东西及时准备好。由于活动所需的物质条件在设计方案时已周密考虑过并交代学生去具体落实，因此，教师此时应按其重要程度和困难程度逐一检查落实，诸如活动的具体地点、活动的环境布置、活动所需的器材、活动所需的技能技巧等，都要逐一过问。总之，在活动准备阶段，教师要善于把自己的心理健康教育的要求和打算转化为每一个学生自我教育的愿望与要求。教师要通过启发和引导，充分调动和发挥每一个学生投身于准备工作的主动性和积极性。

3.认真实施具体互动

教师在具体进行活动时要做到以下方面：

（1）再次检查准备工作。再次检查准备工作的目的是当发现有不足之处时能及时弥补。值得注意的是，即使发现有不足之处，教师万不可在活动开始之前责怪学生，教师应尽量帮助和鼓励学生克服困难，争取把活动搞好。

（2）亲临活动现场指导。教师要自始至终亲临活动现场，不能以任何理由缺席。教师亲自参与活动表明了其对活动的重视，对学生也是一种鼓舞。当然，教师只能以普通参与者身份出现，不能干预主持人的工作，不应随意改变活动主题、进程，不应随便插话和打断学生的讨论与发言，不可于活动中途发表评论。教师如要发言，必须得到主持人准许；如活动偏题，只能通过主持人以建议的方式加以引导。总之，教师要明了其在学生中的特殊地位，因而需要谨言慎行，以免对学生的心理发生不良影响，干扰活动的正常进行。

（3）辅导学生主持活动。在学生主持活动前，教师要帮助其认真细致地进行准备，并鼓励其大胆主持和学会临场应变。在活动过程中，教师要通过自己的口头语言和体势语言对主持学生进行点拨、提示、鼓励。但这些举动不宜太多，如果太多会使主持人无所适从，从而影响活动效果。

（4）慎重处理突发事件。尽管事前考虑十分周密，但临时不免有意外事情发生。一旦出现了意外，教师应处变不惊。这既能显示教师的机智，也是对学生进行现场的心理健康教育。总之，对意外事件的处理应及时、彻底，以确保活动继续进行。

（5）坚持全程有效指导。在活动过程中，教师在指导活动全程方面要做到：①充分发挥学生干部和骨干分子的积极性和创造性，把他们推到主人翁地位，自己组织、自己主持，教师只是从旁参谋、辅导，帮助他们取得成功。②要充分发挥每一个学生的个性，使学生在活动过程中人人有岗位，个个有任务，人人有角色，个个做贡献。要注意协助学生机动灵活地安排活动顺序，把握活动进程。③要充分发挥教师本人的主导作用，注意引导每个学生紧紧围绕活动主题，用自己的语言来表达自己所思、所想。④要仔细观察和记录活动的过程。对学生的情绪、意志、兴趣、爱好、性格等都要清清楚楚地记录，以便发现某些教育契机。

4.进行活动的总结工作

总结是对活动进行一次认真的回顾，肯定成功方面，找出问题和不足，吸取教训，明确今后努力方向，找出规律性的认识。总结的要求主要有以下方面：

（1）明确目的，端正态度。总结的目的是更好地教育学生，因此，总结者更应坚持实事求是、认真负责的态度。只有这样，才能在客观、实际的基础上寻到规律性的认识。

（2）语言准确、行文简明。总结是一种应用文体，语言表达一定要准确，不能模棱两可、似是而非。总结的结构要严密，层次要清楚，例证要确凿，行文要简明。总结撰写的格式是：①标题，即总结的名称。主要包括活动的名称、总结类别（全部活动总结或专题活动总结）、时限。②正文，即总结的内容，一般包括：a.活动的基本情况：简要叙述开展某项活动的情况，要求是重点突出，有数据资料，避免空话与套话。b.经验体会：这是总结的中心部分，是全文的主体。在写作方法上可先叙后议或夹叙夹议。c.存在的问题和教训。③具名，具名在总结末后右下方，具名下面注明总结日期。

活动总结除了上述书面总结外，还包括：①评述：对活动各方面加以评论。②办刊：把活动中的心得、体会、感受等形成文字，办成墙报。③座谈：以小组为单位或全班座谈，谈自己的收获和体会。④训练：将学到的技能训练成熟。⑤锻炼：提出行为规范和行为准则并加以实践。

第二节　大学生心理咨询与辅导员团队建设

一、大学生心理咨询

心理咨询是指来访者就自身存在的心理不适或心理障碍，通过语言、文字等交流方式，向有专业素养的咨询员进行诉说、询问和商讨，在其支持和帮助下，通过讨论找出引起心理问题的原因，分析问题的症结所在，进而寻求摆脱困境与解决问题的条件和对策，以便来访者恢复心理平衡，提高对环境的适应能力，增进身心健康的过程。

（一）心理咨询的主要模式

心理咨询的模式是指导高校心理咨询工作的基础，它既与整个心理科学的理论发展有密切联系，又与学校心理咨询自身的需要息息相关。一般认为，心理咨询模式主要包括发展模式、教育模式、社会影响模式和医学模式四种。

1.发展模式

发展模式是指心理咨询应当遵循个体心理发展的一般规律，针对学生在不同发展阶段所面临的任务、矛盾和个体差异，促使其心理矛盾得到妥善解决，心理潜能得到有效发挥，个性品质实现和谐发展，任务得以顺利完成。

发展模式的基本特征是注重对学生发展历程、发展障碍和发展规律的了解，强调咨询师的间接咨询功能。具体而言，发展模式包括三方面的特征：一是发展模式不仅在一个时间横断面上要了解学生心理发展的性质与状态，更强调在时间延续性上考查学生心理发展的潜力与水平；二是发展模式注意对学生发展障碍的早期发现和预防，尤其重视心理危机的早期觉察和干预；三是发展模式试图使学生在日常生活情境中就能从教师、家长等成年人那里获得科学的辅导和帮助。❶

2.教育模式

教育模式也称为指导模式，是指咨询者在全面了解学生素质、专长、兴趣、性格和其他人格特质的基础上，对来访学生学习、适应、升学、就业等方面问题所进行的综合性指导。

教育模式的基本特征强调对学生心理特点和心理问题的了解，充分发挥咨询师对学生成长的理性导向功能。具体而言，教育模式具有四个特征：一是教育模式强调来访学生的稳定特征（如遗传因素、智力、经验、人格特质、行为习惯等）对当前行为的影响；二是教育模式强调发挥咨询师的指导作用；三是

❶　张冬梅，谷丹．大学生心理健康教育 [M]. 北京：北京邮电大学出版社，2018：338–374.

教育模式重视对来访学生解决问题和作出决定的技能训练，并使其将学到的技能迁移到实际学习和生活中，以促进来访学生的适应；四是教育模式注重信息收集，尤其是有关职业指导方面的信息收集。

3.社会影响模式

社会影响模式是指在心理咨询中，咨询师依据社会心理学的有关原理，注重咨访双方的社会角色、性别差异、文化素养、价值观念、个性倾向、社会习俗等多种社会因素及社会环境对咨询效果的影响，以提高咨询的成效，巩固咨询的结果。

社会影响模式的基本特征是从人际交往和社会因素方面探讨有关咨询的条件与途径。其具体特征包括三个方面：一是社会影响模式注意不同社会文化背景对咨询过程的影响；二是社会影响模式重视个体社会化结果（如咨访双方的价值观念、个性倾向、角色心理、方式等）对咨询过程的影响；三是社会影响模式注重社会环境对咨询结果的影响。

4.医学模式

医学模式也称为治疗模式，是指在咨询过程中，咨询师站在医师的角度，对求助的心理偏常者给予严格的心理诊断和耐心的心理治疗，并发挥治疗对象在治疗过程中的积极作用，以减轻来访者的心理压力和精神痛苦，促进其心理功能的恢复和协调。

医学模式的基本特征是把咨询看作咨询师和患者之间的治疗关系，采用各种临床心理手段解决来访者的心理偏常问题。其具体特征包括三个方面：一是医学模式中的咨询师比一般的心理咨询过程中的咨询师更多地考虑临床心理学各个方面的使用；二是医学模式注重来访者的自我选择和自我矫治；三是医学模式强调咨访双方的体谅、信任、合作和坚持精神。

（二）心理咨询的遵循原则

心理咨询的原则是咨询工作中应遵循的根本要求，是有效地为来访者排忧解难，帮助来访者自助自强的基本保证。心理咨询的基本原则可以从以下三方面来界定。

1.职业要求方面的原则

心理咨询是一项专业性很强的工作，它既是一门科学，又是一种特殊的职业，在伦理道德等方面有着严格的要求。咨询人员必须恪守有关原则，这是心理咨询的首要前提。

（1）保密原则。心理咨询是人与人之间心灵的沟通，也是人际交流的艺术。当来访者将自己埋藏心底的困惑与苦恼讲述给咨询师时，他希望对方理解他的心境，分担他的痛苦，还希望对方不会将自己的隐私和心事告诉他人。因此，保守秘密既是职业道德的要求，也是咨询能有效进行的最起码、最基本的要求。这是心理咨询与一般朋友之间交流的重要差别，也是专业心理咨询与非专业心理咨询的区别。

（2）中立原则。咨询师在心理咨询中应始终保持不偏不倚的立场，确保心理咨询的客观与公正，不得将自己私人的情感、利益掺杂进去，保持冷静的、清晰的头脑，在咨询过程中，不轻易批评对方，不把自己的价值观强加于对方。

（3）信赖原则。咨询师应以满腔热情、真诚的态度，从正面、积极的角度来审视来访者的问题与错误表现，他是信任与接纳的化身，若要尊重与接纳每一个来访者，则必须对人的本质有积极的信念，相信每个个体独特的潜能，重视每个个体的人性尊严与价值，这样才能采取正面、积极的审视态度引导来访者的转变与成长。

2.心理咨询活动的原则

在心理咨询过程中，咨询师应坚持一些基本原则，这些原则直接影响着心理咨询是否有效。

（1）理解与支持原则。理解与支持原则要求咨询师设身处地地去感受来访者的内心体验，以深刻了解其精神痛苦和行为动机。从专业角度而言，这种真诚理解是同感的基础。咨询师对来访者的自我反省与转变的努力予以及时的肯定与支持，可使他们深受鼓舞，改变对自我的认识，这将有助于来访者解除心头的郁结，从而获得鼓舞和信心。

（2）疏导与启发原则。咨询师应该对来访者的失调情绪进行合理疏导，给予适当的安慰，对咨询中来访者表现出的积极因素及时给予肯定。同时强调启发性，引导来访者正视自己面临的问题，启发他从多种角度思考问题，自觉领悟、调整、建立新的、适当的态度，提高独立性。

（3）耐心细致原则。耐心细致原则要求咨询师对来访者的行为转变做长期的思想准备，不因目前的挫折与反复而失去对来访者的信心。由于心理咨询难度性和弱效性问题，来访者的自我反省与转变会因各种内、外界的因素而出现反复与言行不一。因此，心理咨询需要咨询师采取积极的态度与耐心细致的思想准备来与来访者沟通。

（4）非指示原则。人本主义流派认为心理咨询主要不是一种外部指导或灌输关系，而是一种启发与促进内部成长的关系。相信每个人都有巨大的成长潜力，要通过咨询激发潜力，就不能对来访者的行为简单地进行解释。非指示原则要求咨询师在咨询过程中对来访者绝对尊重、接纳，竭力推动对方去独立思考，从而强化其自助能力，避免直接出谋划策。

（5）预防性原则。当发现来访者的心理矛盾可能向心理疾病发展时，咨询师应加以提醒，提早预防。

3.应用咨询方法的原则

目前世界上心理咨询的方法达四百多种。至今各种理论流派仍层出不穷，且效能各具千秋。一般认为，按心理咨询与治疗的方法所依据的理论不同，心理咨询方法的分类大致有三大类，即精神分析法、行为主义疗法和人本主义疗法。其他的方法可视为这三大类的派生物或结合物。因此，在运用心理咨询的方法时应遵循以下基本原则：

（1）综合原则。在实际心理咨询实践中，至今还没有任何一种方法能取代其他方法，因为所有咨询方法各有长短，各自适用于不同的情况。部分学者认为咨询师需要多种方法结合运用，在了解多种方法的各自特点之后，根据来访者的具体情况，选择合适的方法。也有人主张在应咨询的初期多用人本主义疗法，咨询中期多用精神分析法，咨询后期多用行为主义疗法。

（2）发展性原则。人的心理活动始终处在动态过程中，心理咨询也是不断发展变化的过程。咨询师要用发展变化的观点看待来访者，选择和运用的方法要有助于来访者的成长发展，还要根据实际情况随时调整方法。

心理咨询和心理治疗虽有区别，但本质上是相通的。咨询过程本身就有一定的治疗意义，而治疗也离不开必要的咨询过程。因此，在咨询中，咨询师不仅要帮助来访者分析心理问题产生的原因，使其有所领悟，同时也要采取必要的措施，使心理咨询更加有效。

（三）心理咨询的会谈技术

1.心理咨询的倾听技术

（1）专注与倾听。专注与倾听技术是指咨询过程中，咨询师的语言与非语言行为反映出咨询师正全神贯注地聆听来访者的语言表达，细读来访者的非语言行为，关切、同情与重视来访者的遭遇，愿意伴随来访者了解问题的始末。

咨询师的专注与倾听可分为两个层面：第一个层面是指咨询师身体的专注与倾听，第二个层面是指咨询师心理的专注与倾听。咨询师身体的专注与倾听包括五个基本要素：面对来访者、身体姿势开放、身体稍微倾向来访者、良好的目光接触、身体放松。

第一，专注与倾听技术的适用时机与注意事项。在咨询过程中，不管在哪种情况下，咨询师都需要表现出身体与心理的专注与倾听。所以，专注与倾听技术适用于整个咨询过程。咨询师在使用专注与倾听技术时，必须随着来访者语言与非语言行为的变化随时调整自己的语言与非语言行为，以同样的脚步跟随来访者，表明咨询师的专注与倾听。

第二，专注与倾听技术的功能。咨询师的专注与倾听能建立良好的咨询关系，鼓励来访者开放自己、坦诚表白，聆听与观察来访者的语言与非语言行为，深入其内心世界。

（2）询问与追问。咨询过程中探索和提问是必要的，不仅可以加快咨访关系建立的进程，而且可以让来访者来不及掩饰和撒谎。虽然倾听在会谈中非常重要，但适当的提问会让来访者感受到咨询师的认真负责。对于情绪激动或思维混乱的人而言，探索与提问还可以帮助他们稳定情绪，整理思维和内部语言。使用提问技术应注意以下方面。

第一，多用开放式提问，少用封闭式提问。通过开放式的提问，咨询师可以了解与问题有关的具体事实，来访者的情绪反应、看法及推理过程等。

第二，开放性的问题要慎用"为什么"。因为有时来访者对问题的原因并不很清楚，或感到难以表达；有时对问题原因的解释可能会触及其秘密和隐私，这时的咨询关系还不够成熟，就不能保证其回答的真实性，反而会为以后的咨询或治疗带来困难。

第三，封闭式提问不可连续使用。一连串的"我问你答"易使来访者感到对方主宰着会谈，而把解决问题的责任转移给咨询师；来访者往往变得沉默，不问就不说话，停止其自主探索，甚至降低对咨询师的信任度。

第四，使用"轻微鼓励"。轻微鼓励是指在谈话过程中，咨询师借助一些短语或复述来访者谈话中的一两个关键词或语气词，或用点头、注视等表情动作来支持对方往下说。

第五，不要连续提问。如果在咨询师提问后，来访者说出一些重要的信息，咨询师应该做出同感反应，而不要再接着提问，因为同感能促使来访者进一步探索自己。

第六，要善于运用积极性提问。积极性提问是指能使来访者以积极心态进行回答的提问。

第七，避免判断性提问。带有判断性的提问往往包含着咨询师本人对来访者的某种评价，来访者就会认为咨询师不理解他。

（3）重复。所谓重复就是咨询师就来访者描述的内容，选取重要的部分并将该部分重复一次，让来访者就讲述的部分做进一步说明，或是顺着重复内容的方向继续会谈。来访者叙述的内容开启了一个谈话的方向，咨询师的重复可以将谈话引导到某个关键的问题上，并且深入探讨。

第一，重复技术的适用时机及注意事项。重复技术可以用于咨询过程的任何阶段。咨询师重复的内容必须是来访者的话，而不是咨询师自己的重复，是来访者叙述中的关键主题和来访者此时此刻的感觉及想法。通常而言，来访者叙述中最后面的信息一般是最重要的，咨询师可以选择那部分进行重复。

第二，重复技术的功能。重复技术的功能为：①协助咨询师进一步了解来访者。②协助来访者进一步了解自己。③决定谈话方向。

（4）澄清。澄清也是一种技巧。咨询师对已经发现的破绽要及时予以澄清，如果任其继续会引出自圆其说的谎话。从事心理咨询的新手总是不敢澄清事实，担心来访者觉得自己没有被充分尊重，这也是有一定道理的。如果在澄清前问"你介意我这样理解吗"等一类的话，就可以较好地消除误会和减轻彼此之间的压力。

第一，澄清的目的。澄清是让来访者表达的信息更加清楚，并确认咨询师对来访者知觉的准确性。澄清的目的为：①鼓励来访者更详细地叙述；②核查来访者所说事情的准确性；③澄清含糊、混淆的信息。

第二，澄清的基本步骤。①要确认来访者的言语和非言语信息的内容。②确认任何需要检查的含糊和混淆的信息。③确定恰当的开始语，要使用疑问（不是反问）的口气。④要通过倾听和观察来访者的反应来评估澄清反应的效果。

2.心理咨询的非言语技术

会谈，顾名思义就是会面和谈话。在这里，会谈中的双方不仅仅通过谈话交流，会谈双方视线的接触和身体的姿势等也会成为会谈中交流的要素。在会谈过程中，有些来访者的讲话中还可能会有些伴随的线索出现，特别是在其有情绪时，咨询师要多加注意。

（1）目光接触与身体语言。在会谈中，咨询师与来访者视线的接触及咨询师的身体姿势动作所构成的身体语言，是判断一个咨询师是否成功的重要因素。一旦咨询师要参加某个会谈，就应注视着自己的会谈对象，一直保持与会谈对象视线的自然接触，表示出对他的关注。

当来访者在讲话时，如果咨询师注视着对方的双眼，对方同样也可以了解咨询师。他们可以得到这样的信息，即自己的话是否被咨询师认真听取，是否能被接受，是否可以被理解。咨询师对对方的共情与理解、尊重与关注等信息均可以从其目光中传递给对方。视线接触就是要求咨询师注意自己的目光。因此，当咨询师倾听对方的谈话与叙述时，目光可直接注视着对方的双眼；当咨询师在讲话解释时，这种视线的接触可比听对方谈话时少些。换言之，对方讲话时，一定要用目光表示自己的关注；咨询师在谈话时，有时视线可以短时间离开对方。

人类的身体语言是极为丰富的，如站立的姿势、坐着的姿势、举手投足都可包括其中。人们在各自的生活经历中，可能会形成一些自己独特的习惯，如习惯双手抱臂而立，或谈话时爱在室内走动，或坐在自己的办公桌上，或想问题时经常颤动双脚，或解释说明时喜欢用各种手势等。文化背景不同的人还有其他一些不同的身体语言，如"V"字形手势表示胜利，耸双肩表示无可奉告等。

作为咨询师，在来访者面前，应使自己的身体语言融入咨询过程中去，以有利于咨询过程为准。比较适宜的行为表现是：当来访者初次到来时，可以与对方握手表示欢迎和接纳之意。若有的咨询师不习惯这种方式，也可以不用握手的方式，但需起身招呼来访者坐下。在整个咨询过程中，要使自己坐得舒适自如，同时又要表示出对对方的关注，可使自己面对对方，身体略微倾向于来访者，并用点头等方式表示自己对来访者谈话的注意。在说明问题时，可借助某些手势加强谈话效果，但要注意运用适度，不能显得过分夸张。在每次会谈结束时，咨询师应起身将来访者送出门外，这不仅被看作是一种礼节，也表明咨询师对来访者的主观态度。

（2）其他非言语性技巧。除了目光的接触与身体语言之外，还有其他一些非言语性的技巧。说话的语气、语调及速度就是其中之一。心理咨询的过程比较多地依靠咨询师的言谈话语来影响对方，这就需要咨询师能在咨询过程中很好地运用自己的语音、语调。来访者在听咨询师讲话时，咨询师所说的话语对他来说是理性化的东西，而他从声调与语气中感受到的是某种态度与情绪，这种态度与情绪并不就到此为止了，它还会诱发来访者的感情。那么，作为一个咨询师，其声音是否能让对方感到温暖、顺耳，让人有兴趣听下去，这也是需要注意的。每个人的声音都是独一无二的，但关键是他要带着对对方的共情、理解与关切去讲话。这样讲出的话语才会有扣人心弦的效应。

咨询师谈话时还有一些需要注意运用的技巧。例如，发音不能太平，这会使人感到平淡无奇，枯燥无味；讲话时要有些抑扬顿挫、变速与停顿，这会使咨询师的话语变得有生机、有吸引力；讲话时要尽量发出明确的声音，使对方能够听清楚，如果含混不清，会使对方产生疑惑；语速不要过快或过慢，过慢会使对方感到拖沓、不精练，过快会使对方跟不上节奏，一般以中等速度较为适宜。因此，掌握谈话中的停顿有助于对方思考。停顿并非留下谈话的空白，停顿有三个作用：①留下言语的余韵。②求得同意、领会。③加强听者的注意力集中状态，这实际上是让对方参与其中。

座位的角度也是其他非言语性技巧之一。椅子若面对面，来访者会感觉有压迫感，不理想。椅子并排，则被称为情侣坐法，但咨询师与来访者会谈时应保持一定的专业关系，故也不理想。亦有人促膝而谈，但若遇到激动的来访者，会很危险。90°为较适宜的方式，这种坐法容易看到对方，也方便记录。

3. 心理咨询的其他通用技术

（1）结构化技术。所谓结构化技术是指对心理咨询的性质、限度、角色、目标及特殊关系所做的解释，包括心理咨询时间的限制、需要晤谈的次数、保密性问题、可能出现的其他问题和应有的期待等，也可以包括理论构架、咨询关系、咨询环境及相关程序。在心理咨询之初，就将这些情况向来访者说明和解释，可以减少来访者不当或更高的期望。

心理咨询往往需要经过多次的晤谈了解情况，而每次晤谈的间隔时间是颇有讲究的，尤其在咨询的第二阶段，既不能太长，也不能太短。每次间隔都是来访者消化前次咨询的内容、根据启发做进一步反省和领悟、实践阶段性目标要求、完成布置的作业的过程，与晤谈一样是心理咨询的重要组成部分。间隔时间一般以1～2周为宜。间隔太长不利于整个咨询过程的连续性，容易造成前后脱节，来访者的变化过程无法得到咨询师的及时指导和帮助，从而影响咨询效果。间隔太短，则不能有效地实现间隔阶段的治疗价值，不能体现咨询师指导、帮助来访者自治的咨询本质，容易造成来访者对咨询师的过分依赖，从而影响咨询效果，也使咨询师接待来访者的时间和精力被耗费。除非是来访者处于情绪危急状态，需要咨询师助其迅速缓解以应付正常生活，在这种情况下咨询的间隔时间可以适当缩短，但这种缩短也应是暂时性的。

1）结构化技术的功能。

第一，减少来访者的疑惑与不切实际的愿望。如来访者认为：咨询师是个万能的人，有能力帮助他解决任何问题；自己只需等待咨询师的建议；问题可以很快获得解决；咨询就是听咨询师分析，找出问题的原因。这些想法都是错误的。

第二，协助来访者了解咨询过程，以减少来访者的焦虑。

第三，协助来访者做准备，以利于咨询的进行。

2）结构化技术的适用时机及相关程序。在咨询开始时，咨询师向来访者说明从咨询开始到结束的要素；在咨询过程中，咨询师进行每一项活动时，都有必要向来访者说明活动进行的方式、来访者在活动中的角色，好让来访者决定是否同意参与。

（2）评估。咨询方法虽是咨询师与来访者共同研究选定的，但并不表明这些方法一定合适，也不能保证来访者会很好地实施，因此，需要对咨询方法进行评估。咨询方法的评估不应在问题处理终结的时候才进行，而需在运用咨询方法的同时注意收集有关资料，这样才能及时发现问题，或是调整咨询方法，或是帮助来访者改变对咨询方法使用不当、投入不够的状态。

评估通常从整体的角度出发，以咨询目标为参照点，评量来访者进步的情形。评估资料的来源则主要是来访者，而其生活环境中的重要人物也是评估的资源之一。为收集评估资料，常采用的方法有以下三种：

第一，由咨询者向来访者提出问题，要求其做出回答。

第二，由咨询师通过观察收集资料。咨询师通常可以从与来访者的晤谈中观察其现实的情绪状态、认知特点、行为方式，也可以通过来访者生活环境中的重要人物了解其认知、情绪、行为的变化情况。

第三，指导来访者用写日记或咨询体会的方式收集资料。这既可以让咨询师了解来访者运用咨询方法的情况和效果，又可以使来访者自我改变。如果自我改变的结果显示其正在朝咨询目标的方向发展，那么这对来访者是一种鼓励，能增强来访者的信心；反之，也会通过言语和非言语反馈给咨询师。

（3）结束咨询过程的技术。必须让来访者意识到整个心理咨询已经到了即将结束、咨询关系即将终止的时候，从而使其对结束咨询和结束后的生活有所准备，避免结束的突然性和由此造成的惊慌失措。

为此，必须向来访者说明其心理问题已基本得到解决，通过咨询已获得了经验，增长了能力并已能独立应付生活环境。同时，也须向其承诺，心理咨询室会在必要时再次给予其关心和帮助，以免除其后顾之忧。值得一提的是，向来访者介绍、说明结束咨询的问题应尽可能以平淡的方式进行，暗示来访者结束咨询是一件自然、平常的事情。事实上，以平淡委婉的态度和口气说明要比非常热心进行的方式要好。

逐渐结束的方式亦是常被运用的结束咨询过程的技巧。逐渐结束的方式有两种：一种是拉长两次晤谈间隔的时间，如果咨询师原来与来访者每周晤谈一次，到咨询末期可改为两周甚至一月一次；另一种是减少每次晤谈的时间，即由原来每次晤谈一小时左右缩短为每次半小时甚至更短的时间。

二、大学生辅导员团队建设

（一）辅导员在心理健康中的作用

1.促进辅导员工作科学化和专业化

高校学生辅导员主要承担学生思想政治教育和学生管理工作。在现实工作中，学生的思想、行为问题许多是由心理问题引起的。随着社会的发展，辅导员越来越多地承担起学生心理疏导的工作。因此，培训高校辅导员队伍，使其具有一定的心理学知识与心理咨询技能，具备对学生开展心理素质教育的能力，是新形势下我国辅导员工作科学化、专业化的必然要求。

2.深化并普及高校心理素质教育

辅导员是高校学生思想政治教育的一支骨干队伍。辅导员作为高校的一线学生工作教师，不但担负着对大学生进行思想政治教育和管理的任务，也担负着对学生进行心理疏导，帮助学生心理健康发展的任务。他们在工作中接触学生最为密切，最了解学生，因而能够及时发现学生的心理问题，及时进行疏导。依靠广大辅导员对学生进行心理素质教育和心理辅导，有利于解决高校心理咨询专业人员不足带来的心理素质教育普及不够广泛、学生一般性心理问题不能及时得到疏导的问题，能够把对大学生的心理素质教育落到实处。

（二）辅导员在心理健康中的角色

虽然高校辅导员开展心理辅导很重要，他们承担对学生进行心理素质教育和对学生一般心理问题进行辅导的功能，但是辅导员不是专业的心理咨询师，其角色与功能有别于高校心理咨询教师。高校辅导员在心理辅导工作中有其独特的角色定位和作用。在高校心理健康教育中，辅导员的角色主要有以下五个方面：

1.大学生心理成长促进者

大学生处于人生发展的重要时期，辅导员应该结合日常学生工作，开展丰富多彩的心理健康教育和团体成长活动，促使大学生提高自我认识、增强人际关系；培养多种能力、磨炼意志、开发潜能；使其拥有正确的人生态度，树立正确的人生理想。

2.大学生心理困惑疏导者

辅导员工作在大学生教育第一线，是学生工作的直接管理者。他们的工作特点使其与学生接触更广泛、更亲密，因此更容易与学生建立相互信任和尊重的关系，他们同学生的接触时间长，与大学生年龄相仿，生活阅历和成长背景与大学生接近，与学生有较多的共同兴趣爱好和话题，对学生的个性特征、家庭状况、人际关系等方面有比较清楚的了解，便于及时发现学生潜在的心理问题，能够对学生常见的心理问题进行及时疏导和提供建议，帮助学生及时解除心理困惑。在学生心理健康日常的维护上，高校辅导员扮演着不可或缺的角色。

3.大学生心理咨询推荐者

辅导员是大学生心理问题的第一发现人，他们可以及时推荐有严重心理问题的学生到专业的心理咨询和心理治疗机构接受咨询和治疗。当学生有了心理问题不能主动求助时，辅导员可以对学生进行说服工作，帮助他们改变对心理咨询和心理治疗的不正确认识，去掉疑虑，主动寻求心理帮助。所以辅导员在学生和心理咨询中间起着重要的桥梁作用❶。

4.大学生心理康复支持者

对于一些接受过心理咨询和治疗，正处于心理康复期的学生，重要的是让他们回归正常的社会生活。辅导员应当接纳这些学生到正常的学习生活中来，关心他们的学习和生活，解决他们的实际困难，发动周围同学给予其关爱，鼓励他们参加集体活动，培养其社会适应发展能力，协同专业机构对其进行辅导，巩固咨询和治疗效果，使其尽快恢复健康。

5.大学生心理危机干预者

辅导员可以广泛地对学生进行心理危机预防干预教育，及时识别有危机的学生，对其进行及时转介和干预，可以有效预防大学生心理危机。学生心理健康的危机事件是学校工作的重点，学生心理健康危机事件有偶然性、突发性、伤害性大、影响面大、社会关注度强且处理过程复杂、工作难度大的特点，一个危机事件出现需要几个月甚至几年的时间来处理。

辅导员对上可以求助于学校心理中心的专业心理指导教师，对下可以调动学生党员、干部等群众力量，对外还可以及时与家长沟通，充分调动各方面的

❶ 蔺桂瑞.大学生心理素质教育研究[M].北京：北京交通大学出版社，2016：208-215.

资源，共同帮助有心理问题的学生，因而辅导员在学生心理健康危机事件预防和应对的具体落实上发挥着重大作用。此外，有一些辅导员还要承担一定数量的大学生心理健康课程的教学任务，因此，他们也担任着心理健康课程的教师角色。辅导员要胜任职务角色，就需要学习和借鉴心理咨询的理论与方法，接受心理辅导能力的培训。

（三）辅导员心理辅导专业技能培训

对辅导员进行心理辅导技能培训是提高辅导员心理辅导能力的重要措施。它既是辅导员自身成长的需求，也是当代辅导员在学生工作中的需求。

1.心理辅导专业技能培训的目的

心理辅导技能的培训是促进辅导员个人成长，保持身心健康的需要。从辅导员自身的个人成长来看，高校辅导员要承担学生的思想政治教育、管理、资助、就业指导与生涯规划、心理健康教育、心理危机预防干预工作，还要承担相关的一些课程和研究工作，学校各部门中直接与学生有关的工作都要通过辅导员来具体落实。学生中危机事件的发生不仅给辅导员增添了许多工作量，也会对辅导员的身心造成影响。

除工作之外，辅导员自身还承受着各种生活的压力，如个人的学习、进修、发展等。对辅导员进行心理素质教育能力的专业培训，可以帮助辅导员们运用所学的心理学理论和方法调整自己的心态，增加自我认同感和自我价值感，积极乐观地面对生活和工作，提升心理健康水平，促进个人成长。

心理辅导技能的培训也是辅导员专业化发展的需要。高校辅导员绝大多数是非心理学专业毕业的，在专业素养和专业能力方面都存在欠缺，大多缺乏系统严格的训练。在日常的学生工作中，如何与学生进行深层的心理沟通，如何了解各类学生的心理特点，怎样疏导学生的不良情绪，怎样识别精神疾病和心理危机是辅导员需要具备的工作技能，辅导员迫切需要接受心理辅导的相关培训，需要掌握心理学的相关理论和心理咨询的方法，提升自身的专业化能力，科学化地做好学生工作。

2.心理辅导专业技能培训的内容

高校辅导员心理辅导专业技能培训的目标包括：通过培训使高校学生心理辅导员能够掌握与大学生心理辅导相关的专业知识；具备大学生心理辅导的操作技能；能够运用所学的心理辅导知识和技能开展本院系、本班级的心理素质教育工作，与学生进行心理沟通，对学生进行心理疏导及危机预防干预；促进辅导员自身心理健康与自我成长。高校辅导员心理辅导专业技能培训内容包括以下方面：

（1）辅导员自身心理健康与成长培训。通过学习有关心理健康的理论，帮助辅导员了解心理辅导员个人成长的意义，明确辅导员的心理素质要求，学习心理调节的方法和促进心理辅导员个人成长的有效措施，使辅导员能够提升自我认识，正确处理压力，保持心理健康。

（2）心理咨询理论与方法培训。个体心理咨询的理论与方法包括：心理咨询的定义、心理咨询的伦理道德、心理咨询关系的建立、心理咨询与思想政治教育的关系、我国高校心理咨询的发展、个体心理咨询的基本过程及常用技术（包括尊重、真诚、共情、非语言沟通技术、倾听技术、提问技术、影响技术等）；心理咨询的基本过程；心理咨询计划和方案的制订与实施；心理咨询的基本理论流派（包括精神动力学理论、人本主义理论、认知行为理论等）。另外，还有团体心理咨询的理论与方法，包括团体心理咨询的基本理论、团体心理咨询的主要阶段、团体心理咨询的基本方法、班级心理辅导的组织实施等。

（3）大学生心理健康专题培训。大学生心理健康专题培训包括：大学生心理健康的概念、大学生心理健康的标准、心理健康对大学生成才发展的意义、大学生常见心理问题的表现及鉴别、大学生常见的心理问题及教育（大学生的自我意识，适应与发展、人际交往、情绪管理、恋爱心理、挫折应对等），还有开展高校心理素质教育活动的途径和方法等。

（4）大学生心理危机识别与预防干预培训。大学生心理危机的识别与预防干预包括：心理危机及心理危机干预理论；心理危机的干预模式与干预技术；心理危机的发现与识别；高校心理危机预防干预体系的实施；高校心理危机干预的流程；高校心理危机干预案例分析。此外，大学生心理测量的基本方法也是培训内容之一，包括心理测量的基本原理及应用、心理测量的伦理要求、大学生常用心理健康相关量表的使用等。

对于辅导员的心理辅导技能培训，要采取理论联系实际的方法。引导辅导员在教学过程中，结合自己的生活经历、成长过程、工作实际和心理活动进行学习和思考，自觉运用学习的相关理论，分析工作、生活、发展中遇到的实际问题。培训要有集中性的理论培训，也要注重实践环节，以培养辅导员的实际应用能力为目标，引导辅导员把学习的理论与方法运用到大学生思想政治教育之中，运用到本校心理健康教育之中，增强工作的科学性和实效性。对辅导员的学习与应用进行督导，可以帮助他们在实际工作中更好地运用心理辅导的理论和方法，因此，培训中要设置专业督导的环节。

第三节　大学生就业心理与职业规划研究

一、大学生就业心理的分析与调适

（一）大学生的就业心理分析

大学毕业生就业的成功与否，不仅取决于其专业能力、道德素养、文化素养等方面，也取决于毕业生的就业心理状况和心理调适能力。

1.影响大学生就业心理的因素

毕业生就业心理指的是毕业之前以及毕业之后大学生因为就业问题而产

生的一系列心理活动，毕业生就业心理主要受到主观因素和客观因素的综合影响。

（1）主观因素。

第一，大学生的生理状态和心理发展。大部分大学生在23岁左右毕业，这时大学生只是身体发育成熟，心理上并未达到成熟水平。在生理上，雇佣机构对职员的性别、身高、健康状态等有某种程度的要求，职业的自身所具备的一些特性也或多或少地对就业者的生理条件有所限制。因此，生理因素在很大程度上影响就业，也会对求职者的心理产生影响。

从心理发展水平看，评定一个人的心理发展水平，可以从一个人的认知、情感、意志三个方面入手，如记忆力、分析能力、逻辑思考力、情绪调节能力、意志品质等。心理发展水平将会对个人的业务能力和业务效果产生最直接的影响，因此受到雇佣机构的高度关注。一些雇佣机构还会对应聘者进行几次心理测试，以此来选择满足岗位要求的就业者。2020年，高校毕业生数量创历史新高，达到874万，就业任务很重，并且受疫情影响，毕业生求职面临不少困难和不便，一些尚未落实工作的毕业生更是焦虑重重。

第二，大学生的人格特征。人格特征即个性，在生活、实践中经常表现出来，在他人看来是稳定的，是具有一定方向确定性的、个人的心理特征的总和，具有与他人不同的独特心理状态和心理特征。人格贯穿一生，影响一生，伴随着人的一生，永远不会消失。正是因为人的个性所产生的需求、动机、理想、信念、世界观和兴趣引导着人民生活，指引着生活的方向和道路。不同的人格特征和个性气质、性格和能力影响和决定了人生的风格、事业和命运。不同的人格特征决定了不同的职业偏好。因为毕业生的择业心理和行为表现多种多样，有的毕业生想过稳定的日子，找稳定的工作，而有的毕业生则更愿意赌上金钱和时间进行创业。

第三，知识结构。具体而言，知识结构是指求职人员的知识系统和求职人员自身之间的关系。知识结构对个人能力的形成影响是最大的，如果知识结构不同，那么求职者就会具有不同领域的能力。如今社会越来越智能化，技术迅猛发展，很多产业都逐渐实现了一体化，如今的职业需求的是综合性人才。换言之，从业人员应该了解更多领域的知识，让知识的结构更加宽广，层次更加丰富。

大学生在学习过程中，要了解、学习本专业相关的知识和技能，对自己的要求不能仅仅是掌握自己的专业知识和技能。只有深入了解基础知识和基本技能，才能够应对现今高速发展的社会和多变的人才需求。丰富的知识能力、过硬的动手能力和合理的知识结构能够帮助毕业生就业，同时这也是毕业生确认自己是否能够存活于就业市场的基础。由此可见，大学生的知识结构会直接影响毕业生就业，是就业能否成功的关键因素。

（2）客观因素。

第一，社会环境的影响。人在社会中或多或少都会受到社会环境的影响。不同社会环境会对人造成不同的影响，而影响社会环境的因素有社会风气、社会经济发展等，就业形势和就业政策也会影响人的就业心理。同时就业制度发生了改变，市场竞争也更加激烈，这是挑战也是契机。给毕业生提供更广阔的选择空间，更有利于毕业生就业，从某种程度上来说这更加公平、公正、公开和自主。近些年毕业生人数呈直线上升，经济的发展促使不同行业产生了不同的人才需求，大学生要客观理性地看待，要积极应对，但也不能放松警惕或太过紧张。要保持健康的心理，充分地了解、分析社会，面对不同的情况要积极采取措施，积极应对，以此达到适应不同环境、成功就业的目的。

第二，学校教育的原因。人对教育的理解越来越深入和透彻，大学不仅重视职业教育，还提供全面、高质量的教育。学校负责使学生在大学课程中得到社会化教育和培养。这时，学生在学校提供的社会化教育环境获得生活经验，并在自己的学习和理解下进行社会生活与实践。在这个过程中，也是在人道主义环境中，学校的校风以及教学模式对大学生有很大的影响，对毕业生的就业心理有微妙的影响。

第三，家庭教育的原因。家庭是社会的基本单位，父母是孩子的第一任老师。家庭的教育方式和父母的价值观都会直接影响着学生的心理状况和发展。当毕业生被雇佣时，就业情绪很可能受到家庭因素影响。此外，父母对待自己的儿女就业的态度也会影响毕业生的就业态度，父母的态度对毕业生的工作态度也有显著影响。例如，一些父母希望孩子和他们在一起，但是又不希望孩子在私营公司工作。家庭教育影响着大学生的人格形成，父母的态度或多或少会影响大学生的就业态度，所有这些因素都会影响毕业生的就业情绪。

2.大学生的就业动机分析

工作动机能够影响个人对工作的选择，如果一个人选择了一份工作而没有选择其他的工作，或者说一个人选择了在这个城市工作而没有去其他的城市工作，那么致使个人做出这种选择的最大原因就是个人的就业动机不同，所以对于就业心理来讲，最核心的就是就业动机问题。一般而言，影响个人求职动机的因素主要是工作本身是否具有社会重要性、工作的经济报酬、工作地点、工作力度以及个人和工作之间的匹配程度，具体而言，体现在以下方面：

（1）寻找专业对口的职业。大多数毕业生在选择职业时，第一选择都是与自己专业相关的职业，能够在工作中运用所学的知识是大多数毕业生的普遍心理。在他们看来，与专业相关的职业可以缩短适应工作的时间，充分发展自己的才能，并促进自己成长，这就是为什么许多毕业生不选择条件更好的工作，而选择相对困难但有发展前途的工作。

（2）找一份社会地位高的专业工作。工作具有社会意义，从事社会地位高的工作容易使人受到尊重。所以，毕业生更愿意找一份社会地位高的工作。这是一种普遍的就业心理动机，高的社会地位主要是指威望和经济实力。

（3）找一份稳定的工作。传统的劳动管理制度影响了人们对就业的态度，没有稳定性就没有安全感，所以一些大学毕业生放弃了一些较好的就业机会，而是选择了公共机构或国营大中型企业。当然，随着社会的发展和人们观念的改变，一些大学生不再重视就业保障，而是选择对自己的发展有利的职业。

（4）去经济发达地区。经济发达的地区有很多工作机会，工资相对较高，就业市场相对规范。因此，许多大学生的就业目标地点是较为发达的地区。

（5）注重经济待遇。市场经济环境下长大的大学生对经济问题很敏感。大学生属于刚刚脱离父母的群体，面对需要自己生活这一问题时还较为懵懂。如果大学生没有一定的经济基础，就无法在社会上更好地立足，因此，大学毕业生在选择工作时考虑经济待遇很重要。

（6）奉献社会，培养自己。一些大学毕业生在面临职业选择时，放弃了良好的工作环境和职业生活，选择去支持西部建设，或在基层或生产的前沿作出贡献。这些毕业生就业的动机是为国家服务、为社会做贡献，他们是大学毕业生的榜样，展示了新的精神面貌。

（二）大学生的就业心理表现

大学毕业生的就业心理表现形式各不相同，这是因为他们的就业动机多种多样，动机又与他们自身的实际情况相联系。大学生需要积极的就业心理，积极就业心理主要包含以下方面：

（1）乐观自信。有些学生能够客观地认识和评价自己，有明确的就业需求目标，这是准确分析和支持社会就业形势和社会需求的最有效途径。这类学生能够有效避免自身缺点，发挥优点，碰壁时不气馁。这类学生能积极收集就业信息，找到最满意的工作。

（2）有竞争的勇气和风险意识。一些毕业生可以适应刚毕业时的就业形势，并明白就业市场的竞争是不可避免的；要提高他们的工作竞争力，就应该不断丰富和完善自己的各个领域的能力，并积极参与社会活动和学校文化活动。他们必须提高自己的整体文化水平，同时以较强的竞争意识勇敢竞争。相当数量的毕业生既具有竞争力又具有冒险精神，他们不认为稳定是最好的选择，希望获得具有充分竞争力的专业职位。这些职业虽有一定风险，但很容易发展，因此很容易体现自己的价值观，很受毕业生的喜爱。除了事业单位和大型国有企业外，人们也倾向于选择具有充分竞争力的行业来自主创业。

现如今人才竞争十分激烈，毕业生必须满足社会发展的需求。千万不能脱离现实，要与时俱进，变得独立，有强烈的自信。必须自信，不能自卑，要发挥自己的优势，来满足社会的需要和自己的条件。面对自己的缺点，要接受不能逃避，通过"双向选择"实现理想，追求工作生活。

（三）大学生的就业心理准备

就业作为大学生从学校到社会的转折点至关重要。面对就业，应届大学生应该积极做好就业准备，包括专业知识和专业能力的准备、职业道德责任感的准备以及心理准备。此外，要以积极的心态面对就业挑战，应届毕业生在就业时需要在众多的工作岗位、工作公司中选择适合自己且能够满足自我发展、提升自我价值的岗位。

当今时代发展迅速，大学生经过四年的大学学习，入学前的专业就业形势和毕业时可能会有不同，专业可能由热门变冷门或者由短线变长线等，这些原因都可能导致求职信心受挫。因此，毕业生要有相应的心理准备，冷静思考，正确分析自己的求职地位，主动改变自身想法，积极贴合社会需求，调整心态，寻求适合自己的职位，及时调整心态，顺利就业。

应届毕业生就业时缺乏相关就业经验，而且就业市场竞争非常激烈，这导致许多大学生在就业求职的过程中，感觉压力巨大、情绪波动起伏、焦虑，就业给他们的生活以及学习带来了困扰。为了帮助大学生积极正常地度过就业转折点，应该帮助大学生进行心理建设。应届毕业生的心理建设应该从以下方面入手：

1.做好角色转换的心理准备

就业对于大学生来说是一场角色转换，即由之前单纯的学生身份向社会职员角色的转换。学生时代生活相对规律、状态相对稳定、生活也有保障，学生时代稳定从容的环境容易带给大学生美好浪漫的错觉。然而，社会是残酷的，尤其是当代大学生就业竞争大，面对生活环境的突然转变，如果大学生继续沉浸在大学生活的美好幻想中，很难应对就业的激烈竞争，所以大学生需要做好角色转换的心理准备，在毕业的转折点上及时调整心理认知，保持清醒的头脑，认清社会就业现状，并且运用学生时代所学的专业知识与技能，寻求相应的社会需求，找寻适合自己的职位。在大学时期，学校应该传授给学生清楚明确的观点，提前对大学生进行心理预设，让他们知道大学生也是社会上的普通一员，大学学习是为了积累知识、储备技能，是为了满足将来社会工作的需要，这样有助于大学生在毕业时及时做好角色转换准备；有助于大学生认清自己的社会身份；有助于大学生积极努力地择业，投入到社会工作人员的队伍中，为社会主义建设奉献自己的力量。

2.做好正确认识自我的心理准备

大学生还应该进行自我认知，充分了解自己的特点。根据自身的性格、喜好、特长、知识储备、技能储备，选择适合自身发展的职业。通过对自我展开充分认知了解，才能寻找到适合自己的职位，充分发挥自己的长处。对自我进行科学有效地认知，可以通过科学心理测试来实现，此外，与老师、朋友、父母交谈，老师、朋友、父母给予个人的客观评价也是自我认知的渠道。正确、科学、有效的自我认知可以帮助应届毕业生更好地进行就业选择。

3.做好认识和评价职业的心理准备

大学生在就业时应该正确认识和评价职业。人和职业之间具有双向选择性，人需要根据自己的特长选择擅长的职业；职业也要求从业的人要具备相应的工作能力。应届毕业生需要对不同的职业有一定的了解，寻求与自身特征匹配的职业，需要根据自身的特点寻求适合发挥特长的职业。

4.做好充分认知就业形势的心理准备

大学生在就业前应该充分认识就业形势。随着教育的普及，教育越来越大众化，就业形势日趋严峻，竞争激烈导致人才"相对过剩"现象，相对过剩反映的是大学生的需求不平衡，具体表现为在边远地区或者基层单位急需受过高等教育的人才，但是在大城市岗位竞争激烈，人才过剩。应届毕业生应该了解就业形势，并做好求职遇挫的心理准备，有远大抱负、才华横溢的大学生可以根据边远地区以及基层单位的需要，投身于基层工作或边远地区服务工作，实现人生的价值。

5.做好自主择业的心理准备

应届毕业生应该做好自主择业的心理准备。在就业前大学生活平稳安定有规律，还有老师的指导以及父母的帮助，大学生并未真正独立。在面对就业选择时，大学生可能会出现迷茫缺乏自信的情况，有的大学生甚至依赖于老师和家长的帮助与就业单位谈就业事项，大学生这种不自立的行为会导致用人单位对大学生缺乏委任工作的信心，进而导致就业选择的失败。因此，大学生在就业时一定要做好自主择业的心理准备，要相信自己，并充分利用自己的特长，选择适合自己的职业。

6.做好遭遇挫折的心理准备

应届毕业生应该做好工作遇挫的心理准备。现如今就业形势严峻，竞争激烈，在竞争的过程中，有成功者就会有失败者，所以在求职的过程中，大学生可能会产生三个方面的心理问题：首先，产生迷茫。在就业选择时，自己的专业与职位需求吻合度低，大学生会对未来的职业发展产生迷茫心理。其次，产生逃避想法。在就业求职过程中，大学生发现用人单位对职位的知识水平和技能储备要求高，而他们本身知识技能达不到所要求的水平，会产生对就业的逃避心理。最后，消极想法。即对求职过程中遇到的不符合规定、不符合常理的现象感到无法理解，对就业产生消极的态度。以上三点问题的产生是由于大学生心理准备不足，因此，大学生在就业之前应该做好遇到挫折的心理准备，了解可能出现的情况，在遇到困难时勇敢面对，不怕失败，最终走向成功就业。

7.做好就业期望值与现实有差距的心理准备

应届毕业生应该做好职业期望与现实差距之间的落差。应届大学生的大学生活向来平稳有规律，过于平稳的成长环境给大学生造成了浪漫理想的感觉，让他们自然而然地认为社会也是一帆风顺的。他们怀着理想的愿景走向社会，希望在社会平台上奋发前进，实现自己的人生价值。理想本身没错，但是初入职场的大学生缺乏职业意识、缺乏工作经验，可能会在工作过程中受到领导或同事的指正甚至批评冷遇，进而造成心理期待与实际情况的落差，失去心理平衡。对于此种情况，沉着冷静的大学生可以主动分析原因，寻找自身不足，突破自己，不断进步，但是也有的学生认为自己受到了不公平待遇，愤然离职。

应届毕业生需要平衡就业期望与现实差距，做好心理准备。就业是一个崭新的开始，需要每位大学生重新努力积攒工作经验，以自己的实际行动获得职业成就感。在工作中遇到挫折时，要以积极的心态面对，不断向前辈努力学习，从而突破自己、提高自己。在就业前，建立一定就业意识，可以帮助大学生更好地发挥就业主观性。

（1）树立积极主动的求职意识。在大学生选择大学要学习的专业时，可能会出现自身情况与专业选择偏差的问题。首先，有的学生为了进入好的学校可能选择了不喜欢的专业或接受专业调剂；其次，部分学生可能会受当时社会热门专业的影响盲目地跟从了当年的热门专业潮流；最后，有些学生的专业选择是根据家长、老师的建议进行的，受到了他人的影响，因此，这造成了大学生不了解将来就业需求以及专业适用职位，在就业时会无所适从。专业选择已然无法更改，在大学的四年学习期间，大学生应该抓紧机会，了解自己的专业，掌握专业知识，以及了解未来就业需求，积极主动学习专业技能，向社会需求主动靠拢，紧跟本专业的时代发展，有效提升自己将来就业时的竞争力。在就业求职时，积极主动展示自我能力，靠自己的实力争取心仪的职位。

（2）树立自主创业的意识，国家积极鼓励大学生进行创新创造活动，引导大学生应用所学所用进行知识创新，并为大学生提供政策鼓励、资源支持。大学生可以在毕业后选择自我创业，自主创业既可以避免就业竞争激烈的问题，还可以根据自我想法开展创业，满足大学生的自我需要。

（3）树立"转业"意识，在就业过程中，除了就业竞争大、就业形势严峻外，还有很多毕业生很难就业是因为很难找到专业对口的职位。大学生在就业时，选择专业对口职位的观念影响着部分应届毕业生的就业选择。大学期间学习的知识，仅占人一生所学知识的十分之一，现代社会终身学习的理念已经越来越普及，大学生在就业时，应该树立转业意识，先就业，再择业。

（4）树立角色转换意识。大学生从学生身份向社会职员身份的转变需要一段过渡期。大学生经历了四年平稳、有规律、稳定的大学生活，虽然也有相关的社会实践活动，但是他们对社会了解也并不深入，导致长期与社会脱节，因此，在面对突如其来的社会生活时，很多习惯难以改变，很多思想也会受到影响。大学生应该树立角色转换意识，在过渡期积极调整自己的思想观念来适应社会发展和职位需求。❶

---

❶ 王志贤，刘斌，李梦婷.基于积极心理学的大学生创业心理教育体系构建[J].黑龙江教育学院学报，2018，37（10）：92-95.

（四）大学生的就业心理调适

对于个人来讲，职业选择期是非常重要的，在人一生的各个阶段当中，职业选择阶段的影响是非常巨大的，所以必须保证个人在进行职业选择时有良好的心理状态。职业决定了一个人在未来的人生当中能否发挥自己的优点、能否彰显个人才华、能否实现自我价值、能否取得事业成功。在大学生就业的过程当中，为了避免学生产生就业压力和就业心理问题，学校以及国家应积极采取措施帮助大学生进行心理调适。

1.心理调适的基本内容

心理调适可以简称为调适，调适的过程是人们适应认知结构变化和扩大的过程，大学生的就业必然会面临一些挑战和困难，容易导致大学生出现心理问题，这会对大学生的个人健康以及积极就业造成负面影响。心理调适便能够帮助大学生解决这些问题，并帮助他们建立客观、正确的思维方式，从而形成理性的自我认识，有效控制、调节自己的心理困扰和情绪，促进个体身体健康。

综上可以发现，自我心理调适需要个体按照自我心理的特征、自我心理的需要以及外在的环境展开自我调控，自我心理调适能够让学生保持心理平衡，解决心理困扰，在求职的过程中更好地发挥潜力。所以，应该帮助大学生掌握自我心理调适方法，提高自我心理调适的能力水平，使他们对这些挫折和困难能有客观、理性的认识，排除心理困扰，化解现实困境，选择合适自己的就业目标。同时，大学生也应该积极进行自我调适，并对自己的心理问题进行疏通和调解，提高自己化解矛盾能力和承受挫折的能力，维护自己的身心健康。

（1）内心需要充满自信。每个人都有理想，而理想实现的前提是人们对自己有比较客观、理性的认识，并根据客观条件和自身特点，设立适合自己的发展目标，增强自己的自信心。随着社会的不断进步，社会人才竞争日益激烈，面对这种局面，大学生应该树立自信心，加强培养自己的人格品质，从而形成开拓创新、宽容豁达、自强不息以及乐观自信的内在品质，充实自己的内心。

大学生在就业过程中，首先要对自己充满信心，相信自己的能力，对未来充满希望，积极与所遇到的挫折作斗争，并对未来的道路始终保持坚定、合理的信心，相信自己必定可以冲破阻碍，到达理想的彼岸。在求职过程中遭遇挫折的大学生更需要适时调整心态，保持理性、合适的求职期望，并保持知足常乐、实事求是的心理状态，成为有抱负、有理想、有信念的大学生，为祖国的建设注入新鲜活力。

（2）正确认识社会现实。人的本质属性是社会属性，要想了解人就需要将其放在现实社会中进行考虑。因此，在大学生求职过程中，首先需要正视社会现实，这样才能够保持良好的心理健康状态。具体而言，良好的心态主要体现在正视社会、适应社会层面。随着科技的快速发展、社会的不断进步，知识经济逐步成为了时代的主流，人才培养问题亟待解决。在这种背景下，社会应为青年大学生制定一系列就业制度，并且促进制度不断改革、深化，进而创造良好的求职择业环境，增加就业机会，促进大学生发展、成才。

由此可见，大学生应该保持实事求是的态度，具体事情具体分析，树立正确的求职择业观念，增强自己的自信心，勇于斗争，在竞争日益激烈的市场中逐步获得社会的接受和认可。另外，大学生也应该根据不断变化的社会需求，更新自己的择业观念，选择适合自己的工作，使自己更容易被社会承认。人的本质属性是社会属性，是一切社会关系的总和，这也意味着人的一切社会性活动都要受到各种社会环境的制约，不能脱离社会去生存、发展。若是大学生一味追求个人名利，脱离社会需求，就很难被社会所接受、承认，无法实现个人价值。

（3）培养独立自主意识。虽然大学生的行为仍带有年少时期的冲动，但社会并不会特殊看待他们，大学生仍需要对自己的行为负责。因此，在大学期间，大学生应该加强自身独立意识的培养，降低对他人的依赖性。

第一，独立生活能力。这是大学生在日常生活中最基本的能力，不管是琐碎繁复的小事，还是难以解决的困难，大学生都应该尽可能依靠自己的能力去解决，训练自己独立处理问题的能力，进而提高基本生活技能，学会自立。

第二，独立处理工作、生活以及学习方面问题的能力。大学生应尽自己最大可能培养创造、创新能力，激发学习积极性和主动性，学会适应环境、改变环境。

第三，心理、思想层面的独立能力。在心理层面，大学生首先要建立自信心，不管是逆境还是顺境，都应该保持正确、理性的心态，做到自信、自爱、自尊、自强，从而形成积极健康、乐观进取的心态；而在思想层面，大学生应该加强对独立自主意识的培养，对任何事物都应保持自己独到的见解，不断追求自己的理想目标，提高自己独立分析问题、解决问题能力，完善自己的思想体系。

（4）正确对待挫折与挑战。对于大学生来讲，健康的心理状态还需要保持稳定健康、积极乐观、奋斗进取的态度，勇于向挫折发起挑战，正确对待现实生活中遇到的挫折与挑战，百折不挠，不能消极退缩，要理性、客观分析挫折出现的原因和解决问题的方法，充分发挥自身的潜能和主观能动性。通往理想的道路是坎坷的，大学生在追梦的过程中要保持积极进取的心态，知难而进、坚强不屈、顽强拼搏，才可能到达梦想的彼岸并为之奉献青春。

2.心理调适的主要方法

大学生的心理状态并不成熟，因此在现实生活中，要自觉控制自己的心理状态，积极调节内心中不平衡、不稳定的成分，保持积极乐观、拼搏进取的心态，增强自己的自信心和心理素质，促进全面健康发展。另外，在求职择业过程中，大学生应该根据客观条件和自身实际情况，选择适合自己的心理调适方法，具体包含以下五个方法：

（1）自我激励法：这一心理调适方法主要通过明智的思想观念、榜样的事迹以及生活中的哲理来激发自己学习的积极主动性，并且在内心坚信通向未来的道路是宽阔的，一切困难、挫折和失败终究会过去，使自己可以更加勇敢地面对下一次出现的困境，提高实力，增强自信心。具体而言，当大学生遇到求职受挫等其他意外情况时，要不断进行自我鼓励，保持冷静、平稳的心态，积极寻求对策，理性解决问题。

（2）注意转移法：这种心理调适方法主要是促进消极情绪向积极情绪的转变，当大学生遇到一些困难时，可以通过这种方法转移注意力，缓和心理压力和紧张的气氛，重新激发对学习、生活的积极性，降低消极情绪对自己的不良影响。例如，大学生可以采用接受大自然的熏陶、参加体育运动及听音乐等调解方式促进心理平衡。

（3）适度宣泄法：这也是调适大学生心理的一种有效方法，当然，这种方法需要学生尽早调整、宣泄自己的不良情绪，缓解、改善自己压抑的情绪，如向师长、挚友倾诉等。在这个过程中，大学生能够获得一定的情感理解、支持，还可以得到一些处理、解决问题的新思路，形成积极进取、奋斗拼搏的品质，增强自信心。另外，大学生也可以通过爬山、打球等运动方式冲淡甚至抵消压抑的心理，形成稳定、平衡的心理状态。

（4）自我安慰法：这种心理调适方法又可称为自我慰藉法，大学生若是在现实生活遇到自己无法处理的难题，可以通过自我安慰的方法缓解自己压抑的情绪。

（5）合理情绪疗法：这种方法能够帮助学生形成正确的认知和理性信念，从而形成合理、客观的思维方式，有效缓冲人们情绪带来的不利影响。首先，大学生应该正确认识不良情绪的来源；其次，要对产生情绪困扰的原因有客观认识；最后，应积极改变自己的认知方式，尽最大可能减少情绪困扰。

除了以上描述的方法外，心理调适方法还包括幽默疗法、松弛练习法、广交朋友法、自我静思法以及环境调节法等方法，它们都能够帮助大学生树立正确的价值观念和求职择业观，增强自信心，养成积极乐观、勤奋进取的人性品格。

由此可见，大学生在求职择业过程中应该增强自我调适能力，培养乐观豁达的态度，磨炼自己的意志，在提升自己各方面能力的同时，也为社会作出一定贡献。

二、大学生职业生涯的发展与规划

就业问题已经成为引发大学生心理困扰的重要因素。要改变这种状况，需要各方面的关注和努力。就大学生而言，尽早制订合理的职业生涯规划，并以此为依据积极地塑造自己和提升自己，是减少就业苦恼和提高求职成功率的重要途径，可以为自己的职业生涯发展奠定良好的基础。

（一）大学生的职业生涯规划

职业生涯规划指的是个人根据主观因素和客观因素对自己未来职业发展作出的规划，包括职业发展目标、职业工作计划、职业培训，职业生涯规划是未来职业发展的重要依照和参考。

职业生涯指的是个体开启职业劳动到个体结束职业劳动的全过程。人的一生大部分都是和职业生活相关的，职业生涯是否成功对一个人的人生有着至关重要的影响，在现代发展过程当中，职业不仅仅是个体谋生的方式，也是个体实现人生追求的主要途径，因此，职业生涯规划是职业生涯发展的战略指导，必须做好职业生涯规划。

1.职业生涯规划的意义

职业生涯规划可以有效地指导个人职业未来的发展，为职业发展提供操作方法，因而职业生涯规划是非常重要的。

（1）根据自身情况找到适合自身发展的职业。每个人都是特殊的，人和人之间存在一定的差异，差异决定了人会选择不同的职业发展方向，个人能力、爱好以及价值观念都会影响到个人的职业发展。职业发展最重要的是要根据自己的能力找到相匹配的职业，职业生涯规划为每个人认识自我、了解自我、考虑外部因素提供了科学有效的指导方法，能够引导个体找到适合自己发展的领域，实现自我发展价值。

（2）正确认识职业生涯的规律，遵循发展规律。职业生涯发展一般需要经历以下发展期：先是探索期和适应期，然后是发展期和转型期，之后会进入职业突破期与职业反思和重振期，最后会经历职业的倒退期和退出期。只有了解了职业的发展规律，才能针对不同的发展时期做出不同的规划。

（3）抵御职业生涯风险。职业生涯之旅并不是一帆风顺的，可能会碰到许多的困难和挫折。例如，重大经营管理决策失误，与上级、下级关系紧张，上级不公正的待遇，身体状况不好等。良好的职业生涯规划有助于更好地应对职业生涯发展过程中出现的各种情况。

2.职业生涯规划的原则

合理的职业生涯规划能使一个人走上成功之路。为了正确制订职业生涯规划，必须遵循的原则包括以下方面：

（1）长期性原则。职业生涯规划决定了个人未来的努力方向，对未来的就业有重要影响，因此必须从长远考虑，为自身制订长远规划，并为之付出不懈努力。

（2）明确性原则。在制订职业生涯规划时，内容必须清楚明确、易于理解，对各阶段的规划和预期目标必须表达得具体准确，便于采取实际行动，不断提高个人能力。

（3）现实性原则。在制订职业生涯规划时，必须要以社会现实为依据，根据自身的特点、行业需求和社会需要来制订发展规划。

（4）挑战性原则。在制订职业生涯规划时，要在可实现的目标上增加挑战性目标，激发个人的自我突破，最大限度提高个人能力。

（5）时间性原则。职业生涯规划是对未来的工作内容、发展方向、实现目标的规划，是需要长时间进行的规划，因此要把践行工作内容的时间标注明确，确保在计划时间内可以完成。

（6）适应性原则。职业生涯规划是未来长时间的规划，在规划实行期间，许多相关因素会随着社会发展发生变化，因此规划要具有适应性，确保可适应规划期间发生的变化。

（7）一致性原则。职业生涯规划关乎未来的职业发展以及人生，因此要与个人未来发展规划保持一致，在实现职业生涯规划时，还可以同时实现个人发展规划。

3.职业生涯规划的分类

职业生涯规划有四种类型：首先，人生规划。顾名思义指的是对整个人生职业生涯的总体规划，时间跨度为40年左右。其次，长期规划。长期规划指的是个人对未来发展5年到10年之内进行的规划，规划的是相对长远的发展目标。再次，中期规划。中期规划指的是个人对未来发展两年到5年之内进行的规划。最后，短期规划。短期规划指的是个人对未来发展两年之内进行的规划目标，是近期的发展目标，比如说近期需要掌握的业务知识、业务技能等。

4.职业生涯规划的内容

制订职业生涯规划时首先要充分考虑个人的特性和组织发展的需要，对影响职业生涯的各种主、客观因素进行分析和评估，然后确定职业生涯发展目标，选择实现这一目标的职业，并制订相应的工作、学习和培训计划。制订职业生涯规划的步骤包括：自我评估、外部环境分析、目标确立、实施策略、反馈评估等。

在职业生涯规划中，要明确职业方向、组织及社会环境、发展目标、成功的标准、自身条件及潜力、缩小差距的具体方法等问题。较完整的职业生涯规划一般包括以下内容：

（1）职业生涯规划题目。题目必须要反映出个人职业生涯的主要特征和时间维度，规划当中，要包含个体个人信息、规划的生涯起止日期，题目必须反映出职业生涯规划的主体，还要体现出职业生涯规划是阶段性还是终生性。

（2）职业生涯规划方向。职业生涯规划方向指的是选择的具体工作职业，例如，教师、歌唱家、演员、医生等，职业生涯的具体方向代表的是个体的职业动机。

（3）社会环境分析。社会环境分析是分析所处环境的经济、政治等方面，从而了解目标职业在社会中的发展情况，以及目标职业在社会中的未来发展趋势。

（4）组织分析。在设立目标组织时，要分析组织，如果目标组织是企业，那就要对企业进行分析，具体包括：企业的发展现状、未来的发展目标及规划，企业产品在市场的行情，企业文化以及管理制度，企业领导层的管理能力，企业内部员工的能力提升和发展空间，以及他们担任更高职务或职务内涵变化的可能性，企业相关职务的待遇。如果打算在政府部门、事业单位或其他组织就业，也要进行类似的分析。

（5）重要角色及其建议。职业生涯规划中应记录家庭主要成员、直接上级、更高层次领导、职业生涯管理专家等重要角色的建议、要求、联系方式。不一定赞同他们的建议，但应客观地记录。

（6）职业生涯规划的目标以及实现时间。目标可以包含很多不冲突的目标，比如说设立时间目标、设立经济目标、设立职务发展目标等，不同维度的目标之间并不冲突。

（7）成功标准。成功标准因人而异，这是因为每个人对职业生涯的价值追求是不同的：有的人认为职业应该追求的是事业上的成功；有的人认为职业应该追求的是实现个人以及家庭的保障，换言之，如果通过工作能够保证个人以及家庭的基本生活，那么就是职业的成功；还有的人认为职业上的成功应该是个人、家庭以及职业的协调，只有做到三点的共同发展才能是职业的成功。每个人对职业的价值观念都是不同的，而且价值观念也在随时变化，只要追求价值观念的真实即可。

（8）自身条件及潜力测评结果。制定职业生涯规划时要对自己的体力、能力、人格进行评价，将自身条件、发展潜力、发展方向、环境给予的机遇和制约条件结合起来进行分析，最终知道自己的能力和方向所在。在这个过程中，可以通过自我反思、心理测评、专家咨询等方法明确自己已经具备的条件，发现自身的潜力。

（9）差距。分析目前条件与实现目标所需知识、能力要求等方面的差距，如在思想观念、专业知识水平、具体操作能力、心理承受能力、讲演能力、身体适应能力等方面的具体差距，如缺乏全局观念和系统观念、英语口语水平欠佳、主动意识较差、人际交往能力较差、不知道如何倾听等。

（10）缩小个体和职业目标之间差距的方法。可以根据具体的差距内容选择制订具体有针对性地缩小差距的方案。比如说选择教育培训，明确具体的培训内容、培训日期、培训方式；还可以选择交流合作，明确具体的交流对象、交流实践、交流方式、交流内容。

（二）大学生职业发展的自我评估

对自我开展评估是为了更好地了解自己、认识自己，只有真实地了解自我才能做出正确的职业规划，才能为自己找到适合的职业发展道路。

1.自我评估的基本内容

自我评估包含非常多的内容，比如说自我性格评估、自我兴趣评估、自我技能评估、自我道德水准评估等。对于大学生而言，自我评估的开展涉及以下方面：

（1）体力评估。体力评估就是对自身身体素质展开的评估，大学生需要根据自身体力情况选择适合自己的职业体力评估，主要包括力气方面、动作的敏捷与身体的平衡性方面、身体下肢以及身体腰背的协调性方面、手臂的灵活与协调性方面、身体语言以及视听方面、身体的整体协调性方面。每一个职业对体力都有不同的要求，例如，需要付出力气的工作会要求应聘者身强体壮；体育方面的职业会要求人具有良好的协调性、敏捷性；艺术方面的职业会要求应聘者的视听器官具备良好的灵敏性；还有的职业会对应聘者提出特殊的体力要求。所以，大学生在进行职业选择时，必须要结合体力情况具体分析。

（2）能力评估。能力直接决定了人们是否能够完成活动、完成任务，以及活动、任务完成的效率。能力主要有两种：首先，一般能力，也就是基础能力，比如说注意力、记忆力、观察力、行动力等，这种能力的特点是通过认知即可获得，因此，一般也被叫作智力。其次，特殊能力，指的是完成特殊活动所需要的能力，这种能力和职业要求相关。个人能力既涉及一般能力，也涉及特殊能力，因为人们所进行的职业活动都是具有职业特性的，所以对于个人能力来说，特殊能力是最为重要的，具备了特殊能力才能更好地开展职业活动。

（3）人格评估。具体而言，人格主要包括个人兴趣、个人动机、个人价值观念、个人性格等，人格会对人的行为产生巨大的影响，也必然会影响到人的职业行为。所以，为了更好地选择匹配的职业，应该对自己的人格进行充分了解，只有这样才能更好地匹配职业，才能实现人职匹配。

2.自我评估的主要方式

认识自我需要个体对自我做出客观的评价，换言之，既不要过分高估自己，也不要过分看低自己，要正确看待自己的优点，正确认识自己的能力，要做到客观地评价自我，一般可以通过以下方式进行：

（1）心理测验。心理测验是一种通过短时间的测验可总结出个人特点的测评手段，是将个人与群体进行比较得出的结果，结果较为客观准确。通过心理测验，个人可在短时间内更加了解自我，发掘个人特点特长，通过客观的自我评价能够让个体进行更加精准的职业规划，但是，与此同时也要注意，心理测验的结果只能够提供参考性的建议，并不代表绝对的事实。

能力倾向测验验证的是个人和未来工作之间的匹配程度以及在未来工作中工作成功的概率，比较出名的能力测验有一般能力倾向成套测验以及区分能力倾向测验。除此之外，还有兴趣测验，主要是测验个人的兴趣类型，并将测验结果与各种职业从业人员的兴趣进行比较，指出一个人的兴趣与哪一种职业从业人员的兴趣最相近。

（2）根据以往的经历，总结经验，对自身进行评估，客观评价自身的特点、性格等。在对自身进行客观评估时，要合理利用以往经验，从以往的经历中寻求答案，例如，可以根据自己过往工作经历发掘自己喜欢的工作，审思自己喜欢这些工作的原因，现在是不是仍然喜欢这些工作，也可以问问自己是喜欢处理人际关系还是喜欢处理具体问题，怎样能激发自己的活力等。另外，要对过去成功的经验和失败的教训进行总结，分析自己成功或者失败的原因。要注意的是，要尽量以客观评价为依据，避免因为个人认识或个人动机而出现较大的误差。

（3）其他人对自我的评价或者自我和他人之间比较。首先，根据其他人的评价进行自我评估往往是要将他人的评价作为自我评价的参考，在和他人的交往过程中，他人给出的评价能够帮助个体加深对自我的认知。其次，通过与自己条件相似的人进行比较来评价自己。要注意的是，要能够准确理解和分析他人对自己的态度和评价。

（4）向专业的专家咨询。学校设有就业指导中心，为学生提供了就业专家咨询服务，这种方式能够帮助学生快速地获得就业知识、就业信息，而且专家能够帮助学生正确认识问题、重新认识问题。除此之外，还可以帮助学生提高职业决策能力。

（三）大学生职业生涯的外部环境

外部环境分析是大学生职业生涯规划的一部分。大学生处在一定社会环境中，职业也会受到环境的影响，制订职业生涯规划必须要分析所处环境。在分析外部环境时，要分析所处环境的现状、未来的发展变化情况、环境对自身带来的影响、适应环境的方法、环境对自身发展的有利与不利因素等。只有结合对外部环境的合理分析，才能对职业生涯进行更加准确可行的规划。

1.行业环境的分析

行业环境分析指的是对想要从事行业的环境展开的分析。主要包括行业发展现状分析、行业优势分析、行业缺点分析、行业发展前景分析、重大事件对行业发展的影响分析等。例如，应该分析出行业目前的发展是在扩张还是萎缩，国家政策对行业的发展是持有鼓励态度还是限制态度等。

2.组织环境的分析

对于组织环境的分析主要针对的是组织未来的发展前景、目前组织在本领域的地位以及组织产品未来的发展前景。

（1）组织实力。当前的市场竞争是非常激烈的，组织必须要适应市场环境才能持续发展，分析组织实力可以分析组织产品未来在市场当中的发展前景，只有对人类影响巨大、改变人们生活方式的产品才能够持续向前更好发展，才能让组织始终保持雄厚的实力。

（2）组织领导人。组织领导人决定了组织未来的发展，可以通过对组织领导人工作能力的考察展开对组织环境的分析。

（3）组织文化。组织文化指的是组织内部奉行的价值观念。组织文化是一个组织展开管理的核心，也是组织能够持续发展的重要影响因素，通过了解组织文化能够判断组织的用人制度、行为准则。

综上所述，组织环境分析的结果，主要包含对组织战略、组织发展、组织文化、组织制度、组织结构的具体分析结果，学生需要根据结果展开自己职业生涯目标和组织之间的契合度分析，预测职业生涯目标实现的可能性。

3.学校与家庭环境的分析

家庭对于大学生的职业选择有着至关重要的影响，无论是家庭背景、结构、生活条件还是家庭的教养方式都会对大学生产生潜移默化的影响。除了家庭之外，学校也会对大学生的职业生涯产生影响，学校的氛围、环境，学校的老师以及学校对大学生的管理都会影响大学生的职业生涯。对学校与家庭展开环境分析，实际上是对大学生成长的过往进行反思与回顾的过程，通过分析家庭和学校，了解大学生目前优点和缺点的形成原因，并且克服缺点，发扬优点。

4.职业环境的分析

对职业展开分析需要深入了解职业发展需要的知识、发展需要的技能以及职业需求的人格特征，还要了解职业发展特点、职业发展前景、职业素质、职业社会地位以及社会发展对职业存在的影响，并且判断职业是否能够长久、可持续地发展下去。这些都会影响到个人职业生涯的长度，也会影响到个人职业目标的确立。

（四）大学生职业生涯的目标确立

对于个人而言，职业生涯的成功有自己的标准，而且在不同的人生阶段，对于个人而言，成功的含义也可能是变化的。"成功"这个概念包含了成功的基本含义、成功时发生的事件、成功时获得的物质、成功的发生时间、成功对健康的影响、成功对家庭的影响、成功时所获得的社会地位、成功时得到的别人的认可等。这些是具体的，但是可能对某些人来说，成功并不是能具体描述的，它可能是心情上的愉悦感，可能是工作氛围的和谐，可能是完成工作的满足感。拥有不同的价值与观念的人对成功的定义是不同的，个体需要根据自己的情况制定成功标准。

1.职业生涯目标的分解与组合

（1）目标的分解。实现目标是一个需要长期艰苦奋斗的过程，将大目标分解为几个小目标更有利于大目标的实现，使实现方式及内容更加清晰，通过实现无数个小目标共同促成大目标的实现。分解目标分为两种方式：一种是按性质分解出外职业生涯和内职业生涯；另一种是按时间分解出短期目标、中期目标、长期目标和最终目标。

第一，按性质分解，可将职业生涯分为外职业生涯和内职业生涯。外职业生涯是职业的外在条件，包括职业的环境、薪资待遇、工作内容等；内职业生涯是职业所需的内在条件，包括个人的知识储备、专业水平、心理承受能力等。

外职业生涯主要由职业提供者决定，而内职业生涯所需的条件则需要个人去创造，外职业生涯随时会改变，内职业生涯则不会轻易发生改变。内职业生涯的发展推动外职业生涯发展，实现内职业生涯才能帮助外职业生涯取得成功。只有当个人的内职业生涯也就是工作所需要具备的素养都齐全了，才能找到满意职业，即外职业生涯。

外职业生涯目标的特点是能够进行具体的描述。举例来说，包括工作地点、工作内容、工作职务、职务发展目标、经济发展目标，其中最重要的是经济发展目标以及职务发展目标。内职业生涯目标涉及工作能力、工作成果、心理素质以及价值观念方面的目标。

工作能力指的是处理工作问题、完成工作任务的能力，设定工作能力目标能够让人切实地感受到自己对职业生涯的发展规划；工作成果目标包含很多内容，如发明新的管理形式、提出新的管理意见、创造新的工作业绩等。

心理素质在实现个人职业生涯过程中起着至关重要的作用，能实现职业生涯规划目标的人往往是心理素质十分强大的人，这种人在遇到困难的时候总会努力克服，同时在克服困难的过程中不断反思自身存在的问题，积极寻求解决问题的方法，在过程中不断提升自我。缺乏这种心理素质的人往往在遇到困难时不去寻找问题所在，或是在发现问题后才找到解决方法。

价值观念目标是一个人对职业生涯规划所持有的态度和观点，观念的不断革新是职业生涯规划不断发展的重要条件，职业生涯的发展是由观念目标的革新开始的。

第二，按时间分解，可将职业生涯分为短期目标、中期目标、长期目标和最终目标。这些目标是根据实现时间划分的，通常一到两年内可实现短期目标，几年内可实现中期目标，实现长期目标需要十几年，而实现最终目标则需几十年。短期目标时限最短，因而应标明实现方式和计划时间。

短期目标的特征是：短期目标不一定是由个人制定的，也可以是由上级指定给个人的；短期目标不一定要根据个人的观念来制定，但要在个人可接受的范围内；短期目标需要明确实现的方式和计划实现时间，便于实际操作，并要确保最终实现短期目标；短期目标要具有极强的适应性，能适应实现过程中发生的变化。

中期目标的特征是：建立在个体自身意愿以及组织的要求之上，目标与个体的价值观念基本吻合，个体也有实现目标的信心，而且能够用语言文字对目标进行具体的定量说明，目标实现时间也比较明确，可以根据具体的工作进行合理的调整。

长期目标的特征是：个体经过分析之后认真确定的、适合职业生涯发展需要的，是有可能实现的；目标还要具有挑战性；除此之外，目标应该符合个体的发展价值观念，个体对于目标的实现充满斗志，也会为目标的实现而感到骄傲。长期目标只能用语言或者文字进行定性说明。

（2）目标的组合。对目标进行组合，可以利用目标之间的关系，使之更有利于实现最终目标。各目标之间并不是相互排斥的关系，也存在着因果关系和互补关系，根据这些关系即可进行合理组合，具体有以下三种组合方式：

第一，根据时间进行组合，有并进和连续两种方式。并进是在实现一个目标的过程中同时去实现另一个目标的过程。这种情况分为两种，一种是同时进行工作内容的两个目标，例如，某些企业的行政总监会同时进行人力资源和行政管理的工作；另一种是在做好本职工作之外努力实现其他目标，例如，在做好本职工作之外培养某一技能，这种情况比较复杂，需要个人具有极强的时间管理能力，当目标同时实现时，这对个人能力会有极大的提升作用。连续是指连接的两个目标，在实现一个目标后可以尽快投入另一个目标中。短期目标其实是最终目标的一部分，实现短期目标后，中期目标就成为下一个目标，以此类推，一步步实现各个阶段的目标，从而实现最终目标。

第二，根据功能进行组合，各个目标之间的因果关系和互补关系是根据功能划分的。因果关系是指一个目标的实现有助于另一目标的实现，例如，提升个人工作能力有利于实现升职的目标。互补关系是指两个目标的实现都对对方有辅助的作用，例如，一位从事管理工作的人获得工商管理硕士证书，这两个目标互相辅助，管理工作有利于获取证书，而获取证书的学习过程又为管理工作提供了理论知识。

第三，根据个人、家庭与职业生涯的关系进行全方位组合。职业生涯与个人生活息息相关，在进行职业生涯规划时，必须结合个人对未来生活、家庭等方面的设计进行规划，并协调好各方面之间的关系，全方位组合利于制定出更加合理的职业生涯规划。

2.职业生涯目标的确立原则

职业生涯目标的确立需要遵循六个方面的内容：一是目标明确性。职业生涯目标的确立需要明确具体的阶段要完成的具体任务。二是目标可衡量性，指的是职业生涯目标的确立应该是可衡量的。换言之，要有具体的数量、具体的时间、具体的数据。三是目标相关性，指的是目标的确立要和职业发展相关。四是目标时限性，指的是职业生涯目标需要在一定的时间之内完成。五是目标集中性，指的是目标应该集中，不可以太过松散。如果目标太多就相当于没有目标，没有了发展的重点。六是目标可实现性。可实现性指的是目标不可以过高，应该设定在个人能力范围之内，经过个人的努力可以实现。

职业生涯目标的确立需要注意七个方面的内容：一是目标要满足社会发展需求和组织发展需要。二是目标要建立在个体擅长的方面。三是目标必须要和自身现在有一定的距离，但是又不可以好高骛远、脱离实际。四是目标跨度不宜过大，应该选择相对固定的方向，深入研究。五是短期目标和长期目标之间应该有一定的关联性，长期目标是短期目标发展方向的指引，短期目标是长期目标能够最终实现的基本保证，二者的关联能够促进最终职业生涯目标的实现。六是目标不可以空泛，要具体、要精准，避免目标过多、过杂，精准的目标才更容易实现，更容易促进个人发展。七是职业目标应该和家庭、个人以及身体健康之间相协调，身体和家庭是事业成功的基础与前提。

3.职业生涯目标的路线选择

在确定职业生涯规划目标后，就要设计目标的实现方向和路线，方向的选择取决于目标，又是目标实现的关键，不同目标决定不同方向，不同方向对个人又提出不同要求，因此在选择路线时必须慎重，要以职业生涯规划的目标为依据。

选择职业生涯规划目标路线也影响着未来人生的发展方向，要想选择正确的路线，必须经过慎重的思考，才能最终寻找到最适合自己的成功之路。在选择路线时，要考虑以下三个方面的因素。首先，要考虑适合自身观念的，包括价值观、喜好等；其次，要考虑适合自身条件的，如适合自身性格、知识水平、能力范围等；最后，要从社会环境考虑，综合考虑政治、经济各个因素，寻找有发展前途的方向。

4.职业生涯目标的规划实施

在规划和实施职业生涯目标时，主要遵照三个步骤：首先，明确目标。明确目标之后，设计目标实现的具体步骤。其次，如果有多种职业目标规划的方案，那么可以通过比较选择最合适的方案，然后按照计划具体实施，并且检查结果，如果结果和理想之间有偏差，那么应该进行方案的调整。最后，如果依然存在问题，那么需要重新考虑目标的设定。在这里需要注意组织会对个人的职业生涯发展造成一定的约束，组织虽然不会阻止员工进行自我发展，但是也并不会为员工的发展主动、积极地创造条件。

（五）大学生的综合职业能力培养

1.大学生需具备的职业素质与能力

企业的竞争归根结底是人才的竞争，人才竞争力是构成企业核心竞争力的最核心部分，因而人力资源成为企业最宝贵的资源。对于大学毕业生，社会需要的不仅是专业特长突出、操作技能出色的人才，同时也必须是综合素质较高的学生。用人单位比较注重的实习生的素质和能力包括敬业精神、协作精神、创新能力、专业技术能力、解决问题能力、善于学习的能力、沟通协调合作能力等。

除了具备过硬的素质和能力之外，求职单位还要求求职者拥有健康的身心、良好的思想道德，特别是职业道德，如强烈的事业心和责任感、踏实肯干和吃苦耐劳的创业精神等。因此，大学生需要着重培养以下能力和素质：

（1）工作态度积极。一个人的工作态度是决定其能否胜任今后工作的主要因素。因此，企业很注重大学毕业生是否具有爱岗、敬业、务实等积极的工作态度，具体表现为：在工作中认真、细致、负责、勤奋努力、虚心好学，积极主动地去面对工作中的挑战、对工作有激情、肯吃苦、愿意从基层踏实做起等。大学生要清楚地意识到工作态度对企业和自身发展的影响。

（2）知识基础扎实，广泛吸收不同专业的知识。在现代生产中，企业对复合型技术人员的需求增加，要求他们既熟练掌握或精通专业技能、有扎实的专业知识基础，同时也具备相关专业或其他专业方面的知识。因为这样的大学毕业生能很快地适应环境，发挥作用。同时，专业之间的结合往往就是创新的源泉，就是企业的竞争力。因此，大学生不仅要把自己的专业读精、读深，而且要跨领域、跨专业学习，考虑寻找本专业和其他专业结合的机会。对自己专业不喜欢的同学，也要思考不能改变的专业和喜欢的专业有没有结合的机会，这样做不仅可以增加学习的兴趣，还可能是一个非常好的契机。只有善于学习、不断学习，才能紧跟社会时代的脚步，才能适应企业不断发展的要求。

（3）学习能力强。不管大学生在学校的知识基础有多扎实，到新的工作岗位上几乎都要接受培训，接触新的知识和技巧，这是大学生快速成长和适应工作的最佳途径。只有具备较强的学习能力，才能在工作中触类旁通，遇到问题能及时看到症结所在，并能及时调动自己的知识和能力，制订出可操作的方案。因此，在大学期间养成良好的学习习惯，培养较强的学习能力，不仅是大学生在学校教育阶段顺利完成学业的必要条件，也是大学生步入职场后能够快速适应工作环境和获得职业发展的主要条件。

（4）责任心强。所谓责任心，就是指个人对自己、对他人、对家庭、对集体、对社会、对国家所负责任的认识、情感和信念，以及与之相应的遵守规范、承担责任和履行义务的自觉态度。而责任心强是企业和社会对大学毕业生最基本的素质要求。例如，在工作中，关于处理一件具体事情，责任心强可以体现在三个阶段：一是做事情之前要想到后果；二是做事情的过程中尽量控制事情向好的方向发展，防止坏的结果出现；三是事情做完后出了问题时要敢于承担责任，勇于担当。责任心强是影响一个人在职业生涯发展中能走多远的重要因素之一。大多数企业在提拔员工的时候，往往选择的也是那些有所担当、勇于承担责任与压力的员工，因为这是一个成功领导者应该具备的品质，大学生要具备这种品质，需要从个人的习惯和修养开始培养。

（5）团队合作能力良好。企业的发展需要依赖于团队个人的发展，也需要团队成员给予支持和帮助，成员之间的凝聚力在一定程度上决定了企业发展的成败，所以企业在招聘人才时也会非常注重人才的合作能力，大学生必须要注重个人合作精神的培养，只有这样才能更快地实现个人发展目标。毕业生在校园时代可利用很多合作和实践的机会，培养团队意识和积累合作经验，必定受益匪浅。

（6）人际沟通能力强。现代社会，沟通无处不在。企业需要的是能够运用自己良好的沟通能力与企业内外有关人员接触的大学生，能够合作无间、同心同德、完成组织使命和目的的大学生。大学生进入公司，如果没有良好的沟通能力，就难以很好地与他人合作共事，影响工作开展。良好的沟通能力也是大学生在面试时展现优势的助力。

（7）创新意识与能力强。企业对人才发展的要求在不断变化，如今企业发展注重人才的创新能力，只有善于观察和思考，能够不断向前发展、向前探索的年轻人才是企业需要和看重的，因为这样的年轻人有积极进取的动力，有更高的发展目标，能为企业创造更大的价值，为企业发展带来更多的生机。

（8）心理素质良好。在竞争激烈的环境中能否承受较大的工作压力，能否在工作中经受批评、打击是大学生能否在企业立足和发展的重要因素之一。心理素质水平的高低对大学生有非常重要的影响，只有心理素质水平高的大学生，在面对困难时才能不断地调整自己的心态，才能积极进取。无论企业还是社会需要的都是踏实、上进、有干劲的年轻人。毕业生步入职场之后必然会碰到困难和挑战，所以，大学生应该做好步入社会的心理准备，锻炼自己吃苦耐劳的精神，遇事不退缩，勇往直前，能够化压力为动力，只有这样才能在未来的社会中博得一番天地。

总而言之，大学生要尽早有职业生涯规划意识，培养职业素质和能力，关注自我职业发展路径和实现路径，并争取机会着手培养自我。

2.大学生综合就业能力培养的途径

大学生的综合就业能力包括职业素质和职业能力。良好的职业素质和职业能力是决定职场成败的重要因素。大学生可以有意识地通过多种途径、方法来培养和提升自我职业素质和职业能力。

（1）在生活中培养。一个人的习惯、个性并非朝夕之间形成的，而是长期行为的结果。个性习惯就是个人素质的真实写照。所以，大学生培养自己的职业素质必须从日常的生活细节及点滴做起。如果在生活中注意培养良好的行为，进而形成良好的习惯，最终成为自身良好的个性，自然而然就能表现出良好的素质。

（2）在课堂内积淀。扎实的专业理论知识是发展专业技能的基础。大学生可以多向老师、学长、前辈们请教，充分利用图书馆等校园资源，夯实专业知识，扩充专业知识面，丰富知识储备；学会自主学习，学习和掌握科学的学习方法和思维方式，培养系统观察、分析、质疑、反思的能力和习惯。

同时，大学生应该注意专业互补课程的学习。毕业生如果拥有较高的人文素养也会为职业生涯增色很多，更容易在竞争中脱颖而出。所以，理工科大学生更要注重人文课程的学习，提高自己的人文素质；而文科大学生要注重理科知识的学习，培养自己的理科思维。

（3）在课堂外拓展。课外拓展是提高自身综合能力的良好途径。大学校园内经常会举办各种学术讲座、文化讲座、专题讲座，常会邀请海内外知名人士、某领域专家学者、社会各界精英到校与同学们分享他们在各自领域的体验和人生感悟。大学生应抓住机会积极参加，虚心聆听优秀人物的观点、见解、创业史和人生经验等，了解学校外的多彩世界，这不仅可以拓宽自己的视野、增长见识，还可以优化思维模式。同时，竞赛可以激发大学生的创新思维，是提高创新能力和解决具体实际问题等综合能力的有效途径。有条件的大学生可以争取机会多参与一些竞赛项目，不仅有利于所学知识融会贯通，提高发现问题、解决问题的能力，拓展创新能力和实践技能；同时也是考验和锻炼学生直面困难与遭遇挫折的勇气、探索问题的毅力和团队协作能力的好机会。

（4）在社团中锻炼。大学是一个小社会，各种不同的学生社团就如同一个小企业。大学生可根据自己的兴趣和需要，有选择地参加几个学生社团。在参与组织的活动中，体验到组织是如何运作的，同时还能锻炼自己的各种能力，如人际交往能力、沟通能力、团队协作能力、组织能力、领导和决策能力等。

（5）在实践中成长。实践出真知，实践长才干。实训、实习、兼职、勤工助学等实践活动是培养职业能力的有效途径。实训、实习过程是运用理论、将理论和实践相结合的好机会，在实践中能更好地培养和提高动手操作能力。实习过程提供了真实的企业环境，让学生在一个真实的职业环境中真正领会到未来工作岗位对专业技能的要求，使之得到了实际的训练，有助于他们的综合素质和能力的提高，是积累工作经验、提升职业能力的好办法。兼职、勤工助学不但可以减轻学生的经济负担，还可以让他们了解社会。在社会实践中增强学生的独立自主的能力，培养吃苦耐劳、克服困难的精神，以及服务他人的意识和责任感，是学生融入社会，获得较快成长的途径。

（6）在培训中强化。通过参加校内外的职业培训，可以强化专业知识，学习并掌握职业岗位所需的职业技能，获得相关职业资格证书，有助于拓宽就业渠道，为职业生涯增添筹码。

对于大学生而言，具备良好的综合能力就具备了入职的敲门砖。大学生的就业能力和职业发展关键是在学习与实践中不断地完善自我，提升自我的综合能力。

参考文献

[1]蔡亚敏.大学生心理健康教育创新路径浅议[J].学校党建与思想教育，2016（2）：90–91.

[2]陈家胜.大学生心理韧性对学习倦怠的影响：应对方式的中介作用[J].内蒙古师范大学学报（教育科学版），2016，29（9）：48–51.

[3]陈洁瑜，安启元，陈泽伟，等.大学生压力管理与亚健康状态的相关性分析[J].中国健康教育，2018，34（7）：579–582，593.

[4]陈开明.大学生生命教育的内涵与特点[J].教育与职业，2014（5）：71–73.

[5]褚惠萍.当代大学生生命教育研究[D].南京：南京师范大学，2014：101–117.

[6]杜琼，王业祥.大学生网络心理互助教育模式探索[J].教育与职业，2016（2）：70–72.

[7]段兴华，李笑燃，张惠.大学生压力与认知方式的关系研究[J].内蒙古师范大学学报（教育科学版），2015，28（3）：94–96.

[8]樊红霞.网络时代大学生人际关系教育与引导[D].徐州：中国矿业大学，2016：21–24.

[9]方鸿志，李辰媚.大学生挫折教育研究综述[J].中国青年研究，2014（6）：102–105，110.

[10]韩振峰.当前大学生心理健康问题及应对策略[J].人民论坛，2020（23）：121–123.

[11]何饶依."90后"大学生宿舍人际关系研究[D].武汉：武汉工程大学，2013：23–34.

[12]贾萧竹.浅谈大学生生命教育的有效实施[J].当代教育科学，2015（1）：59–61.

[13]景鹏.大学生心理健康教育工作的系统化思考[J].系统科学学报，2021，29（1）：104–106.

[14]李俊平.积极心理学在高职思政课教学中的应用研究[D].上海：上海大学，2013：21–24.

[15]蔺桂瑞.大学生心理素质教育研究[M].北京：北京交通大学出版社，2016.

[16]刘文波，刘楠.大学生生命教育存在的问题及对策研究[J].现代教育科学，2016（3）：42–45.

[17]鲁良，周俊武.论大学生生命教育评价的效用[J].当代教育论坛，2017（4）：47–51.

[18]彭顺，胡祥恩.大学生压力与疲劳的关系：一个有调节的中介模型[J].心理与行为研究，2021，19（4）：563–570.

[19]乔茂凤.积极心理学视角下的当代大学生压力管理[J].福建茶叶，2020，42（2）：252–253.

[20]沈丹，李思婷，肖帅军，等.积极心理学视角下学习倦怠大学生的健康发展路径探析[J].中国健康教育，2019，35（8）：765–767.

[21]宋宝萍.大学生积极心理健康教育：理论与实践[M].西安：西安电子科技大学出版社，2015.

[22]孙国胜，薛春艳.生命教育视野下的大学生心理健康教育[J].学校党建与思想教育，2020（21）：71–72.

[23]孙建中.当代大学生生命教育路径探索[J].河南师范大学学报（哲学社会科学版），2014，41（6）：181–183.

[24]谭华玉，马利军.大学生心理健康教育：基于积极心理学角度[M].北京：人民邮电出版社，2016.

[25]谭平.大学生挫折教育研究[J].教育与职业，2014（5）：75–77.

[26]王佳利.大学生网络心理健康教育积极模式研究[J].学校党建与思想教育，2016（24）：58–60.

[27]王星，荆忠国，万舟，等.新媒体环境下大学生心理健康教育分析[J].中国报业，2019（6）：86–87.

[28]王志贤，刘斌，李梦婷.基于积极心理学的大学生创业心理教育体系构建[J].黑龙江教育学院学报，2018，37（10）：92–95.

[29]王珠.我国大学生心理健康教育演变与展望[J].黑龙江高教研究，2020，38（12）：135–139.

[30]吴彩虹.大学生心理健康教育课程参与式教学方式探索[J].怀化学院学报，2015（8）：116–119.

[31]向继友，甄飞扬.大学生生命教育路径创新略探[J].学校党建与思想教育，2021（13）：89–90.

[32]肖少北.大学生心理健康教育[M].2版.广州：暨南大学出版社，2018.

[33]熊楚国.大学生心理健康教育[M].武汉：华中科技大学出版社，2018.

[34]徐剑波，鲁佳铭.大学生挫折教育“生态化”创新管理模式的构建与实施[J].中共福建省委党校学报，2020（2）：155–161.

[35]薛春艳.大学生心理健康教育课程体验式实践教学探赜[J].学校党建与思想教育，2020（9）：72–73，79.

[36]于风笛.积极心理学视域下大学生心理健康教育对策研究[D].沈阳：沈阳航空航天大学，2015：21–26.

[37]张斌，李爽.有效开展大学生挫折教育的方法探究[J].学校党建与思想教育，2021（18）：39–40，43.

[38]张超.辅导员工作视角下开展大学生生命教育研究[J].学校党建与思想教育，
2017（24）：66-67.

[39]张冬梅，谷丹.大学生心理健康教育[M].北京：北京邮电大学出版社，2018.

[40]张向前.当代大学生健全人格培育探微[J].学校党建与思想教育（普教版），
2015（11）：92-93.

[41]赵金萍，戴晓晖，刘云章，等.积极心理学策略对心理异常大学生心理健
康水平、压力知觉和应对方式的影响[J].中国健康教育，2021，37（7）：
656-658，664.

[42]赵菊，李燕.大学生心理健康教育[M].武汉：武汉大学出版社，2017.

[43]赵迎华.大学生生命教育体系的构建与思考[J].江苏高教，2017（8）：91-93.

[44]郑华.当代大学生人际关系优化研究[D].信阳：信阳师范学院，2014：18-22.

结束语

　　本书针对大学生的心理特点及存在的心理问题，从大学生心理健康教育角度出发，注重理论与实践的结合，密切结合高校大学生的实际，本着"一切为了学生，为了学生一切"的宗旨，对学生在自我意识、情绪、人格发展、人际交往、职业规划等不同方面可能遇到的心理问题进行了分析与探讨，并提出了多种调适、解决的思路和方法，帮助学生提高自我调节能力与心理健康水平，从而促进其身心健康发展。